电动汽车充电桩
安装调试与运行维护

周志敏　纪爱华　编

DIANDONG QICHE CHONGDIANZHUANG
ANZHUANG TIAOSHI YU
YUNXING WEIHU

化学工业出版社

·北京·

本书结合国内电动汽车充电桩技术的发展及最新应用技术,在概述了电动汽车分类、运行特点、充电技术条件、充电系统的标准及充电桩组成的基础上,系统地讲述了电动汽车充电桩安装技术、电动汽车充电桩测试与系统调试、电动汽车充电桩运行与管理、电动汽车充电桩维护与故障处理等内容。本书题材新颖,内容丰富,深入浅出,通俗易懂,具有很高的实用价值。

本书可供从事电动汽车充电桩安装调试的工程技术人员、电动汽车充电桩运维技术人员阅读,也可供从事电动汽车充电桩培训及高等院校、职业技术学院相关专业的师生阅读参考。

图书在版编目(CIP)数据

电动汽车充电桩安装调试与运行维护/周志敏,纪爱华编. —北京:化学工业出版社,2018.10(2025.2重印)
ISBN 978-7-122-32797-0

Ⅰ.①电… Ⅱ.①周…②纪… Ⅲ.①电动汽车-充电电源-基本知识 Ⅳ.①U469.72

中国版本图书馆 CIP 数据核字(2018)第 177977 号

责任编辑:辛　田　　　　　　　　　　文字编辑:冯国庆
责任校对:宋　夏　　　　　　　　　　装帧设计:王晓宇

出版发行:化学工业出版社(北京市东城区青年湖南街 13 号　邮政编码 100011)
印　　装:北京天宇星印刷厂
787mm×1092mm　1/16　印张 11¾　字数 294 千字　2025 年 2 月北京第 1 版第 11 次印刷

购书咨询:010-64518888　　　　　　　售后服务:010-64518899
网　　址:http://www.cip.com.cn
凡购买本书,如有缺损质量问题,本社销售中心负责调换。

定　价:58.00 元　　　　　　　　　　　　　　　　　　　版权所有　违者必究

前言
Preface

电动汽车的发展包括电动汽车以及能源供给系统的研究和开发,其中能源供给系统是指充电基础设施,供电、充电和电池系统及能源供给模式。电动汽车充电桩作为电动汽车运行的能量补给站,是发展电动汽车商业化所必备的重要配套基础设施,充电站的建设将直接影响电动汽车产业的发展。要推动电动汽车市场的发展,充电桩的建设速度必须与电动汽车推广相匹配。

电动汽车充电设施的安装调试、运行维护是促进和支撑电动汽车发展的重要一环,电动汽车与其充电设施是"发展"与"保障"的关系,电动汽车的发展将带动充电设施的跟进;充电设施的建设将有力保障电动汽车的发展。电动汽车的发展是充电设施建设的核心动力,充电设施建设是电动汽车发展的有力保障。这种相辅相成的互为依赖的关系,有效指引了充电设施的发展方向——紧紧围绕电动汽车的发展,并适度超前建设,引导电动汽车发展。

随着电动汽车的普及,电动汽车充电桩必将成为汽车工业和能源产业发展的重点。在我国电动汽车充电桩的发展是必然的,政府出台各项政策助力电动汽车充电桩建设。在电动汽车充电桩的建设中,应考虑的业务运营模式,建设相应的电动汽车充电计费系统,引入集中式的信息管理平台,是开展电动汽车充电桩建设工作的重要组成部分。在全国范围内大规模建成电动汽车充电桩网络后,全国的电动汽车充电桩将联网运营,以此可推动纯电动汽车产业发展。

本书结合我国电动汽车的发展趋势及充电技术的发展,以电动汽车充电桩安装调试与运行维护为核心内容。在编写过程中尽量做到有针对性和实用性,力求做到通俗易懂和结合实际,使从事电动汽车充电桩安装调试、运行维护的技术人员从中获益,读者可以以此为"桥梁",系统、全面地了解和掌握电动汽车充电桩安装调试及运行维护的最新应用技术。

本书由周志敏、纪爱华编写,周纪海、纪达奇、刘建秀、顾发娥、刘淑芬、纪和平、纪达安、陈爱华等给予帮助,本书在编写过程中无论从资料的收集上,还是技术信息交流上,都得到了国内外的专业学者、同行及电动汽车充电桩制造商的大力支持,在此表示衷心感谢。

由于笔者水平有限,书中难免有不足之处,敬请读者批评指正。

编者

目录 Contents

第 1 章 概述 1

1.1 电动汽车的分类、运行特点及电能补给方式 / 1
  1.1.1 电动汽车的分类 / 1
  1.1.2 电动汽车的运行特点及电能补给方式 / 4
1.2 电动汽车充电的技术条件及充电系统的标准 / 5
  1.2.1 电动汽车充电的技术条件及对充电技术的要求 / 5
  1.2.2 电动汽车充电系统的标准及充电连接器标准 / 8
1.3 电动汽车充电设施 / 11
  1.3.1 电动汽车充电桩的功能及构成 / 11
  1.3.2 电动汽车充电桩的分类及业务模式 / 17

第 2 章 电动汽车充电桩安装技术 19

2.1 电动汽车充电桩安装常用工具操作技能 / 19
  2.1.1 螺丝刀操作技能 / 19
  2.1.2 电工钳操作技能 / 20
  2.1.3 电工刀操作技能 / 21
2.2 电动汽车充电桩安装常用电动工具安全操作技能 / 22
  2.2.1 冲击钻安全操作技能 / 22
  2.2.2 电锤安全操作技能 / 24
  2.2.3 电镐安全操作技能 / 26
  2.2.4 手电钻安全操作技能 / 27
  2.2.5 射钉枪安全操作技能 / 29

2.3 电动汽车充电桩安装常用电工仪表操作技能及注意事项 / 31
  2.3.1 万用表操作技能及注意事项 / 31
  2.3.2 兆欧表操作技能及注意事项 / 40
  2.3.3 接地电阻测量仪操作技能及注意事项 / 44

2.4 充电桩安装工程施工技术 / 47
  2.4.1 施工准备与工艺流程 / 47
  2.4.2 管路敷设 / 48
  2.4.3 管内穿线 / 52
  2.4.4 电缆敷设 / 53
  2.4.5 信息线缆布线缆施工及端接要点 / 58
  2.4.6 电线连接基本要求及操作技能 / 63
  2.4.7 电线并头连接及端接操作技能 / 72
  2.4.8 设备安装及安全设施施工 / 77

第 3 章 电动汽车充电桩测试与系统调试 80

3.1 电动汽车充电桩测试 / 80
  3.1.1 电动汽车充电桩测试标准及测试方案 / 80
  3.1.2 直流/交流充电桩测试项目 / 82

3.2 充电桩技术指标测试方法 / 88
  3.2.1 充电桩电气技术指标测试方法 / 88
  3.2.2 充电桩电磁兼容指标测试方法 / 97
  3.2.3 充电桩安全规格指标测试方法 / 101

3.3 电动汽车充电桩系统调试 / 106
  3.3.1 电动汽车充电桩系统调试条件 / 106
  3.3.2 电动汽车充电桩系统调试 / 108

第4章 电动汽车充电桩运行与管理

111

- 4.1 电动汽车运行特点及充电设施商业模式 / 111
  - 4.1.1 电动汽车运行特点及运行模式 / 111
  - 4.1.2 电动汽车充电设施的商业模式 / 112
- 4.2 电动汽车充电设施建设模式及工作流程 / 115
  - 4.2.1 电动汽车充电桩解决方案及充电设施建设模式 / 115
  - 4.2.2 电动汽车充电桩工作流程 / 117
- 4.3 电动汽车充电桩运营系统及运营管理 / 122
  - 4.3.1 电动汽车充电桩运营系统 / 122
  - 4.3.2 电动汽车充电桩运营管理 / 124
- 4.4 电动汽车充电桩计量与充电网络管理 / 128
  - 4.4.1 充电桩计量与控制 / 128
  - 4.4.2 电动汽车充电设施服务项目及充电网络管理 / 131

第5章 电动汽车充电桩维护与故障处理

134

- 5.1 电动汽车充电桩操作及日常维护 / 134
  - 5.1.1 电动汽车充电桩操作要点及操作注意事项 / 134
  - 5.1.2 电动汽车充电桩日常维护 / 142
- 5.2 电动汽车充电桩故障分类与维修流程 / 145

5.2.1 电动汽车充电桩故障率及故障分类 / 145

5.2.2 电动汽车充电桩维修流程 / 149

5.3 电动汽车充电桩故障诊断技术与检查方法 / 152

5.3.1 电动汽车充电桩故障诊断技术与维修原则 / 152

5.3.2 电动汽车充电桩故障检查方法 / 157

5.4 电动汽车充电桩故障分析及处理 / 165

5.4.1 电动汽车充电桩主电路故障分析 / 165

5.4.2 充电桩辅助控制电路故障分析 / 167

5.4.3 20kW快速直流充电桩（EQ20C1SDCJN-RW/EQ20C3SDCJN-RW）故障代码 / 170

5.4.4 电动汽车充电桩故障处理实例 / 172

参考文献

第1章 概述

1.1 电动汽车的分类、运行特点及电能补给方式

1.1.1 电动汽车的分类

按照我国 2009 年 7 月 1 日正式实施的《新能源汽车生产企业及产品准入管理规则》，新能源汽车是指采用非常规的车用燃料作为动力来源（或使用常规的车用燃料，但采用新型车载动力装置），综合车辆的动力控制和驱动方面的先进技术，制成的技术原理先进，具有新技术、新结构的汽车。新能源汽车包括纯电动汽车、混合动力汽车、燃料电池电动汽车、氢发动机汽车等（图 1-1）。

电动汽车是全部或部分由电能驱动电动机作为动力系统的汽车，按照目前技术的发展方向或车辆驱动原理，可划分为纯电动汽车、混合动力汽车和燃料电池电动汽车三种类型。

1.1.1.1 纯电动汽车

纯电动汽车是完全由可充电蓄电池（如铅酸蓄电池、镍镉蓄电池、镍氢蓄电池或锂离子蓄电池）提供动力源的汽车。纯电动汽车由底盘、车身、蓄电池组、电动机、控制器和辅助设施六部分组成。由于电动机具有良好

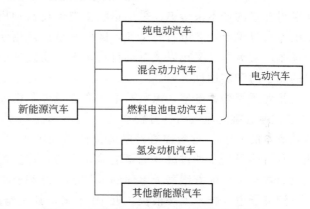

图 1-1 新能源汽车和电动汽车的分类关系

的牵引特性，因此纯电动汽车的传动系统不需要离合器和变速器。车速控制由控制器通过调速系统改变电动机的转速即可实现。现在纯电动汽车技术发展已经相当成熟，国外发达国家和我国都有部分车型投入量产和商业化运营。纯电动汽车具有如下优点。

① 减少对石油资源的依赖，实现能源利用的多元化。由于电力可以从多种一次能源获得，如煤、核能、水力、风力、光、热等，解除人们对石油资源日见枯竭的担心。

② 减少环境污染。纯电动汽车本身不排放污染大气的有害气体，即使按所耗电量换算为发电厂的排放，除硫和微粒外，其他污染物也显著减少，由于发电厂大多远离人口密集的城市，对人类伤害较少，而且电厂是固定不动的，烟尘集中排放，清除各种有害排放物较容易，已有了相关技术。

③ 能源转换效率高。纯电动汽车的能源效率超过汽油机汽车，特别是在城市运行，汽

车走走停停，行驶速度不快，纯电动汽车更加适宜。原油经过粗炼，送至电厂发电，发出的电充入蓄电池，再由蓄电池驱动纯电动汽车，其能量利用效率比经过精炼变为汽油，再经汽油机驱动汽车高。

按我国现行电价和油价水平，纯电动汽车的运行费用低于传统汽车，具有较好的经济性。但是目前纯电动汽车还存在着续驶里程较短、蓄电池价格较高等缺点。

虽然纯电动汽车已有100多年的历史，但一直仅限于在某些特定范围内应用，市场规模较小。主要原因是由于各种类型的蓄电池普遍存在价格高、寿命短、外形尺寸和重量大、充电时间长等缺点。目前采用的铅酸蓄电池、镍氢蓄电池和锂离子电池，根据其实际装车时的循环寿命和市场价格，可估算出纯电动汽车从各种动力蓄电池上每取出1kW·h电能所必须付出的费用。

在估算纯电动汽车从各种动力蓄电池上每取出1kW·h电能所必须付出的费用时，假设蓄电池最高可充电的荷电状态（SOC）为0.9，放电SOC为0.2，即实际可用的蓄电池容量仅占总容量的70%。由电网供电价为0.5元/(kW·h)，蓄电池的平均充放电效率为0.75，粗略计算中可知，从电网取电仅需0.5元/(kW·h)，但充入蓄电池，再从蓄电池放电，铅酸蓄电池每提供1kW·h电能的价格为3.05元左右，其中2.38元为蓄电池折旧费，0.67元为电网供电费，而从镍氢蓄电池中每提供1kW·h电能的，费用为9.6元，锂离子电池为10.2元，即后两种先进的蓄电池供电成本是铅酸蓄电池的3倍多。

目前国内市场上用柴油机发电，价格大致为3元/(kW·h)，若用汽油机发电，供电价格估计为4元/(kW·h)，即从铅酸蓄电池提供电能的价格大致与柴油机发电价格相等，仅从取得能量的成本来考虑，采用铅酸蓄电池比汽油机驱动有一定的价格优势，但是由于铅酸蓄电池太过笨重，充电时间又长，因此只被广泛用于车速小于50km/h的各种场地车、高尔夫球车、垃圾车、叉车以及电动自行车上。实践证实铅酸蓄电池在这一低端产品市场上有较强的竞争力和实用性。

相对于铅酸蓄电池，镍氢蓄电池在能量体积密度方面提高了3倍，在比功率方面提高了10倍。镍氢蓄电池虽然具有较高的比能量和比功率、相对寿命较长等优点，但由于镍金属占其成本的60%，导致镍氢蓄电池价格居高不下。镍氢蓄电池并非是电动汽车的理想蓄电池，其可能只是一种过渡性的蓄电池。目前，镍氢蓄电池仍是近期和中期电动汽车使用的首选动力蓄电池，随着锂离子电池的大规模生产和成本的降低，镍氢蓄电池终将退出。

锂离子电池技术发展很快，近10年来，其比能量由100W·h/kg增加到180W·h/kg，比功率可达2000W/kg，循环寿命达1000次以上，工作温度范围达-40~55℃。近年，由于磷酸铁锂离子电池的研发有重大突破，又大大提高了锂离子电池的安全性。目前已有许多发达国家将锂离子电池作为电动汽车用动力蓄电池的主攻方向。预计到2020年后，锂离子电池的性价比有望达到可以和铅酸蓄电池竞争的水平，而成为未来电动汽车的主要动力蓄电池。

纯电动汽车的技术难度小于插电式混合动力汽车，目前国内即将上市的纯电动汽车的各项性能指标已经可以满足一般用户的需求，技术已经基本成熟。在低端市场，纯电动汽车的经济性优势十分明显。充电网络建设滞后影响了纯电动汽车使用的便利性，是目前制约纯电动汽车发展的最主要因素。随着充电网络建设的不断完善，纯电动汽车的发展速度会比较快，尤其在低端市场，纯电动汽车的份额会显著提高。但由于充电因素的制约，在高端市场普及难度很大。

1.1.1.2 混合动力汽车

由于完全由动力蓄电池驱动的纯电动汽车，其性价比长期以来都远远低于传统的内燃机汽车，难于与其竞争。自20世纪90年代以来，世界上各大汽车公司都着手开发混合动力汽车，日本丰田公司在1997年率先向市场推出"先驱者"（Prius）混合动力汽车，并在日本、美国和欧洲各国市场上均获得较大成功，累计产销量已超过60万辆。随后日本本田，美国福特、通用以及欧洲一些大公司，也纷纷向市场推出各种类型的混合动力汽车。

普通混合动力汽车是指那些采用常规燃料的，同时配以蓄电池、电动机来改善低速动力输出和燃油消耗的车型。混合动力汽车按照混合度（即电动机功率与发动机功率之比或使用电的比例与使用燃油的比例）的不同，又可以分为微混、轻混、中混、强混等。普通混合动力汽车的优点如下。

① 采用混合动力后可按平均需用的功率来确定发动机的最大功率，此时处于油耗低、污染少的最优工况下工作。在需要大功率时（发动机功率不足），由蓄电池来补充；负荷少时，富余的功率可用于发电，给蓄电池充电，发动机可持续工作，蓄电池又可以不断被充电。

② 因为有了蓄电池，可以十分方便地回收制动、下坡、怠速时的能量，并作为电能再次利用，从而减少能源的浪费。

③ 在繁华市区，可关停发动机，由蓄电池单独驱动，实现"零"排放。

④ 可以十分方便地解决耗能大的空调、取暖、除霜等纯电动汽车遇到的难题。

缺点是长距离高速行驶基本不能省油，有两套动力，再加上两套动力的管理控制系统，结构复杂，技术较难，价格较高。

普通混合动力汽车利用发动机的富余功率给蓄电池充电，无需外接充电，虽然节能效果明显，但是没有从根本上摆脱交通运输对石油资源的耗用问题。因此，普通混合动力汽车是电动汽车发展过程中一段时期内的一种过渡性技术。

普通混合动力汽车在目前的新能源汽车中技术最成熟并已成功实现了商业化，由于不需要充电，因此普通混合动力汽车的使用便利性在新能源汽车中是最好的。目前普通混合动力汽车的综合成本要高于燃油汽车，在经济性方面的明显劣势会严重影响普通混合动力汽车的发展。

近几年发展起来的插电式混合动力汽车（plug-in hybrid vehicle，PHV）是一种新型的混合动力汽车。通过外接充电电源为蓄电池充电，充电后可仅凭充电蓄电池作为动力驱动电动汽车行驶。另外，在蓄电池的剩余电量用完后，并不是切换至发动机行驶模式，而是通过发动机带动发电机，利用由此产生的电力为蓄电池充电，继续用电动机驱动行驶。插电式混合动力汽车更接近于纯电动汽车，而且它在一定程度上解决了纯电动汽车续航里程短和需要及时充电的问题，即使行驶到没有充电设施的地方，也可以作为一般的混合动力汽车来使用。

插电式混合动力汽车的技术已经比较成熟，但是目前国内只有几家领先企业掌握了插电式混合动力汽车的核心技术，其他大部分汽车生产企业还处于研发阶段。插电式混合动力汽车使用的便利性不如燃油汽车，但优于纯电动汽车，基本达到了消费者可接受的范围。由于国家政策的倾斜，目前插电式混合动力汽车的综合成本已经低于燃油车。在国家补贴政策的强力支持下，近期插电式混合动力汽车很可能成为增长速度最快的新能源汽车。

1.1.1.3 燃料电池电动汽车

燃料电池电动汽车是指以氢气、甲醇等为燃料，通过化学反应产生电能，依靠电动机驱动的汽车。燃料电池电动汽车的工作原理是，作为燃料的氢在汽车搭载的燃料电池中，与大气中的氧发生化学反应，从而产生电能供给电动机运行，进而驱动汽车行驶。燃料电池的化学反应过程不会产生有害产物，因此燃料电池电动汽车是无污染汽车，燃料电池的能量转换效率比内燃机要高2~3倍，因此从能源的利用和环境保护方面看，燃料电池技术是内燃机技术的最好替代，燃料电池电动汽车代表了电动汽车未来的发展方向。

现阶段，燃料电池的许多关键技术还处于研发试验阶段，此外，燃料电池的理想燃料——氢，在制备、供应、储运等方面还有着大量的技术与经济问题有待解决。因此，燃料电池电动汽车目前和今后一段时间尚不具备商业化的条件。

1.1.2 电动汽车的运行特点及电能补给方式

1.1.2.1 电动汽车的运行特点

（1）公交车 公交车用来满足公共交通的需要，由专职司机驾驶、维护，由城市公交公司或企业投资运营，且行驶路线固定，一般在首末站都建有大型停车场，夜间停运。因公交车停运造成的负面影响较大，要求一次充电至少应满足单程运行里程，紧急情况下应能实现电能的快速补充，公交车可利用停运时段充电。

（2）特殊园区用车 特殊园区用车指用于风景名胜、旅游景点、城市水源保护区等服务、观光等车辆。特殊园区用车服务目标明确，车辆相对集中，使用频繁，一次充电难以满足每日运行要求，内部建有集中停车场，特殊园区用车可利用停运时段充电。

（3）城市环卫、市区快递送收车辆 城市环卫、市区快递送收车辆是为了满足城市环境卫生、邮件送收要求而运营的车辆，如街道清扫车、垃圾清运车、道路清障车、冲洗车、洒水车、市区快递送收车等。此类车辆的运行线路固定，在所属单位或企业内都有自己的停车场，有停运时段。统计数据表明，此类车辆平均每车每日运行距离约为100km，一次充电基本满足单程运行里程，停运时段可充电。

（4）工程车 市政工程抢险车、建筑运输车等用于满足市政建设、抢险维修需要，所属单位或企业内有停车场，车辆用于为特定区域提供服务，要求随时待命、随时出动。一次充电基本满足往返运行里程，停运时段可充电。

（5）政府公务车、企业商务车、其他社会车辆 满足公务、商务出行需要，所属单位或企业内有停车场，一般夜间停运。车辆的行驶线路、里程一般能预估，特殊情况用车时线路和里程多变。一次充电基本满足往返运行里程，夜间停运可充电，同时应在其相应的出行范围内提供必要的快速补充电能设施。

（6）出租车 出租车运行线路和区域具有不确定性，具有很大的随机性。据统计，目前省会城市出租车每车每日的平均运行里程约为300km，一次充电续驶里程难以满足当日运行要求，且用电量变化大。根据其一次充电后的续驶里程，应在其相应的出行范围内提供必要的充电设施。出租车停运时间短，对充电时间要求高。

（7）私家车 满足个人出行需要，线路、里程一般能预先估计，车辆停放在家庭车库或小区停车场。夜间基本停运，可充分利用低谷时段充电。

1.1.2.2 电动汽车的电能补给方式

电动汽车的充电可以由地面的充电桩完成，地面充电桩的主要功能是有效地完成电动汽车蓄电池的电能补给。电动汽车的种类和运行特点决定了其能源补给方式。按照蓄电池是否与车体分离，可分为整车充电方式和蓄电池更换方式两种。

（1）整车充电方式 当车辆进行补充充电时，充电桩与充电车辆通过充电插头进行连接，蓄电池无需从车辆上卸下直接进行充电。优点是充电操作过程简单，不涉及蓄电池存储、蓄电池更换等过程。但车辆充电时间占用了车辆的运营时间，车辆利用率较低，不利于保持蓄电池组的均衡性以及延长蓄电池组的使用寿命。

(2) 蓄电池更换方式　当车辆进行补充充电时，将需要充电的蓄电池从车辆上卸下，再给车辆安装已充满电的蓄电池，车辆即离开继续运营，对卸载下的蓄电池采用地面充电系统进行补充充电。采取蓄电池地面充电方式有利于提高车辆使用效率，提高蓄电池使用寿命，但对车辆及蓄电池更换设备提出了更高的要求。

由此可见，不同的电能补给方式有其自身的特点和适用范围。因此，在实际应用中，需要根据车辆的种类、数量和运行效率，以及蓄电池的数量、性能、系统配置成本以及管理等众多因素进行选择，并可将多种方案有机结合，实现电动汽车的最优运营。

根据以上分析，将电动汽车按照电能补给方式进行分类。

(1) 适合采用整车充电方式的车辆　城市环卫车、市区快递送收车辆、工程车、政府公务用车、企业商用车、私家车。这些车辆可充分利用夜间停运时段进行充电，满足下一次的行驶里程需要。

(2) 适合采用蓄电池更换充电方式的车辆　出租车、社会运营车辆。这些车辆需要及时快速补充电能，尽量增加运营时间，获得更大的经济效益。

(3) 适合采用整车充电方式和蓄电池更换方式结合的车辆　公交车、特殊园区用车、社会运营车辆。既考虑这些车辆蓄电池的使用性能和寿命，又保证车辆运营时间，提高利用率。这些车辆在停运期间可采用整车充电方式，而在运营期间采用蓄电池更换方式。此外，车辆动力蓄电池的配备可根据车辆情况采取不同的方案，例如，对于数量大而且属于同一公司的车辆可以由车辆所属公司建立蓄电池存储间，而对于数量少且归属权相对分散的车辆可以由蓄电池配送中心配送蓄电池，减少一次性投资和更换成本。

(4) 适合采用车载充电机充电的车辆（如私家车辆）　私家车辆由于使用时间较短，停运时一般停放在停车场或者地下车库内，此时可利用停车场提供的交流电源为车辆充电，由于一般私家车辆蓄电池容量较小，冲电功率也较小，充电机可配置在车上，因此可充分利用低谷电价阶段进行充电，以最大限度降低运行成本。

1.2　电动汽车充电的技术条件及充电系统的标准

1.2.1　电动汽车充电的技术条件及对充电技术的要求

1.2.1.1　电动汽车充电桩的技术条件及功能

(1) 电动汽车充电桩的技术条件

① 在充电桩没有与动力蓄电池建立连接时，充电桩经过自检后自动初始化为常规控制充电方式（可选择手动、IC卡或充电桩监控系统操作方式）。充电桩采用手动操作时，应具有明确的操作指导信息。

② 在充电桩与动力蓄电池建立连接后，通过通信获得动力蓄电池的充电信息，自动初始化为动力蓄电池自动控制充电方式。

③ 电动汽车充电桩对供电电压的要求如下。

a. 直流充电桩的输入额定线电压为 380V±38V、50Hz±1Hz 的三相交流电。

b. 对于容量小于（等于）5kW 的交流充电桩，输入额定电压为 220V±22V、50Hz±

1Hz 的单相交流电。

c. 对于容量大于 5kW 的交流充电桩，输入额定线电压为 380V±38V、50Hz±1Hz 的三相交流电。

d. 交流输入隔离型 AC/DC 充电桩的输出电压为额定电压的 50%～100%，并且输出电流为额定电流时，功率因数应大于 0.85，效率应大于等于 90%。

④ 电动汽车充电桩接口和通信要求如下。

a. 充电桩接口。充电桩与电动汽车之间的连接应包括以下几部分：高压充电线路、充电控制导引线、充电控制电源线、充电监控通信连接线、接地保护线。同时，充电桩应预留与充电站监控系统连接的通信接口。

b. 充电桩通信要求。推荐采用 CAN 总线以及 CAN2.0 协议作为充电桩的通信总线和通信协议。通信内容包括动力蓄电池单体、模块和总成的相关技术参数，充电过程中蓄电池的状态参数，充电桩工作状态参数，车辆基本信息等。

(2) 电动汽车充电桩功能　电动汽车充电桩可实现对不同厂家生产的不同类型的电动汽车进行充电，在智能充电网络系统中，作为电能从电网传输到电动汽车的"中转站"，电动汽车充电桩应具备以下功能。

① 指示功能。包括指示动力源能量、正在充电、充电结束等充电状态及输出过电压及欠电压、温度异常、主断路器断开等异常情况。

② 记录功能。记录输入的电能、一次充电量和日累计量、温度（充电时动力源温度、充电机温度、环境温度）、输出过电压和欠电压以及温度异常（包括动力源与充电机）。

③ 自动计费功能。充电桩可以采用 IC 卡充电操作，可自动计费并显示、打印计费结果或直接用 IC 卡结算。

④ 监测功能。监测动力源的温度等参数。

⑤ 故障保护和报警功能。对输入电源过压、缺相、过流、过热、短路、开路、极性接反、超温等故障均有自动保护并发出声光报警信号；具有断电时保护数据，电流、电压、时间等参数不超出所设定范围以及软件故障的提示等安全措施。

1.2.1.2　电动汽车发展对充电技术的要求

尽管电动汽车设施的建设受到不同影响，其建设方式和建设要求需根据实际情况而确定，但随着电动汽车的逐步推广和产业化以及电动汽车技术的日益发展，电动汽车对充电桩的技术要求表现出了一致的趋势，要求充电桩尽可能向以下目标靠近。

(1) 高安全性　影响电动汽车安全性的主要因素首先是蓄电池的充电过程，蓄电池技术状态的不一致性是各类蓄电池所共有的基本特性之一，主要表现在蓄电池的容量误差、内阻误差和电压误差。少数蓄电池的一致性误差并不明显，但是由数十个甚至数百个蓄电池单体所组成的电动汽车蓄电池组，其容量误差、内阻误差和电压误差等因素就会凸显出来。

电动汽车充电的过程不可能对蓄电池单体依次充电，而是对整个蓄电池组进行充电。在充电的过程中，由于内阻误差的存在，导致在整个蓄电池组中的蓄电池单体两端的电压形成误差，内阻误差越大，形成的电压误差越明显。虽然整个蓄电池组两端的充电电压不会超过额定的电压，但是个别的单体蓄电池两端的电压，有可能超过其额定电压，从而容易导致蓄电池组充电不均衡，单体蓄电池充电量不一的状况。如果蓄电池的电压误差过大，就有可能超过蓄电池充电的安全能力，引起蓄电池过热，导致事故。因而，用于电动汽车的充电装置，必须具备防止蓄电池系统单体电压和温度超过允许值的技术措施，以提高电动汽车充电过程的安全性。

(2) 充电快速化　相比发展前景良好的镍氢和锂离子蓄电池而言，传统铅酸蓄电池具有技术成熟、成本低、容量大、跟随负荷输出特性好等优点，但同样存在着比能量低、一次充电续驶里程短的问题。因此，在目前动力蓄电池不能直接提供更多续驶里程的情况下，如果能够实现蓄电池充电快速化，从某种意义上也就解决了电动汽车续驶里程短这个致命弱点。

(3) 充电通用化　在很长一段时间内，电动汽车用的蓄电池仍将是多种类型蓄电池共存的局面，各类电动汽车的蓄电池容量配备不同，而且电压也会参差不齐，种类繁多。在多种类型蓄电池、多种电压等级共存的市场背景下，用于公共场所的充电装置必须具有适应多种类型蓄电池系统和适应各种电压等级的能力，即充电系统需要具有充电广泛性和多种类型蓄电池的充电控制算法，可与各类电动汽车上的不同蓄电池系统实现充电特性匹配，能够针对不同的蓄电池进行充电。

目前电动汽车充电装置与蓄电池的充电控制算法主要由两个系统的对接协议来完成，为了给不同的电动汽车充电，用于电动汽车的充电装置，必须能够适应电动汽车的多种需求。因此，在电动汽车商业化的早期，就应该制定相关政策措施，规范公共场所用充电装置与电动汽车的充电接口、充电规范和接口协议等。

(4) 充电智能化　制约电动汽车发展及普及的最关键问题之一是储能蓄电池的性能和应用水平，优化蓄电池智能化充电方法的目标是要实现蓄电池无损充电，监控蓄电池的放电状态，避免过放电现象，从而达到延长蓄电池的使用寿命和节能的目的。充电智能化的应用技术发展主要体现在以下方面。

① 优化的、智能充电技术和充电桩。
② 蓄电池电量的计算、指导和智能化管理。
③ 蓄电池故障的自动诊断和维护技术等。

(5) 电能转换高效化　电动汽车的能耗指标至关重要，衡量商业化运行的电动汽车的能耗指标，不仅是考察电动汽车驱动等系统的能耗指标，更关注电动汽车从电网获取电能的利用率。电动汽车的能耗指标与其运行能源费用紧密相关，降低电动汽车的运行能耗是推动电动汽车产业发展的关键因素之一。因此，提高充电装置的电能转换效率，采用高效充电装置，对于降低电动汽车的能耗具有重要意义。提高充电装置能耗效率的主要技术措施是选择高效变流电路拓扑，提高充电装置的效率因数，尽可能降低输出电流的交流分量并采用高效的充电控制算法。对于充电桩从电能转换效率和建造成本上考虑，应优先选择具有电能转换效率高、建造成本低等诸多优点的充电装置。

(6) 充电集成化　本着子系统小型化和多功能化的要求，以及蓄电池可靠性和稳定性要求的提高，充电系统将和电动汽车能量管理系统集成为一个整体，集成传输晶体管、电流检测和反向放电保护等功能，无需外部组件即可实现体积更小、集成化更高的充电解决方案，从而为电动汽车其余部件节约出布置空间，大大降低系统成本，并可优化充电效果，延长蓄电池寿命。

(7) 对蓄电池寿命影响小　电动汽车的蓄电池占电动汽车成本的主要部分，多数电动车的蓄电池占整车成本的一半以上，有的甚至超过整车成本的65%。因此，蓄电池的使用寿命极大地影响电动汽车的运行成本，这也是制约电动汽车发展的关键因素之一。如果电动汽车蓄电池性能早衰，电动汽车的续驶里程就会大大缩短，影响正常使用。如果蓄电池寿命提前终止，对于电动汽车来说就需要更换蓄电池。一旦更换蓄电池，对于电动汽车运营来说就会造成极大的负担。蓄电池寿命除了与蓄电池制造技术、制造工艺和蓄电池成组的一致性等因素有较大关系外，还与充电装置的性能直接相关。选用对蓄电池没有伤害的充电控制策略和性能稳定的充电装置，是保障蓄电池使用寿命达到设计指标，防止蓄电池过早损坏的合理途径，也是降低运营成本的重要技术措施之一。

（8）操作简单化 电动汽车充电系统必须简单方便，可使所有用户都能独立操作完成。由于电动汽车应用对象是广大群众，虽然有技术要求和技术指导文件，但不能保证每个用户的学习和领会能力都在同一水平，也不可能因此而增加更多的人员来对电动汽车进行充电服务。如果充电系统操作烦琐而又复杂，势必会需求更多的高素质技术人员，增加管理成本。尤其对于公共充电系统，充电系统必须具有智能化的操作特性，降低对操作人员的要求。

1.2.2 电动汽车充电系统的标准及充电连接器标准

1.2.2.1 电动汽车充电系统的标准

目前电动汽车充电设施建设的规模小、数量少，所以电动汽车充电设施相关技术大部分还处在实际应用的初级阶段。国际上电动汽车充电系统的标准主要是国际电工委员会（IEC）发布的 IEC 61851：2001，该标准包括三个部分，即一般要求（part1）、电动汽车与交流/直流电源的连接要求（part2-1）、电动汽车与交流/直流充电站的要求（part2-2）。

我国根据国内电动汽车的发展状况，于 2001 年制定了 3 个标准，这 3 个国家标准分别等同（或等效）采用了 IEC 61851：2001 的 3 个部分。近年来，电动汽车以及电力技术的快速发展，这些标准已不能完全满足当前的发展需求，而且这些标准中缺乏通信协议、监控系统等方面的内容。目前国家电网公司为了规范内部电动汽车的应用，已经颁布了 6 项与电动汽车充电设施相关的企业标准。

目前供电、充电和蓄电池系统应用集成技术与相关标准及规范研究的缺乏，仍然是电动汽车推广应用的主要薄弱环节，给电动汽车下一步的发展和充电设施的统一规划带来了很大的困难。能够保证大规模充电设施正常运营的充电设施监控系统尚无成熟产品，充电设施监控系统和充电桩间的通信协议和通信接口尚无统一的标准可以遵循，各充电设施之间也无信息联系。

图 1-2 CHAdeMO 快充插座

1.2.2.2 电动汽车充电连接器标准

（1）CHAdeMO 快充插座 CHAdeMO 是 CHArgedeMove 的缩写，是日本日产及三菱汽车等支持的 CHAdeMO 插座。CHAdeMO 从日语翻译过来意思为"充电时间短如茶歇"。这种直流快充插座可以提供最大 50kW 的充电容量。CHAdeMO 快充插座如图 1-2 所示。

支持该充电标准的电动汽车车型包括日产聆风、三菱 Outlander 插电混合动力车、雪铁龙 C-ZERO、标致 iON、雪铁龙 Berlingo、标致 Partner、三菱 i-MiEV、三菱 MINICAB-MiEV、三菱 MINICAB-MiEV 卡车、本田飞度电动版、马自达 DEMIOEV、斯巴鲁 Stella 插电混合动力车、日产 eEV200 等。日产聆风和三菱 i-MiEV 电动汽车都有两个不同的充电用插座，其中一个适用于基础 J1772 连接器，另外一个适用于日本本土的 CHAdeMO 标准连接器。

CHAdeMO 采用的快速充电方式如图 1-3 所示，电流受控于汽车的 CAN 总线信号。即在监视蓄电池状态的同时，实时计算充电所需电流值，通过通信线向快速充电桩发送通知，快速充电桩及时接收来自汽车的电流命令，并按规定值提供电流。

通过蓄电池管理系统一边监视蓄电池状况，一边实时控制电流，完全实现了快速、安全充电所需各项功能，确保充电不受蓄电池通用性限制。在日本，按照 CHAdeMO 标准建设

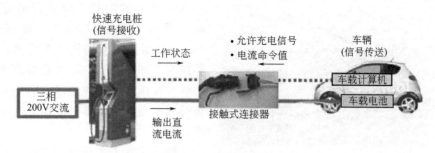

图 1-3 CHAdeMO 采用的快速充电方式

的快速充电站已有 1154 座投入使用。在美国，采用 CHAdeMO 标准建设的充电站也得到推广，来自美国能源部的最新数据显示，美国现有 1344 个 CHAdeMO 交流快速充电站。

CHAdeMO 快充插座的优点是除了数据控制线外，还采用 CAN 总线作为通信接口，由于其抗噪性优越且检错能力高，通信稳定性、可靠性高，其良好的充电安全记录受到了业内的肯定。

CHAdeMO 快充插座的缺点是最初设计的充电输出功率为 100kW，连接器十分笨重，但在充电时的输出功率仅为 50kW。

（2）Combo 插座 Combo 插座可以允许电动汽车慢充和快充，是目前在欧洲应用最广的插座类型，包括奥迪、宝马、克莱斯勒、戴姆勒、福特、通用、保时捷以及大众都配置 SAE（美国汽车工程师协会）所制定的充电界面；而且此类插座还可以和 Mennekes 类型兼容。Combo 插座如图 1-4 所示。

在 2012 年 10 月 2 日，SAE 相关委员会成员投票通过的 SAE J1772 修订草案成为全球唯一一个正式的直流充电标准。该标准的推出是为了改变鱼龙混杂的充电系统的现状，提升消费者对于电动汽车的购买积极性，基于 SAE J1772 修订版制定的关于直流快速充电的标准其核心为 Combo 连接器。

图 1-4 Combo 插座

该标准之前的版本（2010 年制定）明确了用于交流电充电的基础 J1772 连接器的规格，充电水平较低（交流 Level 1 针对 120V，Level 2 针对 240V）。这种基础连接器目前已经得到广泛的应用，与日产聆风、雪佛兰沃蓝达以及三菱 i-MiEV 电动汽车兼容。而 2012 年制定的新版 J1772 标准中的 Combo 连接器除了具备原来的所有功能外，还多了两个引脚，可用于直流快充，但无法与当前生产的旧款电动汽车兼容。SAE 的这套标准来自很多家大汽车制造商，因此它们的目标是希望这套快充装置的充电时间能够与加油时间不相上下，那就是在采用直流充电时，可以 10 分钟内完成充电，这就需要充电设施可以提供电压 500V、最高达 200A 的电流。

Combo 插座的优点是未来汽车制造商可以在其新车型上采用一个插座，不仅适用于第一代尺寸较小的基础交流连接器，还适用于第二代尺寸较大的 Combo 连接器，后者可以提供直流及交流两种电流，分别以两种不同的速度充电。

Combo 插座的缺点是快充模式下需要充电设施提供电压 500V、最高达 200A 的电流。

（3）特斯拉插座 特斯拉汽车有一套自己的充电标准，号称能在 30min 充满可跑

图 1-5 特斯拉插座

300km 以上的电量，因此它的充电插座最高容量可以达到 120kW，最高电流可达 80A。特斯拉插座如图 1-5 所示。目前，特斯拉在美国已拥有 908 座超级充电站，而为了进入我国，特斯拉也已在我国建立了 7 座超级充电站，上海 3 座、北京 2 座、杭州 1 座、深圳 1 座。

特斯拉为了更好地融入各个地区，计划放弃对充电标准的控制，采用各国的国标，其在我国已经如此执行。虽然特斯拉如此做的有利效果是可以利用由我国政府投资建设的庞大充电网络，以提升特斯拉产品的销量，但对已经购买了特斯拉车型的车主，在标准改变后如何充电是面临的问题。如果没有相应的解决方案，特斯拉车主面临的矛盾，一是只能利用标准更改前建好的充电设施充电，充电便利性不会随时间推移改进；二是找特斯拉公司退车。

特斯拉插座的优点是技术先进，充电效率高。

特斯拉插座的缺点是与各国国标相悖，不妥协难以提升销量；妥协后充电效率将打折扣，处于两难境地。

（4）CCS 标准充电插座 为了改变混乱的充电接口标准现状，美系和德系的八大厂商（福特、通用、克莱斯勒、奥迪、宝马、奔驰、大众和保时捷）于 2012 年发布了"联合充电系统"。"联合充电系统"（combined charging system），即"CCS"标准。

"联合充电系统"可将现行所有充电接口统一起来，这样，用一种接口就能够完成单相交流充电、快速三相交流充电、家用直流充电和超速直流充电四种模式。家庭和户外充电桩都可以使用此类能够提供最大 32A 交流电流的充电插座（慢充方式）。CCS 标准充电插座如图 1-6 所示。

SAE 已选定联合充电系统作为其标准，除 SAE 外，欧洲汽车制造商协会（ACEA）也已宣布选择了联合充电系统作为直流/交流充电界面，从 2017 年开始用于所有在欧洲销售的插电式电动汽车。自 2014 年德国与我国统一了电动汽车充电标准后，我国也加入了欧美系这一阵营，为我国的电动汽车发展带来前所未有的机遇。

图 1-6 CCS 标准充电插座

CEE 标准充电插座的优点是宝马、戴姆勒以及大众这三家德国汽车制造商将加大对我国的电动汽车投入，CCS 标准或更有利于我国。

CEE 标准充电插座的缺点是支持"CCS"标准的电动汽车，或者销量较小，或者刚刚开始发售。

（5）GB/T 20234 插座 我国在 2006 年就发布了《电动汽车传导充电用插头、插座、车辆耦合器和车辆插孔通用要求》（GB/T 20234—2006），详细规定了充电电流为 16A、32A、250A 交流和 400A 直流的连接分类方式，主要借鉴了国际电工委员会（IEC）2003 年提出的标准，但是这个标准并未规定充电接口的连接针数、物理尺寸和接口定义。2011 年，我国又推出了 GB/T 20234—2011 推荐性标准，替换了部分 GB/T 20234—2006 中的内容，其中规定：交流额定电压不超过 690V，频率 50Hz，额定电流不超过 250A；直流额定电压不超过1000V，额定电流不超过400A。GB/T 20234插座如图1-7所示。

GB/T 20234插座的优点是相比2006年版的国标，对更多充电接口参数进行了详细标定。

GB/T 20234插座的缺点是标准仍不够完善。另外，其只是推荐性标准，也并未强制执行。

各国车企都已逐渐意识到"标准"才是左右电动汽车发展前景的关键因素，近年来全球充电标准逐渐从"多样化"走向了"集中化"。但要真正实现充电标准统一，除了接口标准之外，还需要电流通信标准，前者关乎接头是否吻合，后者则影响插头插入时能否通电。电动汽车充电标准统一化仍然任重而道远，车企和各国政府都需要进一步"放开姿态"，电动汽车才可能有未来。

图1-7　GB/T 20234插座

1.3　电动汽车充电设施

1.3.1　电动汽车充电桩的功能及构成

1.3.1.1　电动汽车充电桩的功能

根据电动汽车充电方式的不同，电动汽车充电设施可以分为充电桩、充电站、换电站、充换电站四种类型。

（1）充电桩　电动汽车充电桩的功能类似于加油站里面的加油机，是一种"加电"设备，直流充电桩是一种高效率的充电器，利用专用充电接口，采用传导方式，可以快速地给电动汽车充电。电动汽车充电桩具有相应的通信、计费和安全防护功能。市民只需要购买IC卡并充值，就可以使用充电桩为汽车充电。

充电桩可以固定在地面或墙壁上，安装于公共建筑（公共楼宇、商场、公共停车场等）和居民小区停车场或充电站内，可以根据不同的电压等级为各种型号的电动汽车充电。充电桩外观如图1-8所示。

充电桩的输入端与交流电网直接连接，输出端都装有充电插头用于为电动汽车充电。充电桩一般提供常规充电和快速充电两种充电方式，人们可以使用特定的充电卡在充电桩提供的人机交互操作界面上刷卡使用，进行相应的充电方式、充电时间、费用数据打印等操作。利用充电桩给电动汽车充电时，显示屏能显示充电量、费用、充电时间等数据。

为满足大规模的家用电动汽车用户及时、方便地充电的需求，可在住宅小区或商业大厦的专用停车场安装一定数量的智能充电桩，充电桩可提供220V或380V交流电源接口，为电动汽车提供应急充电服务。充电桩占地面积很少，建设成本较低，更适合于支撑大规模的家用电动汽车充电。根据电流种类不同，充电桩可分为直

图1-8　充电桩外观

流充电桩、交流充电桩、交直流一体充电桩，分别采用相应的充电方式完成对车载蓄电池的充电。

① 直流充电桩是俗称的"快充"装置，它固定安装在电动汽车外，与交流电网连接，为电动汽车蓄电池提供小功率直流电源的供电。直流充电桩具有充电机功能，可以实时监视并控制被充电蓄电池状态，同时，直流充电桩可以对充电电量进行计量。

直流充电桩的输入电压采用三相四线 AC 380V±57V，频率 50Hz，输出为可调直流电，直接为电动汽车的动力蓄电池充电。一般充电功率 10~40kW，充电时间 1~4h；占地面积也不大（1~2m^2）。由于充电功率不大，一般的动力用电回路可满足使用。由于直流充电桩采用三相四线制供电，可以提供足够的功率，输出的电压和电流调整范围大，可以满足快充的要求。

直流充电桩具有无人值守、智能刷卡消费和区域组网管理功能，方便运营部门管理。电动汽车在市内运行时，中间停顿的机会较多，此时也是对电动汽车临时补充充电的机会。直流充电桩投资小，占地小，电网较易满足，因而可以大量在停车场、办公楼、购物中心、宾馆、饭店、游览区、有车位街道、小区等设置。

② 交流充电桩是俗称的"慢充"装置，固定安装在电动汽车外、与交流电网连接，为电动汽车车载充电机（即固定安装在电动汽车上的充电机）提供交流电源，同时具备计量计费功能。交流充电桩只提供电力输出，没有充电功能，需连接车载充电机为电动汽车充电。交流充电桩具有占地面积较小、布点灵活等特点。

交流充电桩提供单或双路 220V AC/380V AC 输出接口，为电动汽车车载充电机提供交流电源，交流充电桩基本结构由箱体、安全配电盘、磁电开关、电量计量、刷卡消费和智能管理系统组成。

交流充电桩的输出功率一般为 5kW(220V AC)/20kW(380V AC)，但真正的充电功率是受车载充电机制约的，一般小型电动汽车的车载充电功率为 2~3kW 之间。鉴于费用较低和充电时间方便的原因，电动汽车将优先选择在夜间充电，由于我国大部分家庭没有自己的专属车库，户外也不允许私拉电线，因而需要为每一辆电动汽车配备 1 个交流充电桩。

（2）充电站　电动汽车充电站是指为电动汽车充电的站点，与现在的加油站相似。充电站至少应具备补充能源（主要为电能）和提供维修服务两大基本功能，并配备相应的专业技术人员来完成这项工作。在充电站的基础设施方面，需配备电力输入设备（接口与缆线）、快速充电机、电能输出设备线路（接口与缆线）、动力源性能检测与诊断仪器、专用灭火器材以及电动汽车零配件等。充电站主要由行车道、充电区、配电装置、充电装置、监控装置等组成，充电站内有多台充电机、多个充电桩，占地面积较大，采取快充、慢充等多种方式为电动汽车提供电能，并能够对充电机、蓄电池进行状态监控。

充电站按照功能可以划分为四个子模块，即配电系统、充电系统、蓄电池调度系统、充电站监控系统。充电站给电动汽车充电一般分为两种方式，即普通充电、快速充电。普通充电多为交流充电，可以使用 220V 或 380V 的电压。快速充电多为直流充电。充电站主要设备包括充电机、充电桩、有源滤波装置、电能监控系统。

（3）换电站　换电站的功能是将电动汽车开到换电站，把车上的蓄电池取下，换上充满电的蓄电池，同时支付相应的费用。电动汽车换电站可以省去车主大笔的购买蓄电池的费用，并且可以解决充电时间过长的问题，但因蓄电池重量大，必须使用机械设备更换，而且对电动汽车制造有一定的限制，即必须统一蓄电池标准，对基础设施建设要求高。换电站为用户提供更换蓄电池和蓄电池维护服务，换电站的主要设备是蓄电池拆卸、安装设备，换电站具有操作专业性强、更换蓄电池时间短、占用场地面积比充电站小等特点。换电站对换下的蓄电池进行统一充电和维护,其优点是快速,用户换完蓄电池就可以上路,比加油都快。

(4) 充换电站 电动汽车充换电站具有充电站、换电站的功能,电动汽车充换电站是一种较为综合的电动汽车能量补给场所,具有蓄电池更换及大功率充电设备,可对不同型号的车辆蓄电池进行普通充电和快速充电,为多种车辆提供不同要求的充电服务。

充换电站由多台充电机、充电桩组成,占地面积较大,采取快充、慢充和换蓄电池等多种方式为电动汽车提供电能,并能够对充电机、动力蓄电池、蓄电池更换设备进行状态监控。一个完整的充换电站主要由配电室、中央监控室、充电区、更换蓄电池区和蓄电池维护间五个基本组成部分。

① 配电室。充换电站的配电室内部建有变配电设备、配电监控系统以及相关的控制、补偿设备、计量设备。充换电站的配电室包括高压配电和低压配电两部分。

a. 高压配电部分包括高压供电线路和高压供电设备等,其功能是将高压电变换为低压电。根据电动汽车的动力蓄电池容量、充电时的电压和电流设置、车辆数量等数据的不同,充电系统总容量可能达到兆伏安等级以上,此时需要采用高压供电方式为充电系统供电。

b. 低压配电部分包括低压配电线路和低压配电设备等,其功能是将低压动力电源分配给充电机及其他辅助设备,完成对电动汽车的充电及其他辅助功能。

② 中央监控室。中央监控室用于监控整个充换电站的运行情况,并完成数据库管理、报表打印等。内部建有充电机监控系统主机、烟雾传感器监视系统主机、配电监控系统通信接口、视频监视终端等。充换电站智能综合管理网络架构如图1-9所示,充换电站安防监控系统如图1-10所示。

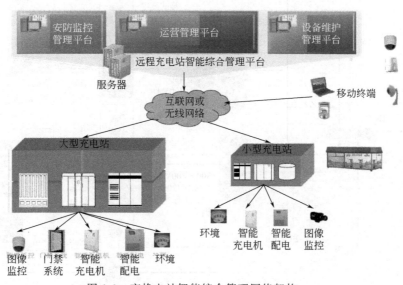

图1-9 充换电站智能综合管理网络架构

③ 充电区。电动汽车在充电区完成电能的补给,充电区内部设有充电平台、充电机以及充电站监控系统网络接口,同时应配备整车充电机。为满足使用自带动力蓄电池和不急于更换动力蓄电池的客户充电需要,充换电站设有车辆充电停放地及相应的充电桩。同样,在停车场也设置带电表计费的充电桩,使用后交付停车费及电费,这种费用要比换蓄电池所需费用低。充换电站内充电机、充电桩、电动汽车通信网络如图1-11所示。

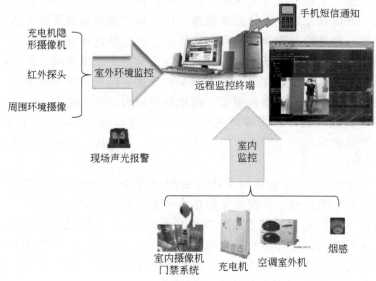

图 1-10 充换电站安防监控系统

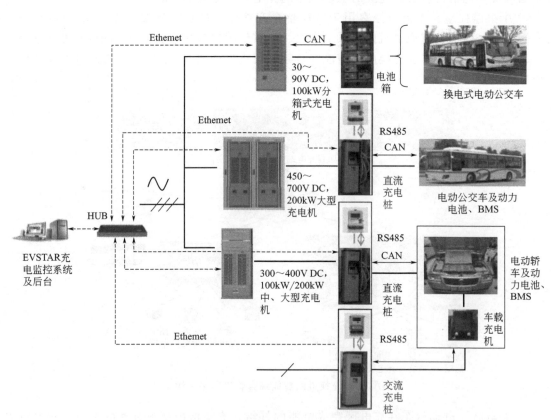

图 1-11 充换电站内充电机、充电桩、电动汽车通信网络

④ 更换蓄电池区。更换蓄电池区是车辆更换蓄电池的场所,需要配备蓄电池更换设备,同时应建设用于存放备用蓄电池的蓄电池存储间。因蓄电池重量大,更换时须用半自动小型吊车或吊架装置,可由现有汽车修配厂等处常用的类似设备改装或专门设计批量生产。

⑤ 蓄电池维护间。蓄电池维护间包括筛选和维护间、充电间以及备用蓄电池库，蓄电池重新配组、蓄电池组均衡、蓄电池组实际容量测试、蓄电池故障的应急处理等工作都是在蓄电池维护间进行的。其消防等级按化学危险品处理。蓄电池维护间可采用计算机控制的大型充电设备，可同时为几十至几百个不同型号蓄电池按各自最佳的标准化电流程序同时充电，手动或自动识别蓄电池种类，按电荷量计费。

蓄电池进入维护车间后，首先进行蓄电池的筛选，确定蓄电池的好坏。不能使用的蓄电池进行恰当处理，避免污染环境，可以继续使用的蓄电池进行维护和活化。维护完的蓄电池送充电间充满电后，进行装箱，为编组准备蓄电池。

1.3.1.2　电动汽车充电计费系统及充电设施应用方案

（1）电动汽车充电计费系统　电动汽车充电计费系统由以下三部分组成。

① 充电计费系统管理平台，对系统涉及的基础数据进行集中式管理，例如电动汽车信息、购电用户信息、资产信息等。

② 充电计费系统运营平台，用于对电动汽车的充放电及购电用户的充值进行运营管理。

③ 充电计费系统查询平台，用于对管理平台及运营平台产生的相关数据进行综合查询。

（2）电动汽车充电设施应用方案　建立电动汽车快速充电网络，加快停车场等公共场所公用充电设施建设，如充电桩等措施，使新能源汽车战略落到实处。在加速电动汽车充电设施布局和建设中，国家电网、中石化、中海油、南方电网、中石油等大型央企纷纷发挥自身优势，均在全国范围内开始为充电设施建设献力。

石化行业基于现有的终端网络，将部分加油站改造成为具备充电功能的综合服务站，石化行业应用方案如图1-12所示。公交集团利用原有的停车站场建设充换电站，公交充换电站应用方案如图1-13所示。出租车充电设施通常设置快充充电终端，电动出租车在1h内即能充满电，出租车充电设施应用方案如图1-14所示。

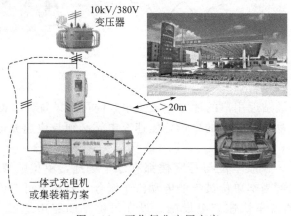

图1-12　石化行业应用方案

（3）电动汽车充电设施安装地点

① 充电桩。安装在户外的充电桩防护等级不应低于IP54，安装在户内的充电桩防护等级不应低于IP32。充电桩一般建设在以下场所。

a.公共停车场。公共停车场是充电桩的最佳安装地点之一，其交通方便、出入方便，充电桩可与停车位分开或合并收费。

b.大型购物中心。在大型购物中心设置充电桩必然会受到购物中心欢迎，电动汽车的驾乘人员会利用充电时间顺便购买商品，这样，可与购物中心实现双赢。

图 1-13　公交充换电站应用方案

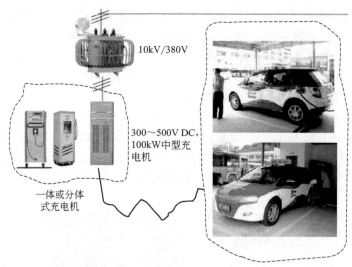

图 1-14　出租车充电设施应用方案

c. 居住小区。这是最贴近用户的地方，虽然小区内可以设置许多慢速充电桩，但有急事需要外出是几乎每个人都可能遇到的事情，慢速充电站必须与快速充电站结合起来才能发挥作用。

d. 单位、写字楼等。一般单位与写字楼都有停车场地，单位购置充电桩不仅可为本单位的电动汽车服务，也可为本单位员工的电动汽车服务，当然也可允许社会车辆快速充电。

② 可移动箱式电动汽车快速充电设施。设在可停车的路边地段。城市停车越来越难，许多非主干道，都被允许用来临时停车，由于可移动箱式电动汽车快速充电设施占用的面积非常小（小于 $20m^2$），可供可移动箱式电动汽车快速充电设施放置的位置非常多，并且根据需要进行随时移动。

③ 箱式电动汽车快速充电设施。在高速公路服务区设置箱式电动汽车快速充电设施，就可连接周边城市。数量不多，但意义很大，它将大大增加电动汽车用户的信心。

④ 新能源（太阳能和风能）储能充电设施。特殊景区、重要国道、偏远公路和用电无保障地域，可采用新能源（太阳能和风能）储能充电设施。

⑤ 应急充电车。改装部分应急充电车，对因电能耗尽抛锚路边的电动汽车进行应急

充电。

1.3.2 电动汽车充电桩的分类及业务模式

1.3.2.1 充电桩分类

① 充电桩按安装方式可分为落地式充电桩和壁挂式充电桩。

a. 落地式充电桩适合安装在不靠近墙体的停车位。

b. 挂壁式充电桩适合安装在靠近墙体的停车位。

② 充电桩按安装地点可分为公共充电桩、专用充电桩及自用充电桩。

a. 公共充电桩是结合停车泊位建设在公共停车场（库）内，为社会车辆提供公共充电服务的充电桩。公共场所和大型住宅停车库内设置的充电桩可设置快、慢两种充电模式，但充电桩应当智能化，以解决峰谷分时段计费、安全报警、防盗等问题。

b. 专用充电桩是建设在单位（企业）自有停车场（库），为单位（企业）内部人员使用的充电桩。

c. 自用充电桩是建设在个人自有车位（库），为私人用户提供充电的充电桩。自用充电桩普遍采用慢速充电方式，利用夜间充电（持续7～8h）。夜间给电动汽车充电可以享受用电量低谷期的电价折扣，既省时又经济；慢速充电还能延长蓄电池寿命。

③ 充电桩按充电接口数可分为一桩一充和一桩多充。

1.3.2.2 电动汽车充电设施的业务模式

电动汽车充电设施的业务模式是指电动汽车用户在汽车电能将要耗尽时，选择到固定地点的充电桩为汽车蓄电池进行直接充电的模式。在这种业务模式下，电动汽车用户可通过充电桩直接为汽车的蓄电池充电，即时消费电力产品并通过现场付费的模式支付费用，完成交易。为此，建设相应的电动汽车充电计费系统，引入集中式的信息管理平台，是开展电动汽车充电桩建设工作的重要组成部分。

根据国外电动汽车充电设施的实际运行情况来看，技术与充电方式的不同，电动汽车充电设施站的业务模式基本上可以分为"整车充电"与"蓄电池更换"两种模式。

（1）整车充电模式　整车充电模式是很多国家研究试验的重点，这种模式把蓄电池与车辆作为一个整体来考虑，其规模化发展的关键是能够研制生产出"容量大、成本低、充电快、寿命长"的蓄电池产品，在便捷性上满足用户的需求，具体包括常规充电和快速充电两种类型。

在电动汽车整车充电模式中，常规充电和快速充电的盈利方式是一样的，只是向用户所收取的充电费用不同而已。该模式运营需要行业方面的企业和个人参与，主要包括电动汽车制造商、蓄电池生产商、充电设施运营商、能源供给企业、电动汽车用户及政府部门。

该模式在运营过程中，首先是能源供给企业通过向充电设施运营商支付一定的建设费用来建设电动汽车充电设施，当用户对电动汽车充电时，能源供给企业、充电设施运营商向用户收取一定的充电费用来实现自身的盈利。

（2）蓄电池更换模式　更换蓄电池模式也称租赁蓄电池模式，是一种把车辆与蓄电池分开考虑的思路。用户只购买汽车，由专门的蓄电池租赁公司负责蓄电池的购买、租赁、充电、快速更换及管理。可以让用户像"汽车加油"一样方便地得到能源供给。它的运营模式是通过各个蓄电池更换站集中对标准化的蓄电池充电，电动汽车用户需要补充能源时，可以非常方便地到任意一个更换站更换充好电的蓄电池。

能源供给企业购买蓄电池后，通过向中间充电设施运营商支付一定的建设费用来进行更换站的建设。电动汽车用户在购买"裸车"后，去蓄电池更换站办理相应的"租赁手续"及交一定的租金就能使电动汽车投入使用。租赁的手续及租金由相关部门协商而定，因换给消费者的是一块充满电的蓄电池，加上一些其他成本，租赁蓄电池的价格肯定要比消费者自己在家充电高，但是绝对远远低于燃油的费用。用户在蓄电池的使用过程中不仅要交租金，每次更换蓄电池时根据蓄电池电量的消耗情况，用户还要向蓄电池更换站交纳相应的电费。

为了使得更换更加快捷，需要更换蓄电池的车辆进站之前向站台提出蓄电池更换请求，以便站台调度安排停车位置、通知蓄电池更换库准备整车更换的蓄电池，并运至更换蓄电池区、准备卸载设备。当车辆进站后，根据调度指令将车开到更换蓄电池区准确位置，准备更换蓄电池。在更换蓄电池前，必须仔细翻阅车载监控装置故障记录，检查车辆蓄电池在运营过程中是否故障。如果有故障记录，则记录故障信息（包括故障位置和类型），再清除故障记录。然后进行蓄电池更换，断开整车的高低压供电后才能卸载蓄电池。卸载时将故障蓄电池箱和无故障蓄电池箱分开摆放。将故障蓄电池箱和故障信息一并送至维护车间，无故障的蓄电池箱送至充电区充电。卸载完毕后，将已经准备好的蓄电池装车。接通整车的高低压供电，再进行一次故障诊断，确保更换完蓄电池，整车运行正常后将车驶出更换蓄电池区。

电动汽车充电设施的运营究竟选取哪种模式，应围绕"快速、健康、高效地推动电动汽车产业的发展和普及"这一核心目标，结合技术发展趋势和现实条件进行综合考量。最主要包括以下三个方面。

① 消费者使用的总体经济性和方便性，这关系到运营模式的竞争力。

② 能源供给企业的盈利模式，这决定着电动汽车充电设施的可持续发展能力。

③ 对城市电网运行的影响，这是城市整个电网能否安全、高效运行的关键因素。

（3）我国电动汽车充电设施运营模式的发展方向

① 整车充电中的慢速充电方式可以充分利用低谷电力充电，电费相对降低，但是充电时间过长使车辆的使用十分不便。快速充电方式的充电时间短，易于车辆的使用，但是充电费用较高，且会大大缩短蓄电池的使用寿命，整车充电模式的初次购买及后续更换蓄电池的费用很高（占车辆总费用30%～50%）。整车充电中的快充模式若大量使用，将使得电网谐波污染问题突出，治理成本提高。

② 换蓄电池模式属于能源新物流模式。换蓄电池模式有利于蓄电池生产企业规模化、标准化生产，有利于能源供给企业的规模化采购与集约化管理，能够显著降低总运营成本。能源供给企业作为一个相对独立的中间运营商，有利于政府施加更具针对性的扶持和优惠政策，如电价政策、购买蓄电池补贴政策等，容易建立起清晰的财务盈利模式，比单纯提供充电服务可获得更高的经济回报，具有更大的发展空间。换蓄电池模式采取的蓄电池集中充电，便于统一调度、管理和监控，能够最大限度发挥削峰填谷作用，提高电力系统负荷率，最大限度减少谐波污染等对电网的不利影响，有利于电网的安全稳定运行和电力资源的优化利用。

综上所述，换蓄电池模式具有更突出的优势和更广阔的发展前景。考虑到差异化需求和特殊情况下电能补给的需要，以更换蓄电池为主、整车充电为辅的运营模式将成为我国电动汽车充电站未来发展的主流模式。

第 2 章　电动汽车充电桩安装技术

2.1　电动汽车充电桩安装常用工具操作技能

2.1.1　螺丝刀操作技能

2.1.1.1　螺丝刀分类

螺丝刀（又称改锥）是一种用来紧固或拆卸螺钉的工具，常用的螺丝刀如图 2-1 所示，一般分为一字形和十字形两种。

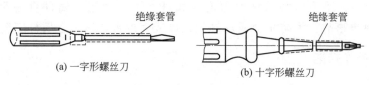

图 2-1　常用的螺丝刀

（1）一字形螺丝刀　一字形螺丝刀的规格用柄部以外的长度表示，常用的有 100mm、150mm、200mm、300mm、400mm 等。

（2）十字形螺丝刀　十字形螺丝刀也称为梅花螺丝刀，一般分为四种型号，其中Ⅰ号适用于直径为 2～2.5mm 的螺钉，Ⅱ、Ⅲ、Ⅳ号分别适用于直径为 3～5mm、6～8mm、10～12mm 的螺钉。

（3）多用螺丝刀　多用螺丝刀是一种组合式工具，既可作螺丝刀使用，又可作低压验电器使用，此外还可用来锥、钻、锯、扳等。它的柄部和螺钉旋具是可以拆卸的，并附有规格不同的螺钉旋具、三棱锥体、钻头、锯片、锉刀等附件。

质量上乘的螺丝刀的刀头是用硬度比较高的弹簧钢做的，好的螺丝刀应该做到硬而不脆，硬中有韧。当螺钉头开口变秃打滑时可以用锤敲击螺丝刀，把螺钉的槽剔得深一些，便于将螺钉拧下，螺丝刀要毫发无损。螺丝刀常常被用来撬东西，这就要求有一定的韧性而不弯不折。螺丝刀头部的硬度应大于 HRC60，不易生锈。

2.1.1.2　使用螺丝刀注意事项

将螺丝刀拥有特化形状的端头对准螺钉的顶部凹槽或凹坑，固定，然后开始旋转手柄。根据规格标准，顺时针方向旋转为旋紧；逆时针方向旋转则为旋出（极少数情况下则相反）。一字螺丝刀可以应用于十字螺钉。

螺丝刀的刀刃必须正确地磨削，刀刃的两边要尽量平行。如果刀刃成锥形，当转动螺丝刀时，刀刃极易滑出螺钉槽口。螺丝刀的头部不要磨得太薄，在砂轮上磨削螺丝刀时要特别小心，螺丝刀会因为过热，而使螺丝刀的锋口变软。在磨削时，要戴上护目镜。螺丝刀的使用方法如下。

① 不可用螺丝刀当撬棒或凿子使用。

② 在使用前应先擦净螺丝刀柄和口端的油污，以免工作时滑脱而发生意外，使用后也要擦拭干净。

③ 正确的方法是以右手握持螺丝刀，手心抵住柄端，让螺丝刀口端与螺钉槽口处于垂直吻合状态。

④ 当拧松螺钉时，应用力将螺丝刀压紧后再用手腕力扭转螺丝刀；当螺钉松动后，即可使手心轻压螺丝刀柄部，用拇指、中指和食指快速转动螺丝刀。

⑤ 选用的螺丝刀口端应与螺钉上的槽口相吻合。如口端太薄则易折断，太厚则不能完全嵌入槽内，易使刀口或螺钉槽口损坏。

在使用螺丝刀时还应注意以下事项。

① 螺丝刀较大时，除大拇指、食指和中指要夹住手柄外，手掌还要顶住手柄的末端，以防旋转时滑脱。

② 螺丝刀较小时，用大拇指和中指夹着手柄，同时用食指顶住手柄的末端用力旋动。

③ 螺丝刀较长时，用右手压紧手柄并转动，同时左手握住螺丝刀的中间部分（不可放在螺钉周围，以免将手划伤），以防止螺丝刀滑脱。

④ 带电作业时，手不可触及螺丝刀的金属杆（不应使用金属杆直通手柄顶部的螺丝刀），以免发生触电事故。为防止金属杆触到人体或邻近带电体，金属杆应套上绝缘管。

2.1.2　电工钳操作技能

2.1.2.1　钢丝钳

钢丝钳是一种夹持或折断金属薄片、切断金属丝的工具，电工用钢丝钳的柄部套有绝缘套管（耐压500V），其规格用钢丝钳全长的毫米数表示，常用的有150mm、175mm、200mm等。钢丝钳的构造及使用方法如图2-2所示。

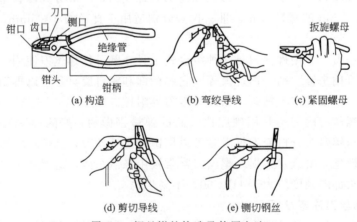

图2-2　钢丝钳的构造及使用方法

在电工作业时，钢丝钳用途广泛。钳口可用来弯绞或钳夹电线线头；齿口可用来紧固或起松螺母；刀口可用来剪切电线或钳削电线绝缘层；侧口可用来铡切电线线芯、钢丝等较硬线材。在使用钢丝钳时应注意以下事项。

① 使用前，应检查钢丝钳绝缘是否良好，以免带电作业时造成触电事故。

② 在带电剪切电线时，不得用刀口同时剪切不同电位的两根线，以免发生短路事故。

2.1.2.2　尖嘴钳

尖嘴钳的头部尖细，如图 2-3 所示，用法与钢丝钳相似，其特点是适用于在狭小的工作空间操作，能夹持较小的螺钉、垫圈、电线及电器元件。在安装控制线路时，尖嘴钳能将单股电线弯成接线端子（线鼻子），有刀口的尖嘴钳还可剪断截面较小的电线、剖削电线的绝缘层，也可用来对单股电线整形（如平直、弯曲等）。若使用尖嘴钳带电作业，应检查其绝缘是否良好，并在作业时金属部分不要触及人体或邻近的带电体。

图 2-3　尖嘴钳

2.1.2.3　斜口钳

斜口钳头部"扁斜"，因此又叫扁嘴钳或剪线钳，如图 2-4 所示。可用斜口钳剪断较粗的金属丝、线材及电线、电缆芯线等。对粗细不同、硬度不同材料的金属丝、电线、电缆芯线，应选用大小合适的斜口钳。斜口钳的柄部有铁柄、管柄、绝缘柄之分，绝缘柄耐电压 1000V。

2.1.2.4　剥线钳

剥线钳是专用于剖削较细小电线绝缘层的工具，如图 2-5 所示。剥线钳的钳口部分设有几个刃口，用以剥落不同线径电线的绝缘层。其柄部是绝缘的，耐电压 500V。使用剥线钳剖削电线绝缘层时，先将要剖削的绝缘长度用标尺定好，然后将电线放入相应的刃口中（比电线直径稍大），再用手将钳柄一握，电线的绝缘层即被剥离。

图 2-4　斜口钳

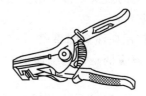

图 2-5　剥线钳

2.1.3　电工刀操作技能

2.1.3.1　电工刀构成

电工刀是电工常用的一种切削工具，普通的电工刀由刀片、刀刃、刀把、刀挂等构成。不用时，把刀片收缩到刀把内。电工刀是用来剖切电线、电缆的绝缘层，切割木台缺口，削制木枕的专用工具，如图 2-6 所示。电工刀有一用（普通式）、两用及多用（三用）三种。多用电工刀由刀片、锯片、钻子等组成，刀片用来剖削电线绝缘层，锯片用来锯削电线槽板和圆垫木，钻子用来钻削木板眼孔。电工刀的规格习惯上以型号表示，见表 2-1。

图 2-6　电工刀

表 2-1　电工刀的规格　　　　　　　　　　　单位：mm

名　称	1号	2号	3号
刀柄长度	115	105	95
刃部厚度	0.7	0.7	0.6

2.1.3.2 电工刀使用方法及注意事项

(1) 电工刀使用方法

① 电工刀的刀刃部分要磨得锋利才利于剖削电线的绝缘层，但不可太锋利，太锋利容易削伤线芯，磨得太钝，则无法剖削电线的绝缘层。磨刀刃时一般采用磨刀石或油磨石，磨好后再把底部磨点倒角，即刃口略微圆一些，利于对双芯护套线的外层绝缘的剖削，可以用刀刃对准两芯线的中间部位，把电线一剖为二。

② 芯线截面大于 $4mm^2$ 的塑料硬线须用电工刀剖削绝缘层，用电工刀剖削电线绝缘层时，刀以 45°角切入，接着以 25°角用力向线端推削，削去绝缘。用电工刀切剥时，刀口不能伤着芯线。常用的剖削方法有级段剖削和斜削法剖削。用电工刀剖削电线绝缘层时，可把刀略微翘起一些，用刀刃的圆角抵住线芯。切忌把刀刃垂直对着电线切割绝缘层，因为这样容易割伤电线线芯。

③ 圆木与木槽板或塑料槽板的吻接凹槽可采用电工刀在施工现场切削，通常用左手托住圆木，右手持刀切削。利用电工刀还可以削制木榫、竹榫等。

④ 多功能电工刀除了刀片以外，有的还带有尺子、锯子、剪子、锥子和扩孔锥等。多功能电工刀的锯片，可用来锯割木条、竹条，制作木榫、竹榫。

⑤ 在硬杂木上拧螺钉很费劲时，可先用多功能电工刀上的锥子锥个洞，这时拧螺钉便省力多了。

⑥ 圆木上需要钻穿线孔，可先用多功能电工刀的锥子钻出小孔，然后用扩孔锥将小孔扩大，以利较粗的电线穿过。

⑦ 电线、电缆的接头处常使用塑料或橡胶带等作加强绝缘，这种绝缘材料可用多功能电工刀的剪子将其剪断。

(2) 电工刀使用应注意的事项

① 因为电工刀刀柄是无绝缘保护的，所以，绝不能在带电电线或电气设备上使用，以免触电。

② 应将刀口朝外剖削，并注意避免伤及手指。

③ 剖削电线绝缘层时，应使刀面与电线成较小的锐角，以免割伤电线。

④ 使用完毕，随即将刀身折进刀柄。

2.2 电动汽车充电桩安装常用电动工具安全操作技能

2.2.1 冲击钻安全操作技能

2.2.1.1 冲击钻性能特点

冲击钻由电动机、减速箱、冲击头、辅助手柄、开关、电源线、插头和钻头夹等组成。适用于在混凝土、预制板、瓷面砖、砖墙等建筑材料上进行钻孔或打洞。冲击钻依靠旋转和冲击来工作，单一的冲击是非常轻微的，但每分钟40000多次的冲击频率可产生连续的力。冲击钻利用内轴上的齿轮相互跳动来实现冲击效果，其冲击力远远不及电锤。在冲击钻的钻头夹处有个调节旋钮，通过该旋钮可选择普通手电钻或冲击钻方式。手持冲击钻如图2-7所示。

冲击钻的冲击机构有犬牙式和滚珠式两种。滚珠式冲击钻由动盘、定盘、钢球等组成。

动盘通过螺纹与主轴相连,并带有12个钢球;定盘利用销钉固定在机壳上,并带有4个钢球,在推力作用下,12个钢球沿4个钢球滚动,使硬质合金钻头产生旋转冲击运动,能在砖、混凝土等脆性材料上钻孔。脱开销钉,使定盘随动盘一起转动,不产生冲击,可作普通电钻用。冲击钻为双重绝缘设计,操作安全可靠,使用时不需要采用保护接地(接零),使用时可以不戴绝缘手套或穿绝缘鞋。为使操作方便、灵活和有力,冲击钻上一般带有辅助手柄。由于冲击钻采用双重绝缘,没有接地(接零)保护,因此应特别注意保护橡套电缆。移动冲击钻时必须握住冲击钻手柄,不能拖拉橡套电缆,橡套电缆不能让车轮轧辗和足踏。

图 2-7 手持冲击钻

2.2.1.2 冲击钻正确的使用方法

① 操作前必须检查电源是否与冲击钻规定的额定电压相符,以免错接。

② 使用冲击钻前应仔细检查机体绝缘防护、辅助手柄及深度尺调节等情况,有无螺钉松动现象。

③ 冲击钻必须按要求装入 $\phi 6 \sim 25 mm$ 的合金钢冲击钻头或打孔通用钻头,严禁使用超越范围的钻头。钻孔时,应注意避开混凝土中的钢筋;打孔时将钻头抵在工作表面,然后开动,用力适度,避免晃动;转速若急剧下降,应减少用力,防止电动机过载,严禁用木杠加压。

④ 冲击钻的电源线要保护好,严禁满地乱拖被轧坏、割破,更不准把电线拖到油水中,防止油液腐蚀电线。

⑤ 使用冲击钻的电源插座必须配备漏电开关,并检查电源线有无破损现象。

⑥ 更换冲击钻钻头时,应拔下电源插头,使用专用扳手或钻头锁紧钥匙,杜绝使用非专用工具敲打冲击钻。

⑦ 使用冲击钻时切记不可用力过猛或出现歪斜操作,应装紧合适的钻头并调节好冲击钻深度尺,操作时应垂直、平稳、徐徐、均匀地用力,不可强行使用超大钻头。

2.2.1.3 冲击钻安全操作规程

① 使用冲击钻时应佩戴防护眼镜,工作时务必要全神贯注,不但要保持头脑清醒,更要理性地操作冲击钻。

② 检查冲击钻的开关是否灵敏可靠。

③ 检查冲击钻的绝缘是否完好。

④ 装夹钻头时应用力适当,使用前应空转几分钟,待转动正常后方可使用。

⑤ 钻孔时应使钻头缓慢接触工件,不得用力过猛,以免折断钻头,损坏电动机。钻孔时必须垂直地顶在工件上,不得在钻孔时晃动冲击钻。

⑥ 注意工作时的站立姿势,操作冲击钻时要确保立足稳固,并要随时保持平衡。使用时用双手握持冲击钻(辅助把手)。

⑦ 使用冲击钻时严禁戴手套,以防止钻头绞住发生意外。在潮湿的地方使用冲击钻时,必须站在橡胶垫或干燥的木板上,以防触电。

⑧ 使用中如发现冲击钻漏电、振动、高温过热时,应立即停止使用。

⑨ 冲击钻未完全停止转动时,不能卸、换钻头,出现异常时其他任何人不得自行拆卸、装配,应交专人及时修理。

⑩ 如用力压冲击钻时，必须使冲击钻垂直，而且固定端要牢固可靠。
⑪ 中途更换新钻头，沿原孔洞进行钻孔时，不要突然用力，防止折断钻头发生意外。
⑫ 使用冲击钻登高或在防爆等危险区域内作业时，必须做好安全防护措施。
⑬ 停电、休息或离开工作地时，应立即切断电源。
⑭ 工作完毕时，冲击钻不许随便乱放，应存放到指定地方。

2.2.1.4 冲击钻使用注意事项

① 操作冲击钻的人员要穿好合适的工作服，不可穿过于宽松的工作服，更不要戴首饰或留长发，严禁戴手套及袖口不扣操作冲击钻。

② 冲击钻一般情况下是不能用作电钻使用的，采用冲击钻开的孔易偏大；因钻头不锋利，使所开的孔不工整，出现毛刺或裂纹；即使上面有转换开关，也尽量不用来钻孔。

③ 冲击钻为40%断续工作制，不得长时间连续使用。

④ 作业孔径在25mm以上时，应有稳固的作业平台，周围应设护栏。

2.2.1.5 冲击钻的维护与保养

① 由专业人员定期检查冲击钻各部件是否损坏，对损伤严重的部件要及时更换，定期检查电源线及触点部位的导电性能是否完好，定期检查冲击钻的碳刷及弹簧压力，若超出规定值应及时更换和调整。

② 冲击钻机身应保证完好、清洁无污垢，以保证冲击钻运转正常。

③ 及时增补因作业中机身上丢失的机体螺钉紧固件。

④ 定期检查传动部分的轴承、齿轮及冷却风叶是否灵活完好，适时对转动部位加注润滑油，以延长冲击钻的使用寿命。

⑤ 使用完毕后要及时将冲击钻归还专职人员妥善保管。

2.2.2 电锤安全操作技能

电锤是以单相串激电动机为动力，适用于混凝土、岩石、砖石砌体等脆性材料上钻孔、开槽、凿毛等作业。电锤如图2-8所示。电锤是在电钻的基础上，增加了一个由电动机带动有曲轴连杆的活塞，在气缸内往复压缩空气，使气缸内的空气压力呈周期变化，变化的空气压力带动气缸中的击锤往复打击钻头的顶部，好像用锤子敲击钻头，故名电锤。电锤可以在混凝土、砖、石头等硬性材料上开直径6～100mm的孔，电锤在上述材料上开孔效率高，但它不能在金属上开孔。

图2-8 电锤

2.2.2.1 电锤性能特点

由于电锤的钻头在转动的同时还产生沿着钻杆方向的快速往复运动（频繁冲击），所以它可以在脆性大的混凝土及石材等材料上快速打孔。高档电锤可以利用转换开关，使电锤的钻头处于不同的工作状态，即只转动不冲击，只冲击不转动，既冲击又转动。电锤具有以下特点。

① 良好的减振系统。可以使操作人员握持舒适，缓解疲劳。电锤的减振系统通过"振动控制系统"来实现，并通过软胶把手增加握持舒适度。

② 高低速开关。低速开关可以使电锤平稳起钻，例如在瓷砖等平滑的表面上起钻，不仅可以防止钻头走滑，也可以防止钻孔破裂。正常工作时可使用高速开关以确保工作效率。

③ 具有稳定可靠的安全离合器（又称转矩限制离合器）。可避免在使用过程中因钻头的卡滞而将产生的大转矩反作用力传递给使用者，这是对使用者的一种安全保护，这一特点还可防止齿轮装置和电动机的停止转动。

④ 全面的电动机防护装置。在使用中不可避免会有颗粒状的硬物进入电锤（尤其是对电锤向上作业钻孔，如对墙顶钻孔），如果电动机没有一定的防护，在高速旋转中极易被硬物碰断或刮伤电动机的绕组，最终导致电动机失效。

⑤ 具有正反转功能使电锤应用范围更加广泛。是通过开关或调整碳刷位置来实现的，通过调整碳刷位置（旋转刷架）实现的好处是操作方便，可有效抑制火花来保护换向器，延长电动机使用寿命。

电锤的优点是效率高，钻孔孔径大，钻进深度长。电锤的缺点是振动大，对周边构筑物有一定程度的破坏作用。对于混凝土结构内的钢筋，无法顺利通过，由于工作范围要求，不能够过于贴近建筑物。

2.2.2.2 电锤安全操作

① 操作者要戴好防护眼镜，以保护眼睛，当面部朝上作业时，要戴上防护面罩。
② 长期作业时要塞好耳塞，以减轻噪声的影响。
③ 长期作业后钻头处在灼热状态，应在冷却后更换，以免灼伤肌肤。
④ 作业时应使用侧柄，双手操作，防止堵转时反作用力扭伤胳膊。
⑤ 站在梯子上工作或高处作业应做好高处坠落措施，梯子应有地面人员扶持。

2.2.2.3 电锤作业前应注意的事项

① 钻头与夹持器应适配，并妥善安装。
② 钻凿墙壁、天花板、地板时，应先确认有无埋设电缆或管道等。
③ 在高处作业时，要充分注意下面的物体和行人安全，必要时设警戒标志。
④ 确认电锤上开关是否切断，若电源开关接通，则插头插入电源插座时电锤将出其不意地立刻转动，从而可能导致人员伤害危险。
⑤ 若作业场所在远离电源点需延伸线缆时，应使用容量足够、安装合格的延伸线缆。延伸线缆如通过人行过道，应高架或做好防止线缆被碾压损坏的措施。

2.2.2.4 电锤正确使用方法

① 作业前检查电锤的外壳、手柄，应不出现裂缝、破损。
② 作业前检查电锤的电缆软线及插头等应完好无损，开关动作正常，保护接零连接正确、牢固可靠。
③ 作业前检查电锤的各部防护罩，应齐全牢固，电气保护装置可靠。
④ 电锤启动后，应空载运转，检查并确认电锤运行是否正常。
⑤ 作业时应双手握电锤手柄，打孔时先将钻头抵在工作表面上，然后启动电锤，用力适度平稳，避免晃动；转速若急剧下降，应减少用力，防止电动机过载。严禁用木杠加压。
⑥ 钻孔时，应注意避开混凝土中的钢筋。作业孔径在 25mm 以上时，应有稳固的作业平台，周围应设护栏。
⑦ 电锤为 40% 断续工作制，不得长时间连续使用。
⑧ 严禁超载使用。作业中应注意电锤的声响及温升，发现异常应立即停机检查。若作业时间过长，电锤温升超过 60℃ 时，应停机，自然冷却后再行作业。
⑨ 机具转动时，不得撒手不管。
⑩ 作业中，不得用手触摸电锤的钻头，发现钻头有磨钝、破损情况时，应立即停机修

整或更换，然后再继续进行作业。

2.2.3 电镐安全操作技能

电镐具有极强的混凝土铲凿功能，比电锤功率大，更具冲击力和振动力，具有的减振功能使操作更加安全。电镐如图2-9所示。电镐是以单相串励电动机为动力的双重绝缘手持电动工具，它具有安全可靠、效率高、操作方便等特点，广泛应用于管道敷设、机械安装、给排水设施建设、室内装修、港口设施建设和其他建设工程施工。

图2-9　电镐

电镐分为两种，即普通电镐和多功能电镐，市场上主流的BOSCH和DEWALT品牌电镐为多功能电镐，型号为7-46和25730的电镐主要用于建筑、铁路建设、城建和加固行业。

2.2.3.1　电镐性能特点

① 滑动式夹杆设计，锁定更牢固，装卸镐杆更快捷。
② 软橡胶包裹的副手柄有效降低振动，配合360°旋转功能，使操作更方便、更舒适。
③ 优化机械结构设计，提供超乎寻常的冲击力和耐用性。
④ 高品质电动机，具有瞬间爆动力，使工作效率更高。
⑤ 独有的减振弹簧板，大幅削减后传振动，减轻操作者疲劳度。
⑥ 开关锁定功能，适用于长时间工作

2.2.3.2　电镐使用注意事项

① 注意润滑。注油前应断开电镐的电源开关，并从电源插座上拔下电源插头。大型电镐（如Z1G-65型）内部装有油箱，因此即使不补给润滑油，若每天作业时间为3～4h，仍可连续使用20天左右。
② 若发现电镐明显锤击无力时，应竖起电镐检查油量计的油位，若油量计窥窗看不到油液（可用40#润滑油），应及时加油补充。加油前，应使用附属的扳手拆除油量计，并须防止丢失下面的橡胶密封件。应每日检查油位一次，确认油量是否足够。
③ 小型电镐（如Z1G-0810型）外形同电锤，注入的润滑油不能超过30g，多加会使整机发生严重故障；少加会导致整机发热，烧坏内部机件，不可随便使用汽车用润滑油、自行车用链油或其他润滑油代替。
④ 电动机的维护。电动机绕组是电镐的"心脏"，应仔细检查有无损伤，是否被油液或水沾湿。电动机电刷是消耗品，一旦磨损到极限，电动机就可能出现各种故障。如果使用的是自停式电刷，电动机将自动停止转动。电刷应保持清洁，以保证能在刷握内自由滑动。

2.2.3.3　电镐安全技术操作规程

① 电镐操作者要戴上安全帽、安全眼镜和防护面具，还要戴上防尘口罩、耳朵保护器具和有厚垫的手套。
② 操作之前必须确认凿嘴被紧固在规定的位置上。
③ 因电镐是设计用来产生振动力的，所以在工作时螺钉容易松动，从而导致折断或事

故，所以操作之前必须仔细检查螺钉是否紧固。

④ 寒冷季节或当电镐很长时间没有用时，则应当让其在无负荷下运转几分钟进行预热。

⑤ 操作者必须确认站在很结实的地方，当在高处使用工具时，必须确认下面无人，并应采取防护措施。

⑥ 操作者要用双手紧握工具，工具旋转时不可脱手，只有当双手紧握电镐后方可启动。

⑦ 操作时，不可将凿嘴指任何在场的人，因冲头可能会飞出去而导致人身伤害事故。

⑧ 当凿嘴凿进墙壁、地板或任何可能会埋藏电线的地方时，绝不可触摸电镐的任何金属部位，握住电镐的塑料把手或侧面抓手，以防凿到埋藏的电线而触电。

⑨ 操作完，手不可立刻触摸凿嘴或接近凿嘴的部件，因其可能会非常热而烫伤皮肤。

2.2.3.4 电锤、电钻、电镐的区别

从功能原理上讲，电锤、电镐、电钻有明显的不同。

① 电钻只能靠电动机带动传动齿轮加大钻头转动的力，使钻头在金属、木材等物质上做刮削形式运动，可以说电钻是以前手摇钻孔工具的电动化。

② 电锤是利用底部电动机带动两套齿轮结构，一套实现钻，而另一套则带动活塞，犹如发动机液压冲程，产生强大的冲击力。电锤既有钻的旋转的力量，又有锤的冲击力，一般用于打坚固的墙面的洞。

③ 电镐是让电动机带动甩动的甩砣做弹跳形式运行，使镐头有产生凿击地面的效果。电镐里的泵锤来回弹动，从而产生凿击地面的效果，但是电镐只凿，它的镐头并不转动。

从应用范围上讲电锤、电镐、电钻有明显不同的应用。

① 电钻只能钻；电锤不仅能钻还有较大的锤击力；电镐只能凿，不能钻。

② 电钻一般钻比较有柔性的较薄的物质，比如木头、铝合金、薄的钢板、铁皮、塑料等。

③ 电锤是电钻功能上的升级，主要用来在混凝土、楼板、砖墙和石材上钻孔。

④ 电镐以凿为主，适用于镐钎或其他适当的附件（如凿子、铲等）对混凝土、砖石结构、沥青路面进行破碎、凿平、挖掘、开槽、切削等作业。

2.2.4 手电钻安全操作技能

2.2.4.1 手电钻性能特点

手电钻由电动机、电源开关、电缆、齿轮机构和钻头夹等组成。用钻头钥匙开启钻头锁，使钻夹头扩开或拧紧，使钻头松出或固牢。手电钻是以交流电源或直流电池为动力的钻孔手持电动工具。手电钻广泛用于建筑、装修、家具等行业，用于在物件上钻孔。手电钻外形示意图如图 2-10 所示。

手电钻适用于在金属材料、木材、塑料等材质上钻孔，当装有正反转开关和电子调速装置后，可用来作电螺钉的改锥。有的型号配有充电电池，可在一定时间内，在无外接电源的情况下正常工作。

图 2-10 手电钻外形示意图

2.2.4.2 手电钻使用注意事项

① 不可以用手电钻在水泥和砖墙上钻孔，否则，极易造成电动机过载，烧毁电动机。

② 手电钻电源线的长度一般不宜超过 5m，中间不应有接头。当长度不够时可使用插座板，插座板的引线也不准有接头。临时使用时，当电源的电缆线不够长时，可以用胶质线、

塑料电线连接，但接线头必须包缠好绝缘胶带，使用完毕必须及时拆除连接电线。手电钻的电源线切勿受水浸及乱拖乱踏，也不能触及热源和腐蚀性介质。

③ 手电钻的电源线必须使用橡胶电缆，不可使用胶质线（花线）、塑料电线。因为这类电线不耐热、不耐湿，抗拉抗磨强度差，在使用中很容易损坏绝缘，不安全。

④ 存放时间长久的电钻在使用前应测试绝缘电阻，电阻值一般应不小于 $0.5M\Omega$，最低不小于 $0.25M\Omega$。

⑤ 手电钻使用的电源电压不得超过所规定的额定电压的 $\pm 10\%$。

⑥ 作业前要确认手电钻开关处于关断状态，防止插头插入电源插座时手电钻突然转动。

⑦ 使用前要认真检查电源线和插头是否完好，对于金属外壳的手电钻必须采取保护接地（接零）措施。通电后用试电笔检查外壳是否有电。如果不做保护接地（接零），在使用时要格外小心，必须戴绝缘手套、穿绝缘鞋或站在干燥的木板上操作，并与其他工作人员保持一定距离。在某些易发生触电故障的场所，需装设额定动作电流≤15mA、动作时间≤0.1s 的漏电保护器，以保护操作者安全。

⑧ 手电钻在使用前应先空转 $0.5\sim1min$，检查传动部分是否灵活，有无异常杂音，螺钉等有无松动，换向器火花是否正常。

⑨ 使用时切勿将电源线缠绕在手臂上，以防万一电源线破损或漏电造成触电事故。

⑩ 钻孔时不宜用力过猛，转速异常降低时应放松压力，以免电动机过载造成损坏。

⑪ 在往墙上、地板上、吊顶上钻孔时，事先应充分了解其内部的情况，弄清是否埋有电缆、管线、金属预埋件等，以免造成损失。

⑫ 不使用时应及时拔掉电源插头，手电钻应存放在干燥、清洁的环境。手电钻应定期维护保养，保持整流子清洁，做到定期更换电刷和润滑油。

⑬ 使用电钻时要注意观察电刷火花的大小，若火花过大，手电钻过热，必须停止使用，并进行检查，如清除污垢、更换磨损的电刷、调整电刷架弹簧压力等。

2.2.4.3 手电钻安全操作规程

① 使用的手电钻若属于Ⅰ类手持电动工具时，应配置漏电保护器及绝缘橡胶手套或配用隔离变压器。使用的手电钻若属于Ⅱ类手持电动工具，在潮湿环境、容器内或狭窄的金属壳体内工作时，应配置漏电保护器或配用隔离变压器。

② 用手电钻钻不同直径的孔时，要选择相应规格的钻头。钻头必须锋利，钻孔时用力要适度，不要过猛。更换钻头时，应停电并拔下电源插头，要把钻头尾部完全放进钻头夹中，用夹头扳手把钻头完全拧紧。手电钻发生故障时，应找专业人员检修，不得自行拆卸、装配。

③ 手电钻外壳要采取接零或接地保护措施，插上电源插头后，先要用试电笔测试，外壳不带电方可使用。在潮湿的地方使用手电钻，必须戴绝缘手套，穿绝缘鞋站在绝缘垫或干燥的木板上。

④ 使用的电源要符合手电钻铭牌规定，插接电源之前需检查开关是否切断，电气线路中间不应有接头。电源线严禁乱放、乱拖。

⑤ 手电钻未完全停止转动时，不能卸换钻头。不使用时或维修前以及更换附件时必须拔下电源插头。停电、休息或离开工作地时，应立即切断电源。

⑥ 在用手电钻钻孔时，如需用力压手电钻，必须使电钻垂直工件，而且固定端要特别牢固。

⑦ 不要戴由诸如棉纱、毛绒等织物构成的手套进行作业。工作完毕时，应将手电钻放

到指定地方。

⑧ 在用手电钻钻孔时，在钻孔过程中或钻孔完毕后的瞬间，不要触及钻头。在使用过程中，当手电钻的转速突然降低或停止转动时，应赶快放松开关，切断电源，慢慢拔出钻头。当孔将要钻通时，应适当减轻手臂的压力。

⑨ 在有易燃、易爆气体的场合，不能使用手电钻。

⑩ 不得以拖动电缆的方法移动手电钻，也不得强行拉扯电线从电源插座拆除插头。

2.2.5 射钉枪安全操作技能

射钉枪的外形和原理与手枪相似，如图 2-11 所示。射钉枪是利用发射空包弹产生的火药燃气作为动力，将射钉打入建筑体的工具。发射射钉的空包弹与普通军用空包弹只是在大小上有所区别，对人同样有伤害作用。

图 2-11 射钉枪

射钉枪是一种采用射钉紧固技术的工具，射钉紧固与传统的预埋固定、打洞浇注、螺栓连接、焊接等方法相比，具有许多优越性：自带能源，摆脱了对电源或风力的需求，便于现场和高空作业，能大大减轻工人劳动强度，甚至还能解决一些过去难以解决的施工难题；节约资金，降低施工成本。

2.2.5.1 射钉枪分类

射钉枪击发的射钉可直接打入钢铁、混凝土、砖砌体或岩石等基体中，不需要外供能源如电源、风管等，因为射钉弹自身含有可产生爆炸性推力的药品，把钢钉直接射出，从而将需要固定的构件，如门窗、保温板、隔音层、装饰物、管道、钢铁件、木制品等和基体牢固地连接在一起。射钉枪按照作用原理可分为直接作用射钉枪和间接作用射钉枪两大类。

（1）直接作用射钉枪　直接作用射钉枪是以火药气体直接作用于射钉，推动射钉运动。因此，射钉在飞离钉管时具有很高的速度（大约为 500m/s）和动能。

（2）间接作用射钉枪　间接作用射钉枪的火药气体不是直接作用于射钉，而是作用在射钉枪内的活塞上，能量通过活塞传给射钉。因而，射钉在离开钉管时的速度较慢。直接和间接作用的射钉枪所发射的射钉的速度有很大差别，若设射钉的质量为 m，高速射钉枪钉子的速度为 v_g，低速射钉枪钉子的速度为 v_d，活塞杆的质量为 M，则高、低速射钉枪的动能分别为

$$W_g = \frac{1}{2} m v_g^2 \tag{2-1}$$

$$W_d = \frac{1}{2}(m+M) v_d^2 \tag{2-2}$$

在相同条件下进行固定时，可以认为

$$W_g = W_d \tag{2-3}$$

即

$$\frac{1}{2} m v_g^2 = \frac{1}{2}(m+M) v_d^2 \tag{2-4}$$

因活塞杆的质量 M 是射钉质量 m 的 5~15 倍，取 $M=10m$。

$$\frac{1}{2} m v_g^2 = \frac{1}{2}(m+10m) v_d^2 \tag{2-5}$$

$$\frac{v_\text{g}}{v_\text{d}} = 3.32$$

由此可知，直接作用射钉枪射钉的速度是间接作用射钉枪射钉速度的 3 倍多。而且不难看出，对于间接作用射钉枪而言，击发射钉弹所产生的能量被分解成了射钉的能量和活塞杆的能量两部分（活塞杆的能量占绝大部分）。由于活塞杆只能在钉管中运动，其方向可由操作者通过射钉枪加以控制，且当射钉接触基体时，遭到阻力，速度下降，活塞杆将能量传给射钉，进行固定。如果选用射钉弹的威力过高，能量过大，射钉钻入过深，这时活塞杆就立即被钉管和止动环阻止，射钉和活塞就停止运动，则多余的能量全部消耗在射钉枪上。由于直接作用射钉枪和间接作用射钉枪原理和结构上的差别，其使用效果也很不同，前者有着明显的弱点，在某些情况下，不但固定可靠性差，而且容易破坏基体结构，严重时可能造成人身安全事故。

因此，除特殊情况外，一般都不使用直接作用射钉枪，而使用间接作用射钉枪。间接作用射钉枪可靠性和安全性远远优于直接作用射钉枪。有的射钉枪只适用于冶金工业修补钢锭模、固定绝热板和挂标牌，因此称为专用射钉枪；而有的适用于各行各业，因此称为通用射钉枪。

2.2.5.2 射钉枪安全性设计

为了保证射钉枪使用者和他人的安全，增加射击固定的可靠性，每种射钉枪都设计有严格的保险装置。其中最普遍采用的保险装置如下。

① 直接压力保险。用手力将射钉枪的钉管压在基体上时，在钉管未压至与保护罩口齐平之前，射钉枪不能击发。

② 击针簧保险。对于一些射钉枪，扣动扳机之前击针簧没有压缩，击针不起作用。

③ 落地走火保险。射钉枪不慎掉在地上也不至于击发。

④ 倾斜保险。把钉管压在基体平面上，若轴线偏离平面垂线大于某一角度时射钉枪不击发。

⑤ 防护罩保险。多数射钉枪装有防护罩，这样就可以有效地防止射钉激起的碎屑伤人。

2.2.5.3 射钉枪操作要求

① 操作人员要经过培训，了解和掌握射钉枪的性能、作用、结构特点、使用方法和注意事项，并熟悉拆卸和组装工序。使用射钉枪作业时，必须坚决执行"一人作业、一人监护"的作业制度，监护人员必须由施工负责人亲自指派。

② 作业前必须对射钉枪做全面检查，射钉枪外壳、手柄无裂缝、破损；各部防护罩齐全牢固，保护装置可靠。钉管内应保持清洁，不允许有杂质，各部件不允许有松动现象，如发现磨损、烧蚀或损坏等，应更换后再使用。

③ 装弹检查。把未装弹的射钉枪前端抵在施工面上，然后松开，垫圈夹应凸出坐标护罩 20mm，活动部分应灵活，管内不允许有障碍物，各螺钉不允松动。

④ 装弹。将前枪部扳开，管内空着，选用合适的射钉放入管内。装弹时一手握把手，一手握坐标护罩，枪管朝下。合上射钉枪前后部，其前后管应成一直线。

⑤ 射击作业。使用射钉枪作业时，操作人员必须握紧射钉枪手柄，精力集中，以防伤到操作人员及附近作业人员。将坐标护罩刻线对准事先画好的十字坐标线，枪管必须与施工面垂直抵紧。按下保险按钮，轻扣扳机，扣到一定位置即有扣不动之感时，再用力扣动扳机，保险跳出，即击发，完成作业。击发时，应将射钉枪垂直紧压在工作面上，当两次扣动扳机，子弹均不发射时，应保持原射击位置数秒钟后，再退出射钉弹。

⑥ 退弹壳。将前枪管垂直退出施工面，各工作结构复位，扳开压弹处弹壳会退出，如有退不出现象，可将前管口对施工面轻拍几下即可退出弹壳。

⑦ 射钉枪使用后应立即擦前后管，并加油少许，加油处包括管锭闩、放钉弹处、坐标护罩及管锭。射钉枪使用1周，需拆开所有部分，擦拭干净并注油，以保持良好性能，提高使用寿命。

2.2.5.4 射钉枪操作注意事项

① 不建议使用射钉枪在软基体上进行操作，比如木质或松软的泥土，这样操作会损坏射钉枪的制动环，从而影响正常使用。

② 对于质地松软、强度很低的被固定物，如隔音板、绝热板、草纤维板等，如果按一般的射钉固定法，会损坏被固定物，因此，应使用带金属垫片的钉子才能得到理想的固定效果。对软质（如木质）被固件或基体射击，选择射钉弹威力要适当，威力过大，将会打断活塞杆。

③ 严禁在易燃易爆场所施工，切不可在大理石、花岗岩、铸铁及回火钢等易碎或坚硬的物体上作业。严禁在作业面后面有人的情况下射击。射入点距离建筑物边缘不要过近（不少于10cm），以防墙构件裂碎伤人。

④ 装好射钉弹后，严禁用手直接推压钉管，不要把装好射钉弹的射钉枪对准他人。

⑤ 射击过程中，如遇射钉弹不发火，应静停5s以上，才能移动射钉枪。

⑥ 射钉枪使用结束后，应及时擦拭或清洗射钉枪各零部件，维修、保养前均应先取出射钉弹。射钉枪每天用完后，必须将枪用煤油浸泡，然后擦拭上油存放，以防锈蚀，射击100发后应清洗。

⑦ 射钉枪使用时间长了，应及时更换易损件（如活塞环），否则射击效果不理想（比如威力下降）。

⑧ 各种射钉枪均有说明书，使用前应阅读说明书，了解该射钉枪的原理、性能、结构、拆卸和装配方法，遵守规定的注意事项。

⑨ 在作业中发现异常应立即停止使用，进行全面检查。

⑩ 射钉枪及其附件（枪弹、射钉）必须分开，由专人负责保管。使用人员严格按领取料单数量准确发放，并收回剩余和用完的全部弹壳，发放和收回必须核对吻合。

⑪ 发现射钉枪的操作不灵活时，必须及时取出钉、弹，排除故障，切不可随意敲击。装有钉、弹的射钉枪如果不用时，不要轻易解除保险。

2.3 电动汽车充电桩安装常用电工仪表操作技能及注意事项

2.3.1 万用表操作技能及注意事项

2.3.1.1 指针式万用表操作技能及注意事项

(1) 指针式万用表操作要点　指针式万用表在结构上由三部分组成，即指示部分（表头）、测量电路、转换装置。MF47型万用表面板各部分功能如图2-12所示。

① 表头刻度盘。表头刻度盘上有多条刻度线，主要用于显示电压、电流、电阻、电平等的测量读数。MF47型万用表的表头刻度盘如图2-13所示。刻度盘与挡位盘印制成红、绿、黑三色，表盘颜色分别按交流红色、晶体管绿色、其余黑色对应制成，使用时读数便捷。刻度盘共有六条刻度，第一条专供测量电阻用；第二条供测量交直流电压和直流电流用；第三

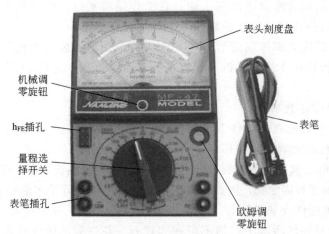

图 2-12　MF47 型万用表面板各部分功能

条供测量晶体管放大倍数用；第四条供测量电容用；第五条供测量电感用；第六条供测量音频电平用。刻度盘上装有反光镜，以消除视差。

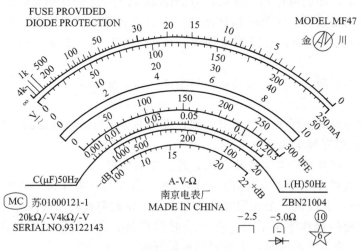

图 2-13　MF47 型万用表的表头刻度盘

② 机械调零旋钮。用于校正表针在左端的零位。

③ 欧姆调零旋钮。用于校正测量电阻时的欧姆零位（右端）。

④ 量程选择开关。用于选择和转换测量项目及量程：mA 表示直流电流；$\dfrac{V}{\sim}$ 表示交流、直流电压；1k、4k、∞ 表示电阻。

⑤ 表笔插孔。将红黑表笔分别插入"＋""－"插孔中，如测量交直流 2500V 电压或 5A 电流时，红表笔应分别插到标有 2500$\dfrac{V}{\sim}$ 或"5A"的插孔中。

⑥ h_{FE} 插孔。检测三极管的插孔。

在使用万用表时只有掌握正确的方法，才能确保测试结果的准确性，才能保证人身与设备的安全。

① 使用前的准备工作。根据万用表放置位置的要求（垂直或水平位置）放置万用表，并检查电池电量。

② 插孔和转换开关的使用。首先要根据测试项目选择插孔或转换开关的位置，在测量项目或范围改变时，一定不要忘记换挡。切不可用测量直流电流或测量电阻的挡位去测量电压，如果用直流电流或电阻挡去测量 220V 的交流电压，万用表则会立即损坏。

③ 测试表笔的使用。万用表有红、黑两根表笔，一般红表笔为"＋"，黑笔为"－"。表笔插入万用表插孔时一定要严格按颜色和正负插入，测直流电压或直流电流时，一定要注意正负极性，测量电流时，表笔与电路串联，测量电压时，表笔与电路并联。如果位置接反或接错，将会带来测试错误或损坏表头的可能性。

④ 正确读数。在使用前应检查指针是否指在机械零位上，如不指在机械零位，可旋转万用表面板上的调零旋钮使指针指示在机械零位上。万用表有多条标尺，一定要认清对应的读数标尺，不能把交流和直流标尺任意混用，更不能看错。万用表同一测量项目有多个量程，例如直流电压量程有 1V、10V、15V、25V、100V、500V 等，量程选择应使指针在满刻度的 2/3 附近。测电阻时，应先调欧姆调零旋钮，使指针处于右端欧姆刻度的零位，测量值指示在该挡刻度中心值附近，测量才准确。

（2）指针式万用表正确使用方法

① 测量直流电阻。首先通过转换开关选择适合的欧姆挡量程，再将表笔搭在一起短路，使指针向右偏转，随即调整"Ω"调零旋钮，使指针恰好指到 0。测量电路中的电阻时，应先切断电路电源，如电路中有电容，应先行放电。然后将两根表笔分别接触被测电阻（或电路）两端，读出指针在欧姆刻度线（第一条线）上的读数，再乘以该挡的倍率，就是所测电阻的阻值。例如用 $R \times 100\Omega$ 挡测量电阻，指针指在 80，则所测得的电阻值为 $80 \times 100 = 8$（kΩ）。由于"Ω"刻度线左部读数较密，很难看准，所以测量时应选择适当的欧姆挡。使指针在刻度线的中部或右部，这样读数比较清楚准确。每次换挡，都应重新将两根表笔短接，重新调整指针到零位，才能保证测量准确。

如果被测电阻在电路板上，则应焊开其中一脚方可测试，否则将被与被测电阻并联的其他器件分流，读数不准确。测量阻值电阻时，两手的手指不要接触表笔与电阻的引脚，以防因人体电阻分流增加测量误差。

② 测量对地电阻值。所谓测量对地电阻值，即是用万用表红表笔接地，黑表笔接被测量元件的一端，测量该端对地电阻值，与正常的电阻值进行比较来断定故障的范围。在测量时，电阻挡位设置在 $R \times 1k$ 挡，在测得的电阻值与正常的比较相差较大的情况下，说明该部分电路存在故障，如滤波电容漏电，电阻开路或集成 IC 损坏等。当检查电解电容器漏电电阻时，将转换开关拨到 $R \times 1k$ 挡，测试时红表笔必须接电容器负极，黑表笔接电容器正极。

③ 测量直流电压。首先估计一下被测电压的大小，然后将转换开关拨至适当的直流电压量程，将正表笔接被测电压"＋"端，负表笔接被测量电压"－"端。然后根据该挡量程数字与标有直流符号"DC－"刻度线（第二条线）上的指针所指数字读出被测电压的大小。如用 300V 挡测量，可以直接读 0～300 的指示数值。如用 30V 挡测量，只需将刻度线上 300 这个数字去掉一个"0"，看成是 30，再依次把 200、100 等数字看成是 20、10 即可直接读出指针指示数值。例如用 6V 挡测量直流电压，指针指在 15，则所测得电压为 1.5V。

④ 测量直流电流。先估计一下被测电流的大小，然后将转换开关拨至合适的直流电流（mA）量程，再把万用表串接在电路中，即正表笔接被测电路的高电位端，负表笔接被负载。同时观察标有直流符号"DC"的刻度线，如电流量程选在 3mA 挡，这时，应把表面刻度线上 300 的数字，去掉两个"0"，看成 3，又依次把 200、100 看成是 2、1，这样就可

以读出被测电流数值。例如用直流 3mA 挡测量直流电流，指针在 100，则电流为 1mA。

⑤ 测量交流电压。测量交流电压的方法与测量直流电压相似，所不同的是因交流电没有正、负之分，所以测量交流电压时，表笔也就不需分正、负。读数方法与的测量直流电压的一样，只是读数应看标有交流符号"AC"的刻度线上的指针位置。用万用表测量交流电压时，把万用表两表笔与被测电路并联上。要选择表头指针接近满刻度偏转 2/3 的量程。如果电路上的电压大小估计不出来，就要先用大的量程，粗略测量后再用合适的量程，这样可以防止因电压过高而损坏万用表。

⑥ 电子变压器测量。在电子变压器不通电情况下，用万用表的欧姆挡可对电子变压器做出初步判断。先将万用表选择 $R\times10$ 挡，测量一下电子变压器初级线圈的直流电阻值，一般在几百欧姆到几千欧姆，如果测量出的数值是无穷大，说明该线圈已经断路。如果测量出的数值为零，再用万用表的 $R\times1$ 挡测量一次，若仍为零，可初步判断线圈已经短路（可以电桥进一步判断）。

用万用表的 $R\times1k$ 挡分别测量电子变压器的初级线圈、次级线圈对地绝缘电阻；初级线圈和次级线圈之间的绝缘电阻值应是越大越好，如果阻值小，说明初级线圈、次级线圈对地绝缘不良，或初次级线圈之间的绝缘不良。如果以上测量值在正常范围内，就可以将电子变压器接上电源测量其输出电压值，对带有滤波电路的变压器要注意红、黑表笔应该正确地分别放在电压输出端的正负极上，如果被测量出的输出电压正常，说明该变压器的性能良好。

⑦ 音频电平测量。音频电平测量是在一定的负荷阻抗上，测量放大器的增益和线路输送的损耗，测量单位以分贝表示。音频电平与功率电压的关系式是

$$N(\text{dB})=10\ln\frac{P_2}{P_1}=20\ln\frac{U_2}{U_1} \tag{2-6}$$

音频电平的刻度系数按 0dB＝1mW600Ω 输送线标准设计，即

$$U_1=\frac{P_1}{2}=\frac{0.001\times600}{2}=0.775(\text{V})$$

式中　P_2，U_2——被测功率和被测电压。

音频电平是以交流 10V 为基准刻度，如指示值大于 +22dB 时，可以在 50V 以上各量限测量，其示值可按表 2-2 所示值修正。

表 2-2　修正值

量程/V	按电平刻度增加值/dB	电平测量范围/dB
10		−10～22
50	14	+4～36
250	28	+18～50
500	34	+24～56

音频电平的测量方法与交流电压的测量方法基本相似，转动开关至相应的交流电压挡，并使指针有较大的偏转。如被测电路中带有直流电压成分时，可在"＋"插座中串接一个 $0.1\mu F$ 的隔离电容器。

⑧ 电容测量。将万用表转换开关拨至交流 10V 挡，被测量电容串接于任一表笔，而后跨接于 10V 交流电压电路中进行测量。

⑨ 电感测量。电感测量与电容测量方法相同。

⑩ 晶体管直流参数测量。

a. 直流放大倍数 h_{FE} 测量。测量前先将转换开关拨至晶体管调节 ADJ 位置上，将红黑表笔短接，调节欧姆电位器，使指针对准 $300h_{FE}$ 刻度线上。然后转动开关到 h_{FE} 位置，将要测的晶体管脚分别插入晶体管测试座的 e、b、c 管座内，指针偏转所示数值约为晶体管的直流放大倍数值。测量时 N 型晶体管应插入 N 型管孔内，P 型晶体管应插入 P 型管孔内。

b. 反向截止电流 I_{ceo}、I_{cbo} 测量 [I_{ceo} 为集电极与发射极间的反向截止电流（基极开路），I_{cbo} 为集电极与基极间的反向截止电流（发射极开路）]。首先将转换开关拨至 $\Omega \times 1k$ 挡，将测试表笔两端短路，调节欧姆电位器，使指针指 0（此时满度电流值约为 $90\mu A$）。分开测试表笔后，将欲测的晶体管插入管座内，此时指针的数值约为晶体管的反向截止电流值。指针指示的刻度值乘以 1.2 即为实际值。当 I_{ceo} 电流值大于 $90\mu A$ 时，可换用 $\Omega \times 100$ 挡进行测量（此时满度电流值约为 $900\mu A$）。

c. 三极管管脚极性的辨别（将万用表置于 $\Omega \times 1k$ 挡）。

ⓐ 判定基极 b。由于 c、b 至 e 分别是两个 PN 结，因此它的反向电阻很大，而正向电阻很小。测试时可任意取晶体管一脚假定为基极，将红表笔接"基极"，黑表笔分别去接触另两个管脚，如此时测得都是低阻值，则红表笔所接触的管脚即为基极 b，并且是 P 型三极管（如用上法测得均为高阻值，则为 N 型三极管）。如测量时两个管脚的阻值差异很大，可另选一个管脚为假定基极，直至满足上述条件为止。

ⓑ 判定集电极 c。对于 PNP 型三极管，当集电极接负电压，发射极接正电压时，电流放大倍数才比较大，对于 NPN 型三极管则相反。测试时假定红表笔接集电极 c，黑表笔接发射极 e，记下其阻值，而后红、黑表笔交换测试，将测得的阻值与第一次阻值比较，阻值小的红表笔接的是集电极 c，黑表笔接的是发射极 e，而且可判定是 P 型三极管（N 型三极管则相反）。

⑪ 二极管测量。应选用万用表的 $R \times 100$ 或 $R \times 1k$ 挡来测量二极管，不能用 $R \times 10$、$R \times 10k$ 挡，因前者的电阻太小，通过二极管的电流太大，易损坏二极管，后者则因为内部电压较高，容易击穿耐压较低的二极管。如果测出的电阻只有几百欧姆到几千欧姆（正向电阻），则应把红、黑表笔对换一下再测，如果这时测出的电阻值是几百千欧（反向电阻），说明这个二极管可以使用。当测量正向电阻值时，红表笔所测的那一端是该二极管的负极，而黑表笔所测的一端是该二极管的正极（二极管的单向导电特性）。通过测量正反向电阻值，可以检查二极管的好坏，一般要求反向电阻比正向电阻高几百倍。也就是说，正向电阻越小越好，反向电阻则是越大越好。

(3) 指针式万用表使用注意事项　万用表是比较精密的仪器，如果使用不当，不仅造成测量不准确，而且极易损坏。因此，在使用万用表以前，必须先了解万用表的性能及各种旋钮、刻度和其他部件的功能，熟悉各种标记。使用时一般应注意以下几点。

① 万用表在使用时，必须水平放置在无振动的地点，以免造成误差。同时，还应避免外界磁场对万用表的影响。

② 在使用指针式万用表前应先进行"机械调零"，即在没有被测电量时，使万用表指针指在零电压或零电流的位置上。测电阻以前及变换电阻挡位时要重新调零。测量电阻时，被测设备必须断电。

③ 在使用万用表测量电量时，首先应选择要测量项目和大概量程（若不清楚大概数值时，应选择本项的最大量程挡，然后再放近似挡测量），选用的测量范围应使指针指在满刻度的 2/3 处。因此，应对测量的大致范围有所了解，以及选择合适的挡位，读数应注意所

测量项目和量程挡的相应刻度盘上的刻度标尺及倍率。

④ 表笔插入表孔时，应按表笔颜色插入正负孔：红色表笔插入"＋"孔，黑色表笔插入"－"孔；尤其在测量直流电压或电流时，更要注意极性不要接错。万用表的红表笔是接表内电池负极的，黑表笔是接表内电池正极的。这样做的目的是使万用表不论测电压、电流或电阻时，电流均统一由红表笔进，黑表笔出，表针均可正常顺向偏转，不致反打。在使用万用表的过程中，不能用手去接触表笔的金属部分，这样一方面可以保证测量的准确；另一方面也可以保证人身安全。

⑤ 测量电流与电压时不能旋错挡位，如果误用电阻挡或电流挡去测电压，则极易损坏万用表。使用万用表电流挡测量电流时，应选择合适的量程挡位，并将万用表串联在被测电路中，测量时，应断开被测支路，将万用表红、黑表笔串接在被断开的两点之间，并注意被测电量极性。

当选取用直流电流 2.5A 挡时，万用表红表笔应插在 2.5A 测量插孔内，量程开关可以置于直流电流挡的任意量程上。

若估计被测的直流电流大于 2.5A，则可将 2.5A 挡扩展为 5A 挡，即在 "2.5A" 插孔和黑表笔插孔之间接入一个 0.24Ω 的电阻，这样该挡位就变成了 5A 电流挡。接入的 0.24Ω 电阻应选用 2W 以上的线绕电阻，如果功率太小会使之烧毁。

使用万用表测量直流高压电路时，首先应了解电路的正负极。如果事先不知道，则应选择高于被测电压数倍的量程进行判断测量，即将两个表笔快接快离。如果指针正转说明接线正确，否则应调换表笔。

测交流电压时，要了解交流电压频率是否在万用表工作频率范围内，一般万用表工作频率范围为 45～1500Hz。超出 1500Hz，测量读数值将急剧偏低。交流电压的刻度是针对正弦波有效值来标识的，因此万用表不能用于测三角波、方波、锯齿波等非正弦波电压。当交流电压中叠加有直流电压时，应串联一个耐压值足够的隔直电容再测量。

测某一负载上的电压时，要考虑万用表内阻是否远大于负载电阻，否则由于万用表的分流作用，读数值就会远低于实际值，这时则不能直接用万用表测量，应改用其他方法。万用表电压挡内阻等于电压灵敏度乘以满度电压值，如 MF-30 万用表在 DC 100V 挡电压灵敏度为 $5k\Omega$，则该挡内阻是 $500k\Omega$。一般来说，低量程挡内阻小，高量程挡内阻大，当用低压挡测量某一电压因内阻较小致使分流作用较大时，应用高量程挡测量，这样，虽然指针偏转角度较小，但由于分流作用小，有可能反而精度更高。测量电流也有类似情况，万用表作为电流表使用时，大量程挡内阻小于小量程挡内阻。

⑥ 在测量某一电量时，不能在测量的同时换挡，尤其是在测量高电压或大电流时更应注意，否则，会使万用表损坏。如需换挡，应先断开表笔，换挡后再去测量。开关转到电流挡位置时，两个表笔不应跨接在电源上，以防烧毁万用表。

⑦ 用万用表测量电阻时，应选适当的倍率，使指针指示在中值附近，最好不使用刻度左边 1/3 的部分。用万用表不同倍率的欧姆挡测量非线性元件的等效电阻时，测出电阻值是不相同的。这是由于各挡位的中值电阻和满量程电流各不相同造成的，在指针式万用表中，一般倍率越小，测出的阻值越小。测量电阻前，将万用表两个测量表笔短接，调节万用表的零位调节器，如果调"零欧姆"旋钮至最大，指针仍然达不到 0 点，这种现象通常是由于表内电池电压不足造成的，应换上新电池方能准确测量。变换电阻挡位时要重新调零。

⑧ 测电容器时，必须将电容器存储的电量泄放干净。

⑨ 万用表不用时，不要旋在电阻挡，因为内有电池，如不小心易使两根表笔相碰短路，不仅耗费电量，严重时甚至会损坏表头。应将其转换开关拨至"0"挡或交流电压最大挡。如果长期不使用，还应将万用表内部的电池取出来，以免电池腐蚀表内其他器件。

2.3.1.2 数字万用表操作技能及注意事项

DT-830 型数字万用表是三位半数字式，可用来测量直流和交流电压、电流、电阻、二极管、电容、晶体管的 h_{FE} 参数及对电路进行通断检查。DT-830 型数字式万用表面板图如图 2-14 所示。

（1）DT-830 型数字式万用表技术性能 DT-830 型数字式万用表的 28 个基本挡技术性能如下。

① 直流电压（DCV）分 5 挡：200mV、2V、20V、200V、1000V，测量范围 0.1mV～1000V。

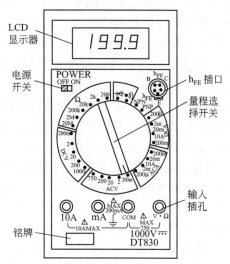

图 2-14 DT-830 型数字式万用表面板图

② 交流电压（ACV）分 5 挡：200mV、2V、20V、200V、750V，测量范围 0.1mV～750V。

③ 直流电流（DCA）分 5 挡：200mA、2mA、20mA、200mA、10A，测量范围 0.1mA～10A。

④ 交流电流（ACA）分 5 挡：200mA、2mA、20mA、200mA、10A，测量范围 0.1mA～10A。

⑤ 电阻（Ω）分 6 挡：200Ω、2kΩ、20kΩ、200kΩ、2MΩ、20MΩ。

⑥ 测量三极管的 h_{FE} 挡：测量 NPN 型晶体三极管的 h_{FE}，测量范围 0～1000，测量条件为 $U_{be}=2.8V$，$I_B=10mA$。测量 PNP 型晶体三极管的 h_{FE} 值，测量范围 0～1000，测量条件同上。

⑦ 线路通断检查：被测电路电阻小于 20Ω±10Ω 时蜂鸣器发声。

DT-830 型数字式万用表有 2 个附加挡。直流电流（DCA）：10A。交流电流（ACA）：10A。DT-830 型数字式万用表的时钟脉冲频率为 40kHz、测量周期为 0.4s、测量速率为 2.5 次/s，工作温度为 0～40℃、相对湿度≤80%。DT-830 型数字式万用表整机功耗为 17.5～25mW。

（2）DT-830 型数字式万用表使用方法 由于 DT-830 型数字式万用表采用了大规模集成电路，使操作变得更简便，读数更精确，而且还具备了较完善的过压、过流等保护功能。DT-830 型数字式万用表的面板布置如下。

① 电源开关。测量完毕应立即关闭电源。若长期不用，则应取出电池，以免漏电。

② LCD 显示屏。最大显示 1999 或-1999，有自动调零及极性自动显示功能。

③ 量程转换开关。开关周围用不同颜色和分界线标出各种不同测量种类及量程。

④ 输入插口。共有 10A、mA、COM、V·Ω 四个孔，黑表笔始终插在 COM 孔内；红表笔则根据具体测量对象插入不同的孔内。在使用各电阻挡、二极管挡、通断挡时，红表笔接"V·Ω"插孔（带正电），黑表笔接"COM"插孔。这与指针式万用表在各电阻挡时的表笔带电极性恰好相反，使用时应特别注意。

面板下方还有"10MAX"或"MAX200mA"和"MAX750～1000V"的标记，前者表

示在对应的插孔间所测量的电流值不能超过 10A 或 200mA；后者表示测量交流电压不能超过 750V，测量直流电压不能超过 1000V。

(3) 基本使用方法

① 测量直流电压。将电源开关拨至"ON"（下同），转换开关拨至"DCV"范围内的合适量程（应选到比估计值大的量程挡），如果预先无法估计被测电压的大小，则应先拨至最高量程挡测量一次，再视情况逐渐把量程减小到合适位置（下同）。将红表笔插入"V·Ω"孔内，黑表笔插入"COM"孔内，再把 DT-830 型数字式万用表与被测电路并联，即可进行测量。但量程不同，测量精度也不同。例如，测量一节 1.5V 的干电池，分别用"2V""20V""200V""1000V"挡测量，其测量值分别为 1.552V、1.55V、1.6V、2V。所以不能用高量程挡测量低电压。测量的数值可以直接从显示屏上读取，若显示为"1."，则表明量程太小，那么就要加大量程后再测量。如果在数值左边出现"—"，则表明表笔极性与实际电源极性相反，此时红表笔接的是负极。

② 测量交流电压。转换开关拨至"ACV"范围内的合适位置，表笔插孔与测量直流电压时一样，要求被测电压频率为 45~500Hz（实测为 20Hz~1kHz 范围）。交流电压无正负之分，测量方法与测量直流电压相同。无论测量交流电压还是直流电压，都要注意人身安全，不要随便用手触摸表笔的金属部分。

③ 测量直流电流。将转换开关拨至"DCA"范围内的合适挡。红表笔接"mA"孔（<200mA）或"10A"孔（>200mA）。黑表笔接"COM"孔。若测量大于 200mA 的电流，则要将红表笔插入"10A"插孔，并将转换开关拨到直流"10A"挡；若测量小于 200mA 的电流，则将红表笔插入"200mA"插孔，将转换开关拨到直流 200mA 以内的合适量程。调整好后，即可以测量。将万用表串进电路中，保持稳定，即可读数。若显示为"1."，则要加大量程；如果在数值左边出现"—"，则表明电流从黑表笔流进万用表。

④ 测量交流电流。将转换开关拨至"ACA"范围内的合适挡，表笔接法同测量直流电流。

⑤ 测量电阻。转换开关拨至"Ω"范围内的合适挡。红表笔改接"V·Ω"孔。200Ω 挡的最大开路电压约为 1.5V，其余电阻挡约为 0.75V。电阻挡的最大允许输入电压为 250V（DC 或 AC），这个 250V 指的是操作人员误用电阻挡测量电压时仪表的安全值，绝不表示可以带电测量电阻。用表笔接在电阻两端金属部位，测量中可以用手接触电阻一端，但手不要同时接触电阻两端，这样会影响测量精确度。读数时，要保持表笔和电阻有良好的接触；在"200"挡时单位是"Ω"，在"2k"到"200k"挡时单位为"kΩ"，"2M"以上的单位是"MΩ"。

⑥ 测量二极管。用数字式万用表可以测量发光二极管和整流二极管。测量时，转换开关拨至标有二极管符号的位置。红表笔插入"V·Ω"孔，接二极管正极；黑表笔插入"COM"孔，接二极管负极。此时为正向测量，若二极管正常，测锗管时显示值为 0.150~0.300V，测硅管时显示值为 0.550~0.700V。进行反向测量时，二极管的接法与上相反，若二极管正常，将显示出"1"；若二极管已损坏，将显示"000"。

⑦ 测量三极管的 h_{FE} 值。根据被测三极管类型（PNP 或 NPN）的不同，把转换开关转至"PNP"或"NPN"处，再把被测管的三个脚插入相应的 e、b、c 孔内，此时，显示屏将显示出 h_{FE} 值的大小。

⑧ 判断三极管电极。表笔插位同测量二极管。先假定 A 脚为基极，用黑表笔与该脚相接，红表笔分别接触其他两脚；若两次读数均为 0.7V 左右，然后再用红笔接 A 脚，黑笔接

触其他两脚,若均显示"1",则 A 脚为基极,且此管为 PNP 管,否则需要重新测量。

集电极和发射极可以利用"h_{FE}"挡来判断:先将转换开关打到"h_{FE}"挡,h_{FE}挡位旁有一排小插孔,分为 PNP 管和 NPN 管的测量。前面已经判断出管型,将基极插入对应管型"b"孔,其余两脚分别插入"c""e"孔,此时可以读取数值,即 β 值;再固定基极,其余两脚对调;比较两次读数,读数较大的管脚插入位置与表面"c""e"相对应。

⑨ 测量 MOS 场效应管。N 沟道 MOS 场效应管有国产的 3D01、4D01,日产的 3SK 系列。G 极(栅极)的确定:利用万用表的二极管挡,若某脚与其他两脚间的正反压降均大于 2V,即显示"1",此脚即为栅极 G。再交换表笔测量其余两脚,压降小的那次中,黑表笔接的是 D 极(漏极),红表笔接的是 S 极(源极)。

⑩ 检查线路的通、断。将转换开关拨至蜂鸣器挡,红、黑表笔分别接"V·Ω"和"COM"。若被测线路电阻低于规定值(20Ω±10Ω),蜂鸣器可发出声音,说明电路是通的;反之,则不通。由于操作中不需读出电阻值,仅凭听觉即可做出判断,所以利用蜂鸣器来检查线路,既迅速又方便。

(4) 使用注意事项

① 测量电压时,应将数字式万用表与被测电路并联。数字式万用表具有自动转换极性功能,测直流电压时不必考虑正、负极性。但若误用交流电压挡去测量直流电压,或误用直流电压挡去测量交流电压,将显示"000",或在低位上出现跳数。

② 测量晶体管 h_{FE} 值时,由于工作电压仅为 2.8V,且未考虑 U_{be} 的影响,因此,测量值偏高,只能是一个近似值。

③ 测量交流电压时,应当用黑表笔(接模拟地 COM)去接触被测电压的低电位端(例如信号发生器的公共地端或机壳),以消除仪表对地分布电容的影响,减少测量误差。

④ 数字式万用表的输入阻抗很高,当两支表笔开路时,外界干扰信号会从输入端窜入,显示出没有变化规律的数字。

⑤ 袖珍式 $3\frac{1}{2}$ 位数字式万用表的频率特性较差,按照规定,DT-830 型数字式万用表只能测量 45~500Hz 的交流电压或交流电流。实际测出的工作频率范围是 20~1000Hz,说明该项指标在设计时留有一定余量。

⑥ 测量电流时,应把数字式万用表串联到被测电路中。如果电源内阻和负载电阻都很小,应尽量选择较大的电流量程,以降低分流电阻值,减小分流电阻上的压降,提高测量准确度。

⑦ 严禁在测量高压(220V 以上)或大电流(0.5A 以上)时旋转转换开关,以防止产生电弧、烧毁开关触点。

⑧ 测量焊在线路上的元件时,应当考虑与之并联的其他电阻的影响。必要时可焊下被测元件的一端再进行测量,对于晶体三极管则需焊开两个极才能做全面检测。

⑨ 严禁在被测线路带电的情况下测量电阻,也不允许测量电池的内阻。在检查电器设备上的电解电容器时,应切断设备上的电源,并将电解电容上的正、负极短路一下,防止电容上积存的电荷经万用表泄放,损坏仪表。

⑩ 仪表的使用和存放应避免高温(>400°C)、寒冷(<0°C)、阳光直射、高湿度及强烈振动环境;测量完毕,应将转换开关拨到最高电压挡,并关闭电源。若长期不用,还应取出电池,以免电池漏液。

2.3.2 兆欧表操作技能及注意事项

2.3.2.1 兆欧表工作原理及选择原则

（1）兆欧表工作原理　兆欧表又叫摇表，也称为绝缘电阻测试仪，是一种简便、常用的测量高电阻的直读式仪表，可用来测量电路、电动机绕组、变压器绕组、电缆、电气设备等的绝缘电阻。

手摇式兆欧表主要由手摇直流发电机、磁电系比率表以及测量线路组成。兆欧表组成及工作原理如图 2-15 所示，手摇式兆欧表如图 2-16 所示。手摇直流发电机的额定电压主要有 500V、1000V、2500V 等几种。

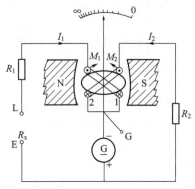 

图 2-15　兆欧表组成及工作原理　　　　图 2-16　手摇式兆欧表

（2）兆欧表选择原则　兆欧表是一种最常用于测量绝缘电阻的仪表，因此，选择一个合适的兆欧表来测量相应电力设备的绝缘电阻，以及在测量过程中如何确保人身和设备安全就显得非常重要。选择一个合适的兆欧表，对测量结果的准确性和正确分析电气设备的绝缘性能以及安全状况非常重要，因此必须正确选择兆欧表。对于兆欧表的选取，通常从选择兆欧表的电压和测量范围这两方面来考虑。

选择兆欧表电压的原则是，兆欧表的额定电压一定要与被测电力设备或者线路的额定电压相适应，电压高的电力设备，对绝缘电阻值要求大一些，须使用电压高的兆欧表来测试；而电压低的电力设备，其内部所能承受的电压不高，为了设备安全，测量绝缘电阻时则不能用电压太高的兆欧表。不同情况下选择兆欧表电压的要求见表 2-3。

表 2-3　不同情况下选择兆欧表电压的要求

设备名称	被测对象	被测设备的额定电压	所选兆欧表的额定电压/V
电动机	旋转、直流电动机绕组的绝缘电阻	1000V 以下	1000
		1000V 及以上	2500
	交流电动机绕组的绝缘电阻	3kV 以下	1000
		3kV 以上	2500
电力变压器及电抗器	绕组的绝缘电阻		2500 或 5000
互感器	绕组的绝缘电阻		2500
避雷器	绝缘电阻		2500
电力电缆	绝缘电阻	0.6kV/1kV 以下	1000
		0.6kV/1kV 以上	2500

续表

设备名称	被测对象	被测设备的额度电压	所选兆欧表的额度电压/V
控制或二次回路	绝缘电阻		500 或 1000
开关设备	绝缘电阻		2500

表 2-3 只是简单列举了部分电力设备测量绝缘电阻选择兆欧表电压等级的要求，而通常对于检查何种电力设备须用何种电压等级的兆欧表都有具体规定，如原中华人民共和国电力工业部于 1996 年颁发的《电力设备预防性试验规程》等，应严格按照规程来执行。

例如测量高压设备的绝缘电阻，不能用额定电压 500V 以下的兆欧表，至少要用 2500V 以上的兆欧表，否则，这时的测量结果不能反映工作电压下的绝缘电阻；同样，对于低压的电气设备，其内部绝缘所能承受的电压不高，为了设备安全，不能用电压太高的兆欧表测量低压电气设备的绝缘电阻，以防损坏设备的绝缘。测量 220V 或 380V 线路和设备宜用 500V 兆欧表；而在测量 10kV 变压器绝缘时，一般使用 2 个兆欧表，高压侧使用 2500V 兆欧表，低压侧使用 500V 兆欧表。

兆欧表测量范围的选择原则是，尽量使兆欧表工作在其标度尺的Ⅱ区段〔兆欧表区段的划分参阅《国家计量检定规程——兆欧表》（JJG 622）〕，避免读数时产生较大的误差。兆欧表的表盘刻度线上有两个小黑点，小黑点之间的区域为准确测量区域。所以在选择兆欧表时应使被测设备的绝缘电阻值在准确测量区域之内，从而减少测量误差。一般情况下，测量低压电气设备绝缘电阻时可选用 0~200MΩ 量程的兆欧表。

2.3.2.2　兆欧表使用前准备

① 必须切断被测设备电源，并对地短路放电，不允许在设备带电的情况下进行测量。
② 对那些可能感应出高电压的设备，必须消除这种可能性后，才能进行测量。
③ 注意被测物表面需保持清洁，以减小表面电阻，确保测量结果的正确性。
④ 应检查兆欧表是否处于正常状态，主要检查其"0"和"∞"两点。即摇动手柄，使发电机达到额定转速，在短路兆欧表时指针应指在"0"位置，而开路时指针应指在"∞"位置。
⑤ 测量前要平稳、牢固地放置兆欧表，且远离较大电流导体及强磁场。

2.3.2.3　正确测量

在测量时，要注意兆欧表的正确接线，否则将引起不必要的误差。兆欧表有三个接线柱：一个为"L"，即线端；一个为"E"，即地端；另一个为"G"，即屏蔽端（也叫保护环）。一般被测绝缘物体接在"L""E"之间，当被测绝缘体表面严重漏电时，必须将被测物的屏蔽端或不需测量的部分与"G"端相连接。这样漏电电流就经由屏蔽端"G"直接流回发电机的负端形成回路，而不再流过兆欧表的测量机构（流比计）。从根本上消除了表面漏电电流的影响，特别应该注意的是测量电缆线芯和外表之间的绝缘电阻时，一定要接好屏蔽端"G"。因为当空气湿度大或电缆绝缘表面有污物时，其漏电流将很大，为防止被测物因漏电而对其内部绝缘测量所造成的影响，一般在电缆外表加一个金属屏蔽环，与兆欧表的"G"端相连。

用兆欧表测量电器设备的绝缘电阻时，一定要注意"L"和"E"端不能接反。正确的接法是，"L"端接被测设备导体，"E"端与接地的设备外壳相连，"G"端接被测设备的绝缘部分。如果接反"L"和"E"端，流过绝缘体内及表面的漏电电流经外壳汇集到地，由地经"L"流进比率表，使"G"失去屏蔽作用而给测量带来较大误差。另外，因为"E"端内部引线同外壳的绝缘程度低于"L"端与外壳的绝缘程度，将兆欧表放在地上，采用正确的接线方式时，"E"端对仪表外壳和外壳对地的绝缘电阻相当于短路，不会造成测量误差；而当"L"与"E"接反时，"E"对地的绝缘电阻就会与被测绝缘电阻并联，使测量结果偏小，造成较大的误差。

2.3.2.4　不同兆欧表测出的示值差异

由于兆欧表的测量电源是非理想电压源，内阻 R_i 不同，测量回路串接电阻 R_m 不同，动态测量准确度不同，以及现场测量操作的不合理或失误等，在采用不同型号兆欧表对同一被测量物的测量结果会存在差异。实际测量时，应结合兆欧表绝缘试验条件的特殊性尽量降低可能出现的各种测量误差。

① 在采用不同型号的兆欧表测量同一试品时，应采用相同的电压等级和接线方法。

② 不同型号兆欧表的量程和示值的刻度方法不同，刻度分辨力不同，测量准确度等级不同，都会引起示值间的差异。

③ 试品大多含容性分量，并存在介质极化现象，即使测量条件相同也难以获得理想的数据重复性。

④ 测量时，绝缘介质的温度应与环境温度一致，一般允许相差±5%。

⑤ 应在特定时间段的允许时间差范围内，尽快地读取测量值。为使测量误差不高于±5%，读取 R_{60} 的时间允许误差±3s，而读取 R_{15} 的时间不应相差±1s。

⑥ 因兆欧表的高压测量电源是非理想电压源，重负荷（被测量物绝缘电阻值小）时，输出电压低于其额定值，这将导致兆欧表测量准确度因转换系数的改变而降低，这种改变因兆欧表测量电源负荷特性不同而异。

⑦ 不同动态测量容量指标的兆欧表，其试验电压在试品上（及采样电阻上）的建立过程与对试品的充电能力均存在差异，测量结果也会不同。使用低于动态测量容量指标阈值的兆欧表测量时，由于仪表存在惯性网络（包括指针式仪表的机械惯性），导致示值响应速度较慢，来不及正确反映试品实在绝缘电阻值随时间的变化规律，尤其是在测量的起始阶段，电容充电电流未完全衰减为零，更会使 R_{15} 和吸收比的测量值产生较大误差（偏小）。

⑧ 因试品绝缘介质极化状况与外加试验电压大小有关，由于试验电压不能迅速达到额定值，或因兆欧表测量电源负荷特性不同导致施加于试品上试验电压的差异，使试品初始极化状况不同，导致吸收电流不同，使绝缘电阻测量的示值不同。

⑨ 因兆欧表读数的起始时间存在不确定性，以及高压达到额定值时间的不确定性，使试品初始极化不同，也将引起示值间的差别。

⑩ 不同兆欧表对现场干扰的敏感度和抗干扰能力是不同的，对同一试品的测试值会存在差异。

⑪ 因数据随机起伏的常规测量误差和兆欧表使用方法误差不同等，也将引起示值间的差异。

⑫ 介质放电不充分是重复测量结果存在差异的重要原因之一，根据试品充电吸收电流与其反向放电电流对应和可逆的特点，若需对同一试品进行第二次重复测量，第一次测量结束后的试品短路放电间歇时间一般应长于测量时间，以放尽所积聚的电荷量，使试品绝缘介质充分恢复到原先无极化状态，否则将影响第二次测量数据的准确度。为使被试品上无剩余电荷，每一次试验前都应将测量端对地短路放电，有时甚至需时近1h，并应拆除与无关设备间的连线。

总之，同一试品不同时期的绝缘测量，应采用相同的试验电压等级和接线方法，并尽可能使用同一型号或性能相近的兆欧表，以保证测量数据的可比性。

在测试时选用动态测量准确度较低和高压测量电源容量较低的仪表，由于电容充电电流尚未完全衰减为零，以及仪表示值不能准确地实时跟随试品绝缘电阻值的变化，读测 R_{15} 阻值偏低，出现较大误差，导致试品吸收比测量值虚假偏高。这也是各种型号高压兆欧表测量同一试品时吸收比读测值存在差异的主要原因，由此也说明吸收比判别指标不如极化指数科学和客观。

2.3.2.5 兆欧表使用应注意的事项

① 应按设备的电压等级选择兆欧表，对于低压电气设备，应选用 500V 兆欧表，若用额定电压过高的兆欧表去测量低压绝缘，可能把绝缘击穿。

② 兆欧表引线应用多股软线，而且应有良好绝缘，两条引线应为单根线（最好是两色），应不使引线与地面接触，以免因引线绝缘不良而引起误差；接线柱与被试品之间的两根引线不能缠绞在一起，应分开单独连接，以防止引线绝缘不良而影响读数。

③ 测量设备绝缘电阻时，必须先切断电源，对具有较大电容的设备（如电容器、变压器、电机及电缆线路）必须先进行放电。

④ 兆欧表应放在水平位置，在未接被试品时，先摇动兆欧表，其指针应上升到"∞"处，然后再将两个引线端钮短路，慢慢摇动兆欧表，其指针应指到"0"处，符合上述情况说明兆欧表是正常的，否则不能使用，对于半导体型兆欧表不宜用短路方式校检。

⑤ 用兆欧表测量绝缘电阻时应由两人进行。测量时，一人按着兆欧表外壳（以防兆欧表振动），一人摇动兆欧表，并使兆欧表保持额定转速，一般为 120r/min。当表针指示为 0 时，应立即停止摇动，以免损坏兆欧表。

⑥ 当被测回路的感应电压超过 12V 时，应禁止进行绝缘电阻测量。

⑦ 测量电容器、电缆、大容量变压器和电动机时，要有一定的充电时间，电容量越大，充电时间应越长。一般以兆欧表转动 1min 后的读数为准；在读取稳定值后，先取下测量线，再停止转动手柄，测量完成后应立即将被测设备对地放电。

⑧ 当测量物电容量较大时，为了避免指针摆动，可适当提高转速（如 150r/min）；测量时转动手柄应由慢渐快并保持 150r/min 的转速。如果测量吸收比，应将兆欧表与被试设备间的连线 "L" 或 "E" 断开一根，达到额定转速时，方可与被试设备接通，同时开始计时，读取 15s 及 60s 两个数值。

⑨ 被测物表面应擦拭清洁，不得有污物，以免漏电影响测量的准确度。

⑩ 在兆欧表未停止转动或被测设备未进行放电之前，不要用手触及被测部分和仪表的接线柱或拆除连线，以免触电。

⑪ 如遇天气潮湿或测电缆的绝缘电阻时，应接上屏蔽接线端子 G（或叫保护环），以消除绝缘物表面泄漏电流的影响；屏蔽端子应与被测设备的金属屏护相接。与兆欧表的相线端子 "L" 连接的部件都有良好的屏蔽，可以防止兆欧表的泄漏电流造成测量误差；而 "E" 端子处于"地"电位，没有考虑屏蔽。正常摇测时，表的泄漏电流不会造成误差；但是，如果 "E" "L" 端子接错，则由于 "E" 端子没有屏蔽，流过测量对象的电流中多了一个兆欧表的泄漏电流，一般测出的绝缘电阻都比实际值偏低，所以，"E" "L" 端子不能接错。

⑫ 禁止在雷电或潮湿天气和在邻近有带高压电设备的情况下，用兆欧表测量设备绝缘。只有在设备不带电，而又不可能受到其他感应电而带电时，才能进行绝缘电阻测量。

⑬ 兆欧表在不使用时应放在固定的地方，环境温度不宜太高和太低，切勿放在潮湿、污秽的地面上，并避免置于含有腐蚀性气体的环境中，同时应避免剧烈长期震动，使表头轴尖、宝石受损而影响刻度指示。

2.3.3 接地电阻测量仪操作技能及注意事项

2.3.3.1 接地电阻测量仪结构和工作原理

(1) 接地电阻测量仪结构　接地电阻测量仪主要用于测量电气系统、避雷系统等接地装置的接地电阻和土壤电阻率。接地电阻测量仪按供电方式分为手摇式和电池驱动式；接地电阻测量仪按显示方式分为指针式和数字式；接地电阻测量仪按测量方式分为打地桩式和钳式。

ZC-8 型接地电阻测量仪其外形与普通兆欧表差不多，也称为接地电阻摇表。ZC 型接地电阻测量仪的外形结构随型号的不同稍有变化，但使用方法基本相同。ZC-8 型接地电阻测量仪如图 2-17 所示，测量仪还随表附带接地棒两支、电线三根。

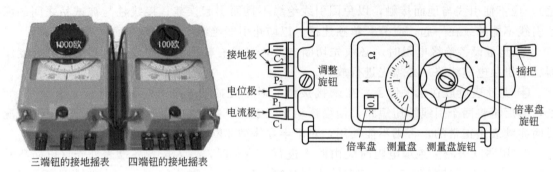

图 2-17　ZC-8 型接地电阻测量仪

① 接地极（C_2、P_2）、电位极（P_1）、电流极（C_1）接线端钮用于连接相应的接地棒。
② 调整旋钮：用于检流计指针调零。
③ 倍率盘：显示测试倍率，×0.1、×1、×10。
④ 测量标度盘：标示所测接地电阻阻值。
⑤ 测量盘旋钮：测试中的调节旋钮，使检流计指针指于中心线。
⑥ 倍率盘旋钮：调节测试倍率。
⑦ 摇把：手摇发电机摇把，手摇发电机为接地电阻测试仪提供测试电源。

(2) 接地电阻测量仪工作原理　接地电阻测量仪中的交流发电机 M 以 120r/min 的速度转动时，产生 90~98Hz 的交变电流 i，通过互感器 LH 的原边、接地极 E、电流辅助电极 C 形成回路。在接地电阻 R_x 上产生电压降 $i \times R_x$，其电位分布如图 2-18 中 EP 段曲线所示。通过 PC 之间的电阻 R_C 产生的电压降为 $i \times R_C$，其电位分布如图 2-18 中曲线 PC 所示。

设电流互感器比率为 k，则副绕组中电流为 $k \times i$，在调节电位器 RP 上产生电压为 $k \times i \times R_P$。由图 2-18 可看出，检流计 G 所测电压实际是 $k \times i \times R_P$ 和 $i \times R_x$ 之间的电位差。调节 RP，使检流计指示为零，则有

$$k \times i \times R_P = i \times R_x \quad (2-7)$$

$$R_x = k \times R_P \quad (2-8)$$

所测得的接地电阻值，就是互感器比率与调节电位器 R_P 阻值的乘积。

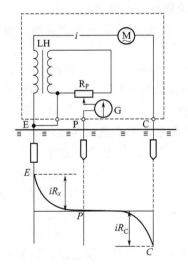

图 2-18　ZC-8 型接地电阻测量仪原理

2.3.3.2 ZC-8 型接地电阻测量仪主要规格、量程及技术参数

（1）ZC-8 型接地电阻测量仪主要规格、量程　ZC-8 型接地电阻测量仪适用于直接测量各种接地装置的接地电阻值，也可测量一般低电阻，四端钮还可以测量土壤电阻率，其主要规格及量程见表 2-4。

表 2-4　ZC-8 型接地电阻测量仪主要规格及量程　　　　　　　　　　　　　单位：Ω

型号	量程	最小分格值
0～1/10/100	0～1	0.01
	0～10	0.1
	0～100	1
0～10/100/1000	0～10	0.1
	0～100	1
	0～1000	10

（2）ZC-8 型接地电阻测量仪技术参数

① ZC-8 型接地电阻测量仪符合《直接作用模拟指示电测量仪表及其附件》（GB 7676）及《接地电阻表》（JB/T 9289）的技术要求。

② ZC-8 型接地电阻测量仪的准确度等级为 3 级，以基准值的百分数表示其基本误差。

③ ZC-8 型接地电阻测量仪的工作环境温度为 -20～50℃，环境相对湿度为 25%～80%。当标准环境温度自 23℃ 变化引起指示值的改变时，换算成每变化 10℃ 不大于基本误差。当标准环境相对湿度自 40% 至 60% 变化时，由此引起指示值的改变不大于基本误差。

④ ZC-8 型接地电阻测量仪的工作位置为水平，仪表自水平工作位置向任一方向倾斜 5° 时，由此引起指示值的改变不大于基本误差的 1/2。

⑤ ZC-8 型接地电阻测量仪在外磁场强度为 0.4kA/m 的影响下，引起指示值的改变不大于基准值的 1.5%。

⑥ ZC-8 型接地电阻测量仪的线路与外壳间的绝缘电阻不低于 20MΩ。

⑦ ZC-8 型接地电阻测量仪的线路与外壳间应能耐受 50Hz 交流 500V 电压，历时 1min 试验。

⑧ ZC-8 型接地电阻测量仪的外壳防护等级为 IP54。

⑨ ZC-8 型接地电阻测量仪的发电机手柄额定转速为 120r/min。

2.3.3.3 接地电阻测量仪使用方法及注意事项

（1）接地电阻测试仪使用方法

① 拆开接地干线与接地体的连接点，或拆开接地干线上所有接地支线的连接点。

② 沿被测接地导体（棒或板）按表 2-5 给出的埋设距离，依直线方式埋设辅助接地棒。通常将两根辅助接地棒分别插入地面 400mm 深，一根离接地体 40m 远，另一根离接地体 20m 远。

表 2-5　辅助接地棒埋设距离

接地体形状		Y/m	Z/m
棒与板	L≤4m	≥20	≥20
	L>4m	≥5L	≥40
沿地面成带状或网状	L>4m	≥5L	≥40

③ 连接测试电线：用一根5m电线连接"E"（P2）端子与接地极，电位极用一根20m的连接线接至"P"端子上，电流极用一根40m的连接线接至"C"端子上。

④ 将接地电阻测试仪放平，检查表针是否指零位，若不为零，应调节到零位。

⑤ 根据被测接地体的接地电阻要求，调节好粗调旋钮（上有三挡可调范围），调动倍率盘到某数位置，如×0.1、×1、×10。接地电阻挡位旋钮应旋在最大挡位即×10挡位，调节接地电阻值旋钮应放置在6～7Ω位置。

⑥ 缓慢转动手柄，若检流表指针从中间的0平衡点迅速向右偏转，说明原量程挡位选择过大，可将挡位选择到×1挡位，如偏转方向如前，可将挡位选择转到×0.1挡位，严禁在检流表指针仍有较大偏转时加快手柄的旋转速度。

⑦ 通过步骤⑤选择后，缓慢转动手柄，检流表指针从0平衡点向右偏移，则说明接地电阻值仍偏大，在缓慢转动手柄同时，接地电阻旋钮应缓慢顺时针转动。如果检流表指针缓慢向左偏转，说明接地电阻旋钮处的阻值小于实际接地阻值，可缓慢逆时针旋转，调大仪表电阻指示值。

⑧ 如果缓慢转动手柄时，检流表指针跳动不定，说明两支接地插针设置的地面土质不密实或有某个连接点接触不良，此时应重新检查两插针设置的地面或各连接点。

⑨ 当检流表指针缓慢移到零平衡点时，逐渐加快手柄转速，使手柄转速达到120r/min。直至表针居中为止。以微调拨盘调定后的读数乘以粗调定位倍数，即是被测接地体的接地电阻。

$$被测电阻值(\Omega)＝测量盘指数×倍率盘指数 \tag{2-9}$$

例如微调读数为0.6，粗调的电阻定位倍数是10，则被测的接地电阻是6Ω。

⑩ 当检流表的灵敏度过高时，可将"P"（电位极）接地棒插入土壤浅一些。当检流表的灵敏度过低时，可在P棒和C棒周围浇上一点儿水，使土壤湿润。但应注意，绝不能浇水太多，使土壤湿度过大，这样会造成测量误差。

⑪ 为了保证所测接地电阻值真实可靠，应改变方位重新进行复测，取几次测得的平均值作为接地体的接地电阻。

⑫ 测量完毕，将接地电阻测试仪阻值挡拨至最大位置，即×10挡位。整理好三条随仪表配置的测试电线，清理两插针上的脏物，装袋收藏。

（2）使用接地电阻测试仪注意事项

① 接地电阻测试仪应放置在离测试点1～3m处，放置应平稳，便于操作。接地电阻测试仪接地棒的设置符合规范后，才开始接地电阻值的测量工作。

② 每根测试电线的连接点都必须接触良好，连接牢固。不得用其他电线代替随仪表配置来的5m、20m、40m长的纯铜电线。

③ 两个接地棒针应设置在离待测接地体左右分别为20m和40m的位置，如果用一条直线将两个接地棒连接，待测接地体应基本在这条直线上。如果以接地电阻测试仪为圆心，则两个接地棒与接地电阻测试仪之间的夹角最小不得小于120°，更不可同方向设置。

④ 两个接地棒设置位置的土质必须坚实，不能设置在回填土、树根旁、草丛中，雨后连续7个晴天后才能进行接地电阻的测试。

⑤ 待测接地体应先进行除锈等处理，以保证可靠的电气连接。

⑥ 当有雷电时或被测物带电时，应禁止进行接地电阻测量工作。

2.4 充电桩安装工程施工技术

2.4.1 施工准备与工艺流程

2.4.1.1 施工准备

(1) 技术准备　工程项目已准备开工，则应立刻组织人员进场就位，组建工程项目部，开展施工管理工作。进场后即进行放线定位工作，为尽早开展施工做好准备。及时进行现场临时设施及临时用水、临时用电的布设和安装工作。制订各种详细的实施计划和施工方案；进行劳动力的组织到位工作，工程施工管理和技术人员准备进场工作。

项目技术负责人组织技术人员认真学习设计图纸，领会设计意图，做好图纸自审、图纸会审准备工作。图纸自审的重点是审查以下几个方面：施工图纸与其说明书在内容上是否一致，施工图纸及其各组成部分之间有无矛盾和错误；技术要求是否明确。

在正式施工前，所有参与施工的各个专业的技术负责人和施工负责人在设计人员的组织下，进行图纸会审，对图纸中的疑点记录汇总。在图纸会审的基础上，由专业技术负责人对现场专业管理人员及施工人员进行书面技术交底。简单部位的施工由技术人员对施工人员进行口头技术交底；复杂部位的施工由技术人员进行书面技术交底，并在现场指导，关键部位的施工要求技术人员与施工人员共同完成，设计人员和专业技术负责人必须在场指导。

由工程项目部编制的工程施工方案，报上级技术主管部门审批后，组织现场管理人员及施工人员认真学习审批后的工程施工方案。组织所有管理人员和施工人员进行安全、技术培训，并做好特殊工种人员岗前培训，持证上岗。

根据施工组织进度计划，提出分阶段材料计划、预埋管及预埋件加工计划、原材料检验和试验计划、机械设备安装计划、设备租赁计划以及劳动力计划。针对本工程特点进行质量策划，编制工程质量计划，制定特殊工序、关键工序、重点工序质量控制措施。

(2) 材料准备　调查落实设备、材料的规格、品种、产地，根据施工进度计划制订材料及工具进场时间计划，主要材料应根据预算及施工图纸提出材料使用计划，并根据施工进度控制计划安排，确定主要材料进场时间。

原材料必须保证质量，订货时选择正规厂家名牌产品，并核对其生产许可证、质量检验报告和认证证书。材料进场时，核对品牌、规格、数量、质量，并对其进行抽验，安装前逐一检查，确保质量。对不合格产品，随时发现随时用合格产品替换，并将不合格产品另行码放，做好标记和记录。

2.4.1.2 工艺流程及工艺施工顺序

(1) 工艺流程　工艺流程如图 2-19 所示。

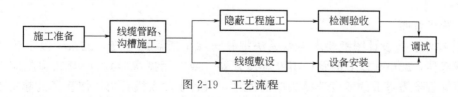

图 2-19　工艺流程

(2) 工艺施工顺序

① 线缆导管预埋。施工准备→焊接钢管切断→套管预制或钢管套丝→随土建施工进度

分层分段配管→管线补偿→跨接地线焊接→管线防腐→检查验收。

② 管内穿线。施工准备→配线→扫管→穿带线→电线与带线的绑扎→安护口→管内穿线→线路绝缘测定。

③ 电缆托盘安装。施工准备→施工放线→托盘支、吊架埋设→托盘安装→托盘跨接线安装。

④ 电缆埋设。施工准备→清扫→电缆拖放→穿带电缆→电缆沿桥架敷设→电缆头制作→电缆绝缘电阻测试。

⑤ 设备安装。施工准备→检查设备基础→设备固定→设备安装→配线→检测→验收。

2.4.2 管路敷设

2.4.2.1 管路明配

管路明配工艺流程如图 2-20 所示。

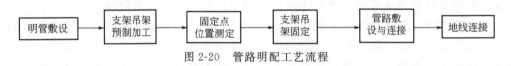

图 2-20 管路明配工艺流程

（1）钢管检查

① 钢管的长度偏差是否在允许范围内，即全长允许偏差为 20mm。

② 钢管的弯曲度是否在允许范围内，每米不大于 3mm。

③ 钢管的壁厚是否均匀一致，不应有折扁、裂缝、砂眼、塌陷。

④ 内外表面光滑，不应有分层、搭焊、缺焊、毛刺。

⑤ 焊缝整齐，无缺陷；镀锌管镀锌层完好无损，锌层厚度均匀一致。

⑥ 电缆管不应有穿孔裂缝和显著的凹凸不平，内壁应光滑。金属电缆管不应有严重锈蚀，硬质塑料管不得用在温度过高或过低的场所，在易受机械损伤的地方和在受力较大处直埋时，应采用足够强度的管材。

（2）钢管切断　配管前根据图纸要求的实际尺寸将钢管切断，断管采用钢锯、无齿锯或砂轮锯，需断切的管子尺寸准确。大批量的钢管可采用钢管切割机，利用纤维增强砂轮片切割，操作时用力要均匀，平稳，不能过猛，以免砂轮崩裂。

小批量的钢管一般采用钢锯切断，将需切断的管子放在台虎钳的钳口内卡牢，注意切口位置与钳口距离应适宜，不能过长或过短。锯管时，锯条要与管子保持垂直，推锯时不能过猛，以免弄断锯条，回锯时稍抬锯条，尽量减少锯条的磨损，当管子快要断时，要减慢速度，使管子平稳锯断。管子的断口要与管子垂直，如有小偏差，可用平锉锉平。如偏差较大或出现马蹄口，应重新切断，用圆锉去除管口毛刺，刮光，使管口整齐光滑。

（3）管子弯曲

① 冷揻法。按设计图纸要求用冷揻法把管子揻出所需的弯度，25mm 以下管径的管子用手扳揻弯器，25mm 以上的管径用液压揻管器（或专用揻弯器），揻弯凹扁度应符合规范规定。根据管子需弯成的弧度选择相应的模具，将管子放入模具内，使管子的起弯点对准弯管器的起弯点，拧紧夹具，使管外径与弯管模具紧贴，以免出现凹瘪现象。

手扳弯管器应与管径相适应，弯管时把弯管器套在管子需要弯曲的部位，用脚踩住管子，扳动弯管器的手柄，稍用力，使管子从该点处弯曲，然后逐点后移弯管器，并重复前述的各环节,直至弯出所需的弧度。在弯管过程中,用力不能太猛,各点的用力尽量均匀一致,且移动弯管器的距离不能太大。

② 热撅法。撅管前将管子一端堵住,灌入事先炒干的砂子,并随灌随敲打管壁,直到灌满后将另一端堵严。撅管时将管子放在火上加热,烧红后撅出所需的角度,随撅随浇冷却液,热撅法要掌握好火候。管弯处应无褶皱、凹穴和裂纹。镀锌钢管不能使用热撅法。

管子的弯扁度不大于管外径的10%,弯曲角度不宜小于90°,弯管时需注意管子弯曲方向与钢管焊缝间的关系,一般焊缝放在管子弯曲方向的正、侧面交角的45°线上。

电缆管的加工应符合下列要求。

① 管口应无毛刺和尖锐棱角,管口宜做成喇叭形。

② 电缆管在弯制后,不应有裂缝和显著的凹瘪现象,其弯扁程度不宜大于管子外径的10%,电缆管的弯曲半径不应小于所穿入电缆的最小允许弯曲半径。

③ 金属电缆管应在外表涂防腐漆或涂沥青,镀锌管锌层剥落处也应涂以防腐漆。

④ 电缆管的内径与电缆外径之比不得小于1.5。

⑤ 每根电缆管的弯头不应超过3个,直角弯不应超过2个。

(4) 管路敷设 根据施工图纸在施工前确定好管路走向及设备的安装部位。在所需要的施工部位按照要求进行弹线定位,要求挂线找平、线坠找正,并且标出安装设备的实际尺寸位置。电线管路应沿最近的路线敷设,并应减少弯曲。

明配的镀锌钢管、钢管壁厚应均匀,无劈裂、砂眼、棱刺和凹扁现象,应具有产品材质单。明配管应横平竖直,其允许偏差值为全长不应超过管子内径的1/2。明配管管路支架的固定应按明配管要求施工,明配管固定点间距、保护管弯曲半径及弯曲处的弯扁度应符合表2-6规定。

表2-6 明配管固定点间距、保护管弯曲半径及弯曲处的弯扁度

项 目			弯曲半径或间隙
管子最小弯曲半径	暗配管		≥6D
	明配管	管子只有一个弯	≥4D
		管子有两个以上弯	≥6D
管子弯曲处的弯扁度			≤0.1D
明配管固定点间距	管子直径10～20mm,壁厚>2mm		1.5mm
	管子直径10～20mm,壁厚≤2mm		1.0mm
	管子直径25～32mm,壁厚>2mm		2.0mm
	管子直径25～32mm,壁厚≤2mm		1.5mm
	管子直径40～50mm,壁厚>2mm		2.5mm
	管子直径40～50mm,壁厚≤2mm		2.0mm
	管子直径65～100mm,壁厚>2mm		3.5mm
	管子直径65～100mm,壁厚≤2mm		3.0mm

注:D 为管子外径。

根据测定管路的垂直、水平走向弹出线来,按照安装标准规定的间距尺寸要求,计算确定管路支架、吊架的具体位置。固定点的距离应均匀,管卡与终端、接线盒、设备的边间距为150～500mm。中间管卡的最大距离见表2-7。

表 2-7　中间管卡的最大距离　　　　　　　　　　　　　　单位：mm

钢管规格	钢管直径			
	$\phi15\sim20$	$\phi25\sim32$	$\phi32\sim40$	$\phi50\sim63$
壁厚>2	1500	2000	2500	2500
壁厚≤2	1000	1500	2000	2000

明配管的坐标与标高准确，固定牢固，管路敷设按规范要求，明配管进入盒箱处，按设计要求预留孔洞，待稳住盒箱后再进行下道工序，需加装护口处应及时加装护口。电线管穿过建筑物的沉降缝处必须使用套管或接线盒，并保持有效的电气连接性。

(5) 管路连接

① 管与盒箱的连接。在配管施工中，管与盒箱的连接一般采用锁母连接。进入盒箱的穿线管路应排列整齐，一管一孔，盒箱严禁开长孔，铁制盒箱严禁用电焊、气焊开孔。将已套好丝的管端拧上锁紧螺母，插入与管外径相匹配的接线盒箱的敲落孔内，管线要与盒箱壁垂直，再在盒箱内的管端拧上锁紧螺母固定。要避免管一侧已带上锁紧螺母，另一侧未拧锁紧螺母。带上锁紧螺母的管端在盒箱内露出锁紧螺母的螺纹为2～4扣，不能过长或过短。多根管线同时入盒箱时注意入盒箱部分的管端长度一致，管口平齐。

② 管与管丝接。管子套丝采用套丝机，根据管子外径及扣具选用相应板牙，将管子用台虎钳或龙门压架钳紧牢固，再把绞板套在管端，均匀用力，不得过猛，随套随浇冷却液，丝扣应不乱且干净清晰，管箍上好后，管口应对严，外露丝扣不应过长。将丝接的两根管分别拧进管箍长度的1/2，并在管箍内吻合好，连接好的管子外露丝扣为2～3扣，不应过长，需退丝连接的管线，其外露丝扣可相应增多，但也应控制在5～6扣。丝扣连接的管线应顺直，丝扣连接紧密，不能脱扣。

③ 套管焊接。选用一段套管套在需连接的两根管线外，并把套管周边与连接管焊接起来。套管焊接的方法只可用于≥DN25管径的暗配厚壁管。套管的内径与连接管的外径应相吻合，其配合间隙以1～2mm为宜，不得过大或过小，套管的长度为连接管外径的1.5～3倍，连接时把连接管的对口处放在套管的中心处。两连接管的管口光滑、平齐，两根管对口吻合，套管的管口应平齐、焊接牢固，没有缝隙，以免浇筑混凝土时，混凝土进入管线。焊接好的管线应为一条直线，不得有弯曲现象。

电缆管的连接应符合下列要求。

① 金属电缆管连接应牢固，密封应良好，两管口应对准，套接的短套管或带螺纹的管接头长度不应小于电缆管外径的2.2倍，金属电缆管不宜直接对焊。硬质塑料管在套接或插接时，其插入深度宜为管子内径的1.1～1.8倍。在插接面上应涂以胶黏剂粘牢密封，采用套接时套管两端应封焊。

② 引至设备的电缆管的管口位置，应便于与设备连接并不妨碍设备拆装和进出，并列敷设的电缆管管口应排列整齐。

③ 利用电缆的保护钢管作接地线时，应先焊好接地线，有螺纹的管接头处，应用跳线焊接。

④ 镀锌钢管采用丝扣连接时，连接处的两端用专用接地卡固定跨接接地线，两卡间连线为铜软线，截面积不小于$4mm^2$；镀锌钢管采用套接紧定式连接时，连接处的两端用专用接地卡固定跨接接地线，两卡间连线为铜软线，截面积不小于$4mm^2$。

⑤ 防爆导管采用镀锌钢管螺纹连接时，连接处应紧密牢固，连接处不跨接接地线，在

螺纹上涂电力复合脂或导电性防锈脂。

2.4.2.2 管路暗敷设

暗配钢管的壁厚应均匀，无劈裂、砂眼、棱刺和凹扁现象，应具有产品材质单。暗配管固定点应牢固，间距应均匀，混凝土内预埋管采用细钢丝绑扎在钢筋上固定。砖墙内配管的管径大于25mm时应配合土建砌墙预埋；管径小于等于25mm的管，待砌墙完成，墙体牢固期到后开槽埋设，采用强度等级不小于M10的水泥砂抹面保护，保护层厚度大于15mm，墙体内的暗配管采用细钢丝绑扎在钉在墙内的铁钉上。吊顶内配管的管径大于25mm的管采用骑马卡固定在角钢上，管径小于等于25mm的管采用抱卡固定在圆钢上。暗配管固定点间距、保护管弯曲半径及弯曲处的弯扁度也应符合表2-6规定。

配管时尽量减少管线的接头，采用丝接时，要缠麻抹油漆后拧紧接头，以防水汽的侵蚀。管线敷设在土壤中，应先把土壤夯实，沿管路方向垫不小于50mm的小石块，管线敷设好后在管线周围浇灌50mm厚C20混凝土保护层。敷设的管线露出地面时，管口距地面的高度不小于200mm，当多根管线进入盒箱时，管线排列整齐。如进入落地式盒箱，管口高于地面不小于50mm。线管与设备相连时，尽量将线管直接敷设到设备内，穿设备基础部分应加套管，套管内径不小于管外径的2倍。

2.4.2.3 管、盒跨接地线

管与管之间，管与盒箱间用圆钢作跨接接地，跨接接地的焊接长度为圆钢直径的6倍，采用双面焊。跨接接地线的规格见表2-8。

表 2-8 跨接接地线的规格　　　　　　　　　　　单位：mm

管径(DN)	圆钢	扁钢
15～25	φ5	—
32～40	φ6	—
50～65	φ10	25×3
≥65	φ8×2	(25×3)×2

2.4.2.4 管路防腐

① 管线跨接接地焊接完毕，根据管线敷设的环境，对管线进行防腐处理。

② 暗配于混凝土中的管线可不做防腐处理。

③ 在砖墙内敷设的管路，在跨接接地的焊接部位，丝接管线的外露丝部位及焊接钢管的焊接部位，刷防腐漆。

④ 焦渣层内的管线在管线周围打50mm的混凝土保护层进行保护。

⑤ 直埋入土壤中的钢管用混凝土保护。

2.4.2.5 管路补偿

管路在通过建筑物的变形缝时，应加装管路补偿装置。管路补偿装置是在变形缝的两侧对称预埋一个接线盒，用一根短管将两个接线盒相邻面连接起来，短管的一端与一个盒子固定牢固，另一端伸入盒内，且此盒上的相应位置的孔要开长孔，长孔的长度不小于管径的2倍。

2.4.2.6 管路敷设通病分析及预防措施

(1) 管路敷设的通病　管路不齐，套丝乱扣，管口进入盒箱不一致，钢管管口出现毛刺，弯曲半径不够，有扁凹、开裂和严重锈蚀现象，该进行防腐处理的未做，敷设管路的墙面或地面出现裂缝。

（2）造成管路敷设通病的原因　锯管管口不齐是因为操作时，钢锯不垂直而致。套丝乱扣的原因是板牙掉出或缺乏润滑油。管口入盒箱长短不一致，是由于盒箱外边未用锁扣，盒箱内又没有设挡板造成的。管口有毛刺是由于锯管后未用锉刀打光口。弯曲半径太小是因为撅管时出弯太急。弯管器的槽过宽也会出现管径弯扁、表面凹裂现象。敷设管路的墙面、地面出现裂缝是因为管路的保护层太薄引起的，在受力的情况下出现裂缝。

（3）针对管路敷设通病的预防措施　锯管时，人必须站稳，手腕不颤动，出现马蹄口时，可用板锉锉平，然后再用圆锉将管口锉成喇叭口。套丝时应先检查板牙是否符合规格标准，应加润滑油。管口入盒箱时可在外部加锁母，吊顶配管时必须在盒箱内外用锁母锁定，盒箱入管较多时，可在盒箱内设置一块平挡板，将入盒箱的管子顶住，待管路固定后，拆去此板确保管口入盒箱时一致。管子撅弯时应用适合管径的弯管器，随着撅弯，向后移动撅弯器，使撅出的弯平滑。在墙面、地面内敷设管路时，保护层一定要大于 20mm，这样才能避免墙面、地面出现裂缝。

金属管线保护地线的通病有：金属管线保护地线截面不够，专用接地卡有卡不紧、掉漏现象。其原因是工人在施工中对地线的作用和重要性概念不清，干活粗心大意。施工中预防措施是，加强对施工人员的技能培训，对施工规范、工艺加强学习了解。

2.4.3　管内穿线

管内穿线工艺流程如图 2-21 所示。

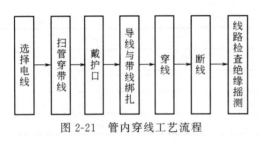

图 2-21　管内穿线工艺流程

（1）选择电线　电线的选择应符合设计要求，不得随意改变规格及截面。相线、中性线及保护接地线的颜色要加以区分，L1 相为黄色，L2 相为绿色，L3 相为红色，N（中性线）为淡蓝色，PE（保护线）为绿、黄双色。

（2）清扫管路　管内穿线前应对管路进行清扫，清除管路中的灰尘、泥水、杂物等，为穿线做好准备。将布条的两端牢固地绑扎在带线上，来回拉动带线，将管内杂物排出。

（3）管内穿带线　管路穿带线之前，检查管路的走向及盒箱的位置是否符合设计要求。带线选用 $\phi 1.2 \sim 2.0$mm 的铁丝。先将铁丝的一端弯成不封口的圆圈，用穿线器将带线穿入管路内，在管路的两端均留 100～150mm 的余量。在管内穿带线受阻时，用两根钢线同时搅动，使两根钢线的端头相钩绞在一起，然后将带线拉出。当管路较长和转弯处较多时，可在敷设管路前穿好带线。

（4）管路戴护口　管内穿线前应给管路端口戴上同等管径的护口，严禁不戴护口穿线。

（5）管内穿线　穿线前应检查管路是否畅通，管路的走向及盒箱的位置是否符合设计及施工图的要求；穿线前检查管路加装护口是否齐全，放线前应根据施工图对电线的规格、型号进行认真核对，放线时电线置于放线框架或放线车上。考虑电线截面大小和根数多少，将电线与带线一端进行绑扎，绑扎处做成平滑锥形状，便于穿线。管内穿线由两人配合，一拉一送，管路较长、转弯较多时，在管内吹入适量的滑石粉，截面大、长度长的电线应考虑机械牵引。敷设于垂直管路中的电线，当超过下列长度时，应在管口处和接线盒中加以固定。

① 截面积 50mm^2 及以下的电线为 30m。

② 截面积 70～95mm^2 的电线为 20m。

穿线时应注意下列问题。

① 同一交流回路的电线必须穿于同一导管，不同回路、不同电压、交流与直流的电线，不得穿入同一管内。

② 穿入管内的电线不允许有接头、局部绝缘损坏及死弯，电线外径总截面不超过管内面积的 40%。

③ 电线在变形缝处，补偿装置应活动自如。电线留有一定的余度。管径 SC20 穿 2～5 根 $2.5mm^2$ 的电线；管径 SC25 穿 6～8 根 $2.5mm^2$ 的电线。

（6）断线　盒箱内电线的预留长度为盒箱体周长的 1/2，穿线完毕后，应用摇表测线路，照明回路采用 500V 摇表，绝缘电阻值不小于 $0.5M\Omega$；动力线路采用 1000V 摇表，其绝缘电阻值不小于 $1M\Omega$，并做好记录。摇测记录报监理，验收合格后把资料存档。

2.4.4　电缆敷设

电缆敷设工艺流程如图 2-22 所示。

图 2-22　电缆敷设工艺流程

2.4.4.1　电缆敷设的一般要求

① 电缆敷设前，首先进行现场的测量，根据已敷设完的托盘、配管进行仔细精确的测量，提出准确的材料计划，然向厂家定购电缆。电缆到场后，施工前对电缆进行详细检查，规格、型号、截面、电压等级等应符合设计要求，外观无扭曲、坏损现象。

② 电缆敷设前进行绝缘摇测或耐压试验，1kV 以下的电缆用摇表测线间及对地的绝缘电阻，应不低于 $10M\Omega$；10kV 电缆做耐压试验和泄漏试验，试验标准应符合国家和当地供电部门规定，必要时在敷设前仍需用 2.5kV 摇表测量绝缘阻值是否合格，合格后方可敷设。当对电缆的密封有怀疑时，应进行潮湿判断，塑料绝缘电缆应有防潮封端。

③ 电缆运到现场指定地点后，将电缆放在电缆放线架上，电缆放线架应放置稳妥，钢轴的强度和长度应与电缆盘重量及宽度相配合。

④ 机械敷设时，应在牵引头或钢丝网套与牵引钢缆之间装设防捻器，机械敷设电缆时的最大牵引强度应符合规定。机械敷设电缆的速度不宜超过 15m/min，在较复杂路径上敷设时其速度应适当放慢。在复杂的条件下用机械敷设大截面电缆时，应确定敷设方法、线盘架设位置、电缆牵引方向，校核牵引力和侧压力，配备敷设人员和机具。

⑤ 在电缆敷设时，电缆应从盘的上端引出，不应使电缆在支架上及地面摩擦拖拉，电缆上不得有铠装压扁、电缆绞拧、护层折裂等未消除的机械损伤。敷设电缆时，电缆允许敷设最低温度、在敷设前 24h 内的平均温度以及敷设现场的温度不应低于规定值，当温度低于规定值时，应采取措施。敷设前应按设计和实际路径计算每根电缆的长度，合理安排每盘电缆，减少电缆接头，电力电缆在终端头与接头附近宜留有备用长度。

⑥ 并联使用的电力电缆，其长度、型号、规格宜相同。

⑦ 在带电区域内敷设电缆，应有可靠的安全措施。

⑧ 电缆敷设时，不应损坏电缆沟、隧道、电缆井和人井的防水层。

⑨ 三相四线制系统中应采用四芯电力电缆，不应采用三芯电缆另加一根单芯电缆，或以电线、电缆金属护套作中性线。

⑩ 电缆的最小弯曲半径应符合规定，电缆敷设时转弯处的侧压力不应大于 3kN/m。电缆各支持点间的距离应符合设计规定，当设计无规定时不应大于表 2-9 中所列数值。

表 2-9 电缆各支持点间的距离　　　　　　　　　　　　单位：mm

电缆种类		敷设方式	
		水平	垂直
电力电缆	全塑型	400	1000
	除全塑型以外的中低压电缆	400	1500
控制电缆		800	1000

注：全塑型电力电缆水平敷设沿支架能把电缆固定时，支持点间的距离允许为 800mm。

⑪ 电力电缆接头的布置应符合下列要求。

a. 并列敷设的电缆，其接头的位置宜相互错开。

b. 电缆明敷时的接头，应用托板固定。

c. 直埋电缆接头盒外面应有防止机械损伤的保护盒（环氧树脂接头盒除外），位于冻土层的保护盒，盒内宜注以沥青。

⑫ 电缆敷设时应排列整齐，不宜交叉，并加以固定，并及时装设标志牌。标志牌的装设应符合下列要求。

a. 在电缆终端头、电缆接头、拐弯处、夹层内、交叉处应挂标志牌，隧道及竖井的两端、人井内等地方的电缆上应装设标志牌，直线段应适当增设标志牌。

b. 标志牌上应注明电缆编号、规格、型号及电压等级。当无编号时，应写明电缆型号、规格及起止地点。并联使用的电缆应有顺序号，标志牌的字迹应清晰，不易脱落。

c. 标志牌规格应一致，并有防腐性能，挂装应牢固。

2.4.4.2 地下直埋电缆线路的要求

地下直埋电缆线路应采用铠状电缆，电缆的埋设深度，由地面至电缆外皮不小于 0.7m；电缆外皮至地下建筑物的基础不得小于 0.3m；电缆相互间距，水平接近时最小为 0.1m，不同电缆相互间距为 0.5m；电缆互相交叉时最小净距为 0.5m；电缆与热力管道、煤气、石油管道接近时的净距为 2m，相互交叉时净距为 0.5m；电缆与树木主干的距离不小于 0.7m。

直埋电缆沟内不得有石块等其他硬物杂质，否则应铺以 100mm 厚的软土或沙层，电缆敷设后，上面再铺以 100mm 厚的软土或沙层，然后盖以混凝土保护板或用砖覆盖，覆盖的宽度应超出电缆两侧各 50mm。

直埋电缆在进入手孔井、人孔井、盒箱和建筑物时应穿在保护管中，且管口应做防水堵头。与城市道路、桥梁等交叉时应增加保护管，保护管的顶部到路面的深度不小于 0.7m，保护管两端伸出车道不小于 0.5m。电缆从地下引出地面时，地面上应加一段 2.5m 的保护管，管根部应伸入地下 0.2m，保护管须固定牢靠。对地下直埋电缆敷设的基本要求如下。

① 电缆敷设前后必须用 500V 兆欧表测量绝缘电阻，一般不低于 10MΩ。

② 电缆芯线应采用铜套管压接，铜套管由含铜 99.9% 以上的铜管制成，壁厚不小于 1mm，长度是套管直径的 8~10 倍。

③ 在地埋电缆线路的接头和转角处必须设置手孔井或标桩，为便于维修和查勘，手孔井的间距应小于 50m。

④ 在电缆沟、手孔井内以及进入盒箱的电缆和中间接头、终端头均应配有记载电缆规

格、型号、线路名称或回路号数的电缆指示牌。

⑤ 电缆连接的中间头或终端头必须密封防水，剖切电缆线时不能将电缆线芯绝缘外皮损伤。电缆线路的施工应有施工的原始记录，这其中包括电缆型号、规格、长度、安装日期、中间接头和终端头的编号。这样做的好处是可以防止电缆线路的变动和修改，方便地埋电缆线路的检修。

⑥ 地埋线缆线路与设计路线有所变动时，都应该及时更正相应的技术资料和电缆指示牌，确保线路资料的正确性。

2.4.4.3 电缆线路在隧道、管、沟内敷设的要求

电缆隧道、管、沟应畅通，排水良好，金属部分的防腐层完整，隧道内照明和通风符合要求。电缆沟的砌筑应考虑分段排水，沟底应有良好的散水坡度，沟的盖板一般用钢筋混凝土盖板，室内经常需要开启的电缆沟一般用钢盖板。整条电缆沟都应装设连续的接地线，接地线的两头和接地极连通。金属电缆支架必须与接地线相连，接地线可采用 40×4 扁钢（最小截面面积不小于 $80mm^2$），沟内金属构件均应经全部热浸锌。电缆在支架上水平敷设时，终端、转弯以及电缆接头的两侧都须加以固定。电缆支架的水平间距为 0.8m，垂直间距为 1m。

穿入管中电缆的数量应符合设计要求，三相或单相的交流单芯电缆，不得单独穿于钢导管内。不同回路、不同电压等级和交流与直流的电缆，不能穿于同一导管内。同一交流回路的电缆穿于同一金属导管内，且管内不得有接头。电缆排管在敷设电缆前，应进行疏通，清除杂物，管道内部不得有毛刺、积水，管口安装护口。穿电缆时，不得损伤护层，可采用无腐蚀性的润滑剂（粉）。

电缆穿保护管长度在 30m 以下时，直线段保护管内径不小于电缆外径的 1.5 倍；有 1 个弯曲时不小于 2 倍；有 2 个弯曲时不小于 2.5 倍。电缆穿保护管长度在 30m 以上时，直线段保护管内径不小于电缆外径的 2.5 倍，过长时应设手孔井或人孔井。

钢管敷设弯曲角度一般不小于 90°，弯曲半径应不小于钢管直径的 6 倍，条件许可时可以做到钢管直径的 10 倍，明管敷设只有 1 个弯曲时，可为 4 倍。钢管用束节连接时，必须牢固并涂防腐油脂，束节两端的钢管要有可靠的电气连接。管口必须光滑、无毛刺，管内清洁无杂质。在预埋时，各类保护管管口应用木塞堵住管口，以防杂物进入管内。电缆在管内不准有接头或伤痕，电缆穿管后管口应用绝缘布包扎或用塑料套管封堵，严禁两种不同规格材料的电线穿在同一根管中。

2.4.4.4 电缆沿墙、桥体敷设要求

电缆沿墙、桥体敷设是一种不同于常规电缆敷设的方法，因为其受到墙体结构、桥体振动等特殊原因的影响。除满足电缆穿保护管的技术要求外，在墙体上敷设时要注意整齐美观，不得影响建筑物整体外观，保护管固定点间距不得大于 1.5m，改变方向时增加保护管固定点。在桥体上敷设时，保护管应在固定点处设置减振垫，在桥体过渡处留有电缆伸缩部分，电缆保护管两端要密封好。

2.4.4.5 托盘内电缆敷设

（1）托盘安装　电缆托盘支架采用∠50×50×5 角钢和 ϕ12 镀锌圆钢加工制作，支架用 ϕ10 膨胀螺栓固定在底板上，经检查合格后，才能安装托盘。金属电缆托盘及其支架和引入或引出的金属电缆导管必须接地（PE）或接零（PEN）可靠，且必须符合下列规定。

① 金属电缆托盘及其支架全长不少于 2 处与接地（PE）或接零（PEN）干线相连接。

② 非镀锌电缆托盘间连接板的两端跨接铜芯接地线，接地线最小允许截面面积不小

于 $4mm^2$。

③ 镀锌电缆托盘间连接板的两端不用跨接接地线，但连接板两端不少于2个有防松螺母或防松垫圈的连接固定螺栓。

④ 直线段钢制电缆托盘长度超过30m、铝合金托盘长度超过15m时应设伸缩节，电缆托盘跨越建筑物变形缝处设置补偿装置。

（2）电缆在托盘内敷设　电缆托盘转弯处的弯曲半径不小于托盘内电缆最小允许弯曲半径。电缆托盘水平安装的支架间距为1.5~3m；垂直安装的支架间距不大于2m。

托盘与支架间螺栓、托盘连接板螺栓固定应紧固，无遗漏，螺母位于托盘外侧；当铝合金托盘与钢支架固定时，应采取相互绝缘的防电化学腐蚀措施。电缆在托盘内有一定余量，不得有接头。电线按回路编号分段绑扎，绑扎点间距不大于2m。

同一回路的相线和零线，敷设于同一金属托盘内。同一电源的不同回路无抗干扰要求的线路可敷设于同一托盘内；敷设于同一托盘内的有抗干扰要求的线路用隔板隔离，或采用屏蔽电缆，且屏蔽护套一端接地。

沿托盘敷设的电缆必须单层敷设，排列整齐，不得有交叉，拐弯处以最大截面电缆允许弯曲半径为准。大于45°倾斜敷设的电缆每隔2m设固定点。水平敷设的电缆，首尾两端、转弯两侧及每隔5~10m处设固定点；敷设于垂直托盘内的电缆固定点间距不大于表2-10中的值。

表2-10　电缆固定点的间距　　　　　　　　　　　　　　　　　　　单位：mm

电缆种类		固定点的间距
电力电缆	全塑型	1000
	除全塑型外的电缆	1500
控制电缆		1000

注：全塑型电力电缆水平敷设沿支架能把电缆固定时，支持点间的距离允许为800mm。

电缆在电缆托盘内敷设时电缆的最小允许弯曲半径见表2-11。

表2-11　电缆在电缆托盘内敷设时电缆的最小允许弯曲半径

电缆种类	最小允许弯曲半径
无铅包钢铠护套的橡胶绝缘电力电缆	10D
有钢铠护套的橡胶绝缘电力电缆	20D
聚氯乙烯绝缘电力电缆	10D
交联聚氯乙烯绝缘电力电缆	15D
多芯控制电缆	10D

注：D为电缆外径。

2.4.4.6　电缆头制作

（1）材料要求　制作电缆头的材料包括电缆终端头套、塑料带、接线鼻子、镀锌螺钉、电力复合脂、电缆卡子、电缆标牌、$10mm^2$多股铜线等，这些材料必须符合设计要求，并具备产品出厂合格证。塑料带应分黄、绿、红、淡蓝四色，各种螺钉等镀锌件应镀锌良好。地线采用裸铜软线，截面面积不小于$10mm^2$，表面应清洁，无断股现象。

电缆头制作人员应经技术培训合格后方可上岗，电缆头制作时，从剥切到封闭的全部工序连续一次制作完成，以免受潮。剥切电缆不得伤害线芯绝缘。包缠绝缘层注意清洁，以防止污物与潮气浸入绝缘层。

(2) 主要机具　电缆头制作的机具包括压线钳、钢锯、扳手、钢锉。测试工具包括钢卷尺、摇表、万用表。电缆头制作的施工条件如下。

① 电气设备安装完毕，室内空气干燥。

② 电缆敷设并整理完毕，核对无误。

③ 电缆支架及电缆终端头固定支架安装齐全。

④ 现场具有足够照度的照明和较宽敞的工作场地。

(3) 电缆头制作工艺流程　测试电缆绝缘→剥电缆铠甲，打卡子→焊接地线→包缠电缆、套电缆终端头套→压电缆芯线接线鼻子，与设备连接。

① 测试电缆绝缘。采用 500V 摇表对电缆绝缘进行测试，绝缘电阻应在 10MΩ 以上。电缆测试完毕后，应将芯线分别对地放电。

② 剥电缆铠甲，打卡子。根据电缆与设备连接的具体尺寸，测量电缆并做好标记。锯掉多余电缆，根据电缆头套型号和尺寸要求，剥除外护套。将地线的焊接部位用钢锉处理，以备焊接。利用电缆本身钢带宽的 1/2 做卡子，采用咬口的方法将卡子打牢，必须打两道，防止钢带松开，两道卡子的间距为 15mm。剥电缆铠甲时用钢锯在第一道卡子向上 3～5mm 处，锯一个环形深痕，深度为钢带厚度的 2/3，不得锯透。用螺丝刀在锯痕尖角处将钢带挑起，用钳子将钢带撕掉，随后将钢带锯口处用钢锉修理毛刺，使其光滑。

③ 焊接地线。地线采用焊锡焊接于电缆钢带上，焊接应牢固，不应有虚焊现象，应注意不要将电缆烫伤。

④ 包缠电缆、套电缆终端头套。剥去电缆统包绝缘层，将电缆头套下部先套入电缆。根据电缆头的型号尺寸，按照电缆头套长度和内径，用塑料带采用半叠法包缠电缆。塑料带包缠应紧密，形状呈枣核状。将电缆头套上部套上，与下部对接、套严。

⑤ 压电缆芯线接线鼻子，与设备连接。从芯线端头量出长度为线鼻子的深度，另加 5mm，剥去电缆芯线绝缘，并在芯线上涂上电力复合脂。将芯线插入接线鼻子内，用压线钳子压紧接线鼻子，压线应在两道以上。

根据不同的相位，使用黄、绿、红、淡蓝四色塑料带分别包缠电缆各芯线至接线鼻子的压接部位。将做好终端头的电缆，固定在预先做好的电缆头支架上，并将芯线分开。根据接线端子的型号选用螺栓，将电缆接线端子压接在设备上，注意应使螺栓由上向下或从内向外穿，平垫和弹簧垫应安装齐全。

电缆头制作完毕后，应立即与设备连接好，不得乱放，以防损伤成品。在电缆头附近用火时，应注意将电缆头保护好，防止将电缆头烧坏或烧伤。电缆头为塑料制品，应注意不要受机械损伤。电缆头制作中应注意的质量问题如下。

① 防止地线焊接不牢。解决方法是一定要将钢带锉出新茬，焊接时使用电烙铁的功率不得小于 500W，否则焊接不牢。

② 防止电缆芯线与线鼻子压接不紧固。线鼻子与芯线截面必须配套，压接时模具规格与芯线规格一致，压线数量不得少于 2 道。

③ 防止电缆芯线损伤。用电缆刀或电工刀剥皮时，不宜用力过大，电缆绝缘外皮不完全切透，里层电缆皮应撕下，以防止损伤芯线。

④ 电缆头卡固不正，电缆芯线过长或过短。电缆芯线锯断前要量好尺寸，以芯线能调换相序为宜，不宜过长或过短；电缆头卡固时，应注意找正、找直，不得歪斜。

⑤ 电缆头封焊时，火焰均匀分布，不损伤电缆，未冷却不得移动。封焊完毕，抹硬脂酸，除去氧化层，封焊后进行外观检查，封焊处不应有夹渣、裂缝，且表面光滑。

2.4.5 信息线缆布线缆施工及端接要点

2.4.5.1 信息线缆施工要点

(1) 信息线缆的弯曲半径　信息线缆的弯曲半径应符合下列规定。

① 非屏蔽 4 对双绞线缆的弯曲半径应至少为线缆外径的 4 倍。

② 屏蔽 4 对双绞线缆的弯曲半径应至少为线缆外径的 6～10 倍。

③ 主干双绞线缆的弯曲半径应至少为线缆外径的 10 倍。

④ 光缆的弯曲半径应至少为光缆外径的 15 倍。

(2) 过线盒设置　根据综合布线设计与验收规范，相关规定如下。

① 直线布管每 30m 应设置过线盒。

② 有弯头的管段长度超过 20m 时，应设置过线盒。

③ 有 2 个弯时，不超过 15m 应设置过线盒。

(3) 放线缆及断线缆要求

① 放线缆。放线缆前应根据设计图对线缆的规格、型号进行核对，放线时线缆应置于放线架或放线车上，不能将线缆在地上随意拖拉，更不能野蛮使力，以防损坏绝缘层或拉断线芯。穿线缆需要两个人各在一端，一人慢慢地抽拉带线钢丝，另一人将线缆慢慢地送入管内。如管线较长，弯头太多，应按规定设置过线盒，但不可用油脂或石墨粉作润滑，以防渗入线芯，造成线缆短路。

② 断线缆。剪断线缆时，线缆的预留长度按以下情况予以考虑：底盒的预留长度应大于 150mm，小于 250mm；信息接入箱内线缆的预留长度为信息接入箱箱体周长的 1/2。

(4) 拉线缆拉力　在布线缆施工的拉线缆过程中，必须坚持直接用手拉线缆，不允许将线缆缠绕在手中或者工具上拉线缆（缠绕部分的曲率半径会非常小），也不允许用钳子夹住线缆中间拉线缆（夹持部分线缆结构变形，直接破坏缆线内部结构或者护套）。如果遇到线缆距离很长或拐弯很多，手拉线缆非常困难时，可以将线缆的端头捆扎在穿线器端头或铁丝上，用力拉穿线器或铁丝。

拉线缆的速度从理论上讲，线缆的直径越小，则拉线的速度越快。但应采取慢速而又平稳的速度拉线缆，而不是快速拉线缆，因为快速拉线缆通常会造成线缆缠绕或打回弯。

拉线缆的拉力过大将导致线缆变形，会破坏线缆对绞的匀称性，引起线缆传输性能下降。拉力过大还会使线缆内的扭绞线对层数发生变化，严重影响线缆抗噪声（NEXT、FEXT 等）的能力，从而导致线对扭绞松开，甚至可能对导体造成破坏。由于信息线缆的特殊结构，线缆在布放过程中承受的拉力不要超过线缆允许张力的 80%。线缆最大允许的拉力如下。

① 一根 4 对线缆，拉力为 100N。

② 二根 4 对线缆，拉力为 150N。

③ 三根 4 对线缆，拉力为 200N。

④ n 根线电缆，拉力为 $n\times5+50n$；不管多少根线对线缆，最大拉力不能超过 400N。

当管路较长或转弯较多时，要在穿线缆的同时向管内吹入适当的滑石粉。穿线缆时还应注意下列问题。

① 管内穿的线缆必须按设计要求，选用相应的线径及线缆的根数。不同回路、不同电压、交流与直流回路的线缆不得穿入同一根管内，管内线缆总数不应多于 8 根。

② 线缆在管内不得有接头和扭结，其接头应在过线盒内连接。

③ 管内线缆包括绝缘层在内的总截面积不应大于管子内空截面积的40%。
④ 管口处应装设护口以保护线缆。
(5) 线缆牵引技术
① 牵引"4对"线缆。
a. 将多条线缆聚集成一束,并使它们的末端对齐。
b. 用电工带或胶布紧绕在线缆束外面,在末端外绕50～100mm长距离即可,如图2-23 (a) 所示。
c. 将引线穿过电工带缠好的线缆,并系好结,如图2-23(b) 所示。

图2-23 牵引"4对"线缆

② 牵引单条"25对"线缆或"更多对"线缆。
a. 牵引单条"25对"线缆时,牵引端接方法如下。
ⓐ 将线缆向后弯曲构成一个直径为150～300mm的圆环,并使线缆末端与线缆本身绞紧,引线穿过线缆弯成的圆环并回折,如图2-24(a) 所示。

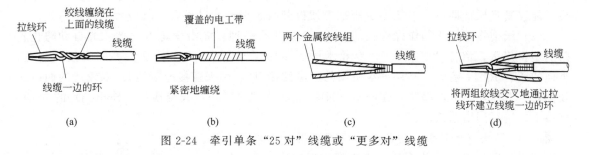

图2-24 牵引单条"25对"线缆或"更多对"线缆

ⓑ 用电工带紧紧地缠在缠绕好的线缆上,以加固线缆弯成的圆环,如图2-24(b) 所示。
b. 牵引单条"更多对"线缆时,牵引端接方法如下。
ⓐ 剥去线缆外护套,将线芯均匀分为2组,如图2-24(c) 所示。
ⓑ 将2组线芯向后弯曲构成一个直径为150～300mm的圆环引线穿过线缆弯成的圆环并回折,如图2-24(d) 所示。
ⓒ 用电工带紧紧地缠在缠绕好的线缆上,以加固线缆弯成的圆环。

2.4.5.2 线缆剥线及端接操作技能

(1) 双绞线剥线　剥除线缆外护套必须用专用剥线工具或开缆刀进行加工,这样既能保证工程质量,又可提高效率。在剥除线缆外护套时,不得刮伤线缆芯线。剥除线缆外护套的长度够端接即可,线对应尽可能保持扭绞状态。网络双绞线剥线的正确方法如下。

① 剥开外绝缘护套。首先剪裁掉端头破损的双绞线,使用专门的剥线工具将需要端接的双绞线端头的外绝缘护套剥开,如图2-25所示。双绞线端头的外绝缘护套剥开的长度尽可能短一些,能够方便地进行端接线即可。在剥双绞线端头外绝缘护套时,不能对双绞线线芯及线芯的绝缘层造成损伤,如图2-26所示。

图 2-25　使用剥线工具剥线

图 2-26　剥开外绝缘护套

图 2-27　拆开 "4 对" 双绞线

② 拆开成 "4 对" 双绞线。将已剥去外护套的双绞线端头按照对应颜色、双绞线的绞绕顺序慢慢拆开成为 "4 对" 分开双绞线，同时保护每对双绞线不被拆开和保持比较大的曲率半径，正确的操作结果如图 2-27 所示。在拆开双绞线端头时，不能强行拆散或者硬折线对。

③ 拆开单对双绞线。在制作 RJ-45 水晶头时，双绞线的接头处拆开线段的长度不应超过 20mm，压接好水晶头后拆开线芯长度必须小于 14mm，过长会引起较大的近端串扰。

在模块压接时，双绞线压接处拆开线段长度应该尽量短，能够满足压接即可，不能为了压接方便拆开线芯很长，过长会引起较大的近端串扰。

(2) 线缆终端插头制作操作技能　RJ-45 插头是一种只能沿固定方向插入并自动防止脱落的塑料接头，俗称 "水晶头"，专业术语为 RJ-45 连接器（RJ-45 是一种网络接口规范，类似的还有 RJ-11 接口，就是平常所用的 "电话接口"，用来连接电话线）。双绞线的两端必须都安装 RJ-45 插头，以便插在网卡（NIC）、集线器（Hub）或交换机（Switch）的 RJ-45 接口上，进行网络通信。

RJ-45 插头（水晶头）的截面示意图如图 2-28 所示，从左到右的引脚顺序分别为 1～8，许多用户在布线中经常出现两种错误：一种是采用一一对应的连接方法，如图 2-29(a) 所示，连接距离较短时，系统不会出现连接上的故障，但当连接距离较长，网络繁忙或高速运行时，最好采用图 2-29(b) 所示的连接方法，其核心是让 3 和 6 两个引脚为同一个绞对。

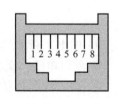
图 2-28　RJ-45 插头（水晶头）的截面示意图

水晶头虽小，但在网络中的重要性一点儿都不能小看，在许多网络故障中就有相当一部分是因为水晶头质量不好而引起的。水晶头的质量主要体现在接触探针上，采用的镀铜接触探针容易生锈，造成接触不良，导致网络不通。水晶头的塑料扣位不紧（通常是变形所致），造成接触不良，导致网络中断。

遵循国际标准 EIA/TIA-568，RJ-45 型网线插头和网线有两种连接方法（线序），分别称为 T568A 线序及 T568B 线序，如图 2-30 所示。

① RJ-45 的 8 条线的作用。1、2 用于发送数据（TX），3、6 用于接收数据（RX），4、5 和 7、8 是双向线。1、2 线必须是双绞，3、6 线必须是双绞，4、5 线必须是双绞，7、8 线必须是双绞，这就是双绞线的特点。

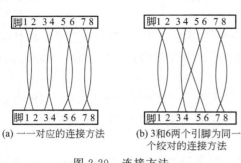

图 2-29 连接方法

(a) 一一对应的连接方法
(b) 3和6两个引脚为同一个绞对的连接方法

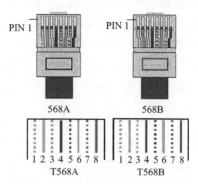

图 2-30 T568A 线序及 T568B 线序

在 10M 交换机的网络中，只需要 2、6 两条线就可以通信。因此在用测线仪测试 10M 交换机的时候，只显示 2、6 灯亮。

在 100M 交换机网络中，只需要 1、2、3、6 四条跳线就可以通信。因此在用测线仪测试 100M 交换机的时候，只显示 1、2、3、6 灯亮。

在 1000M 交换机网络中，需要 1～8 八条跳线才可以达到 1000M 的数据通信。因此在用测线仪测试 1000M 交换机的时候，显示 1～8 灯亮。

② T568A 线序的适用范围。T568A 线序适用于网络设备需要交叉互连的场合，所谓交叉是指网线的一端和另一端与 RJ-45 网线插头的接法不同，一端按 T568A 线序接，另一端按 T568B 线序接，即有几根网线在另一端是先做了交叉才接到 RJ-45 插头上去的，适用的连接场合：计算机⇌计算机，称对等网连接，即两台计算机之间只通过一条网线连接就可以互相传递数据；集线器⇌集线器；交换机⇌交换机。

T568A 线序的接法如图 2-31 所示，RJ-45 型网线插头各脚与网线颜色标志的对应关系是，1 脚为绿白；2 脚为绿；3 脚为橙白；4 脚为蓝；5 脚为蓝白；6 脚为橙；7 脚为棕白；8 脚为棕。

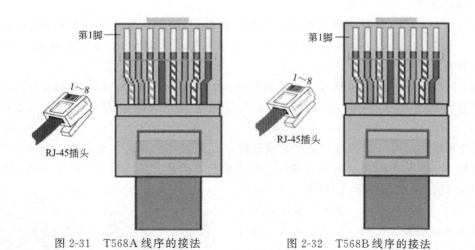

图 2-31 T568A 线序的接法　　图 2-32 T568B 线序的接法

③ T568B 线序的适用范围。

a. 直连线互连。网线的两端均按 T568B 连接：计算机⇌ADSL（猫）；ADSL（猫）⇌

ADSL 路由器的 WAN 口；计算机⇌ADSL 路由器的 LAN 口；计算机⇌集线器或交换机。

b. 交叉互连。网线的一端按 T568B 连接，另一端按 T568A 连接：计算机⇌计算机，即对等网连接，集线器⇌集线器；交换机⇌交换机。

T568B 线序的接法如图 2-32 所示，RJ-45 型网线插头各脚与网线颜色标志的对应关系是，1 脚为橙白；2 脚为橙；3 脚为绿白；4 脚为蓝；5 脚为蓝白；6 脚为绿；7 脚为棕白；8 脚为棕。

RJ-45 型网线插头引脚号的识别方法是，手拿插头，有 8 个小镀金片的一端向上，有网线装入的矩形大口的一端向下，同时面对没有细长塑料卡销的那个面，从左边第一个小镀金片开始依次是第 1 脚、第 2 脚……第 8 脚。

④ RJ-45 头的制作步骤。RJ-45 头用于数据（计算机）链路的连接，RJ-45 头中有 8 个刀片，相对应数据线的 8 芯线，按 T568B 标准是正面看从左到右依次为 1 脚为橙白、2 脚为橙、3 脚为绿白、4 脚为蓝、5 脚为蓝白、6 脚为绿、7 脚为棕白、8 脚为棕。

a. 剥开外绝缘护套。先将已经剥去绝缘护套的 4 对单绞线分别拆开相同长度，将每根线轻轻捋直，同时按照 T568B 线序（橙白、橙、绿白、蓝、蓝白、绿、棕白、棕）水平排好，如图 2-33(a) 所示。将 8 根线端头一次剪掉，留 14mm 长度，从线头开始，至少 10mm 电线之间不应有交叉，如图 2-33(b) 所示。

(a) 剥开排好的双绞线   (b) 剪齐的双绞线

图 2-33 剥开外绝缘护套

b. 剥开"4 对"双绞线，剥开单绞线。定位数据线的 8 芯按 1、2、3、6、4、5、7、8 次序整理好，为防止插头弯曲时对套管内的线对之间造成损伤，线缆应并排排列至套管内至少 8mm，形成一个平整部分，平整部分之后的交叉部分呈椭圆形。

c. 为绝缘电线解扭，使其按正确的顺序平行排列，电线 6 跨过电线 4 和 5，在套管里不应有未扭绞的电线。

d. 电线经修整后（电线端面应平整，避免毛刺影响性能），距套管的长度为 14mm，从线头开始，至少 10mm±1mm 之内电线之间不布应有交叉，电线 6 应在距套管 4mm 之内跨过电线 4 和 5。

e. 将电线插入水晶头，电线在水晶头前端应插到最前端，套管内的平坦部分应从水晶头后端延伸直至初始张力消除，套管伸出水晶头后端至少 6mm，一定要插到底，如图 2-34 所示。

f. 压好水晶头，再一次测量导体和套管长度，以确保它们满足几何要求。利用压线钳的机械压力使 RJ-45 头中的刀片首先压破线芯绝缘护套，然后再压入铜线芯中，实现刀片与线芯的电气连接。每个 RJ-45 头中有 8 个刀片，每个刀片与 1 个线芯连接。注意观察压接后 8 个刀片应比压接前低。RJ-45 头刀片压线前位置如图 2-35 所示，RJ-45 头刀片压线后位置如图 2-36 所示。

g. 目测水晶头上镀金的 8 个刀片是否插入线中，8 个刀片的面是否平整。

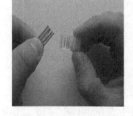 

图 2-34 将电线插入水晶头示意图

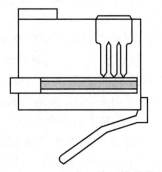
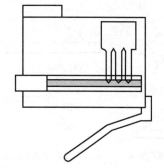

图 2-35　RJ-45 头刀片压线前位置　　　图 2-36　RJ-45 头刀片压线后位置

2.4.6　电线连接基本要求及操作技能

2.4.6.1　电线连接的基本要求

电线连接是电工作业中的一项基本工序，也是一项十分重要的工序。电线连接的质量直接关系到整个线路能否安全可靠地长期运行。电线的线芯连接一般采用焊接、压板压接或套管压接。采用压线帽连接时必须采用专用的压线钳。电线与设备、器具的连接应符合下列要求。

① 电线连接方法。电线连接采用的方法应根据线芯的材质而定。

a. 电线截面面积为 $10mm^2$ 及以下的单股铜芯线可直接与设备、器具的端子连接。

b. 电线截面面积为 $2.5mm^2$ 及以下的多股铜芯线的线芯先拧紧搪锡或压接端子后再与设备、器具的端子连接。

c. 多股铝芯线和截面面积大于 $2.5mm^2$ 的多股铜芯线的终端，除设备自带插接式端子外，先焊接或压接端子，再与设备、器具的端子连接。

d. 锡焊连接的焊缝饱满、表面光滑。焊剂无腐蚀性，焊接后清除焊区的残余焊剂。

② 连接牢固可靠。电线连接应接触紧密，接触电阻小，与同长度、同截面面积电线的电阻比应不大于 1。压板或其他专用夹具，应与电线线芯的规格相匹配，紧固件拧紧到位，防松装置齐全。

③ 机械强度高。电线接头的机械强度不应小于原电线机械强度的 80%。

④ 电气绝缘性能好。电线接头的绝缘强度应与非连接处的绝缘强度相同。

⑤ 电线采用压接时，压接器材、压接工具和压模等应与电线线芯规格相匹配；压接时，其压接深度、压口数量和压接长度应符合有关规定。

2.4.6.2　电线绝缘层的剖削

（1）塑料硬线绝缘层的剖削　在剖削塑料硬线绝缘层时不能损伤线芯，芯线截面面积为 $4mm^2$ 及以下的塑料硬线，其绝缘层用钢丝钳剖削，如图 2-37 所示。剖削的方法和步骤如下。

① 根据所需线头长度用钢丝钳刀口切割绝缘层，注意用力适度，不能损伤芯线。

② 接着用左手抓牢电线，右手握住钢丝钳

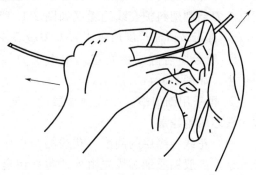

图 2-37　用钢丝钳勒去电线绝缘层

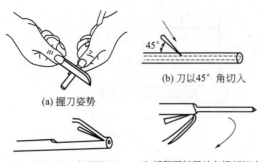

(a) 握刀姿势　(b) 刀以45°角切入
(c) 刀以25°角倾斜推削　(d) 扳翻塑料层并在根部切去

图 2-38　用电工刀剖削其绝缘层

头用力向外拉动，即可剖下电线的塑料绝缘层。

③ 剖削完成后，应检查线芯是否完整无损，如损伤较大，应重新剖削。

芯线截面面积大于 $4mm^2$ 的塑料硬线，可用电工刀来剖削其绝缘层，如图 2-38 所示。剖削的方法和步骤如下。

① 根据所需线头长度用电工刀以约 45°角倾斜切入塑料绝缘层，注意用力适度，避免损伤芯线。

② 然后使刀面与芯线保持 25°角左右，用力向线端推削，在此过程中应避免电工刀切入芯线，只削去上面一层塑料绝缘。

③ 最后将塑料绝缘层向后翻起，用电工刀齐根切去。

(2) 塑料多芯软线绝缘层的剖削　塑料软线绝缘层的剖削除用剥线钳外，仍可用钢丝钳直接剖削截面面积 $2.5mm^2$ 及以下的塑料软线，方法如图 2-39 所示。但不能用电工刀，因为电工刀很容易伤及线芯。

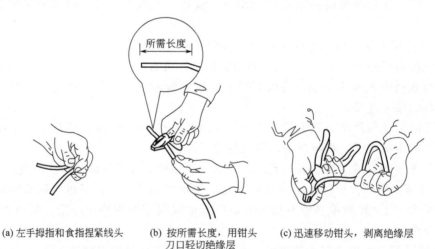

(a) 左手拇指和食指捏紧线头　(b) 按所需长度，用钳头刀口轻切绝缘层　(c) 迅速移动钳头，剥离绝缘层

图 2-39　用钢丝钳剖削塑料软线绝缘层方法

(3) 塑料护套线绝缘层的剖削　塑料护套线只有端头连接，不允许进行中间连接。其绝缘层分为外层的公共护套层和内部芯线的绝缘层。公共护套层通常都采用电工刀进行剖削。用电工刀剖削塑料护套线绝缘层如图 2-40 所示。剖削的方法和步骤如下。

① 首先按所需长度用电工刀刀尖沿芯线中间缝隙划开护套层，如图 2-40(a) 所示。

② 然后向后翻起护套层，用电工刀齐根切去，如图 2-40(b) 所示。

③ 再采用剖削塑料硬线绝缘层的方法，取出线芯的绝缘层。

(4) 花线绝缘层的剖削　花线的结构比较复杂，多股铜质细芯线先由棉纱包扎层裹捆，接着是橡胶绝缘层，外面还套有棉织管

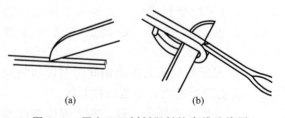

(a)　(b)

图 2-40　用电工刀剖削塑料护套线绝缘层

（即保护层）。

首先根据所需的剖削长度，用电工刀在线头所需长度处将棉织管切割一圈，拉去切割下的棉织管，然后在距离棉织管 10mm 左右处用钢丝钳按照剖削塑料软线的方法将内层的橡胶层勒去，将紧贴于线芯处的棉纱层散开，用电工刀割去，如图 2-41 所示。

（5）橡胶线绝缘层的剖削　橡胶线绝缘层的外面有一层保护层，先用电工刀从端头两芯线缝隙中割破部分保护层，用电工刀剖削保护层的方法如图 2-42 所示。然后把割破已分成两片的保护层连同芯线（分成两组）一起进行反向分拉来撕破保护层，直到所需长度。再将保护层向后扳翻，在根部分别切断。再采用剖削塑料硬线绝缘层的方法，除去芯线的绝缘层。

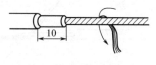
(a) 将棉纱层散开

(b) 割断棉纱层

图 2-41　花线绝缘层的剖削

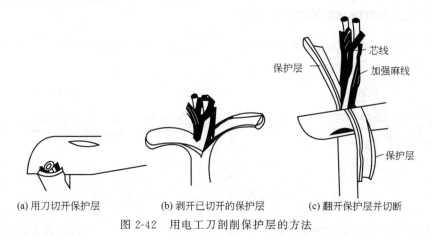
(a) 用刀切开保护层　　(b) 剥开已切开的保护层　　(c) 翻开保护层并切断

图 2-42　用电工刀剖削保护层的方法

2.4.6.3　电线连接

（1）单股铜芯电线的直线连接　通常把截面面积 10mm² 以下的电线称为单股线，单股铜芯电线的直线连接步骤如下。

① 把两线线头的芯线成 X 形相交（两线剥缘层约 10cm），如图 2-43(a) 所示，再互相绞合 2~3 圈，如图 2-43(b) 所示。

② 然后板直两线头，如图 2-43(c) 所示。

③ 将每个线头在芯线上紧贴并绕 6 圈，如图 2-43(d)、(e) 所示，用平口钳切余下的芯线，并钳平芯线的末端。

大截面面积单股铜芯电线的连接方法如图 2-44 所示，先在两电线的芯线重叠处填入一根相同直径的芯线，再用一根截面面积约为 1.5mm² 的裸铜线在其上紧密缠绕，缠绕长度为电线直径的 10 倍左右，然后将被连接电线的芯线线头分别折回，再将两端的缠绕裸铜线继续缠绕 5~6 圈后剪去多余线头即可。

不同截面面积单股铜芯电线的连接方法如图 2-45 所示，先将细电线的芯线在粗电线的芯线上紧密缠绕 5~6 圈，然后将粗电线芯线的线头折回紧压在缠绕层上，再用细电线芯线在其上继续缠绕 3~4 圈后剪去多余线头即可。

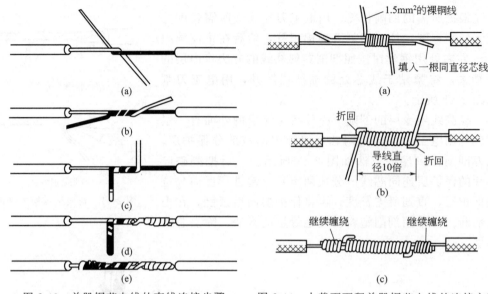

图 2-43 单股铜芯电线的直线连接步骤　　图 2-44 大截面面积单股铜芯电线的连接方法

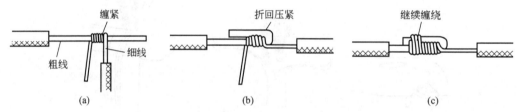

图 2-45 不同截面面积单股铜芯电线的连接方法

(2) 单股铜芯电线的 T 字形连接　单股铜芯电线的 T 字形连接的两种方法如下。

方法 1，将支路芯线的线头与干线芯线十字相交，使支路芯线根部留出 2～5mm，然后按顺时针方向绕支路芯线，缠绕 6～8 圈后，钳切去余下的芯线，并钳平芯线末端，如图 2-46(a)、(b) 所示。

方法 2，较小截面面积的芯线可先环绕成结状，然后再把支路芯线线头抽紧拉直，紧密地缠绕 6 圈，剪去多余芯线，钳平切口毛刺（干路剥绝缘层 3～5cm，支路剥绝缘层 10cm），如图 2-46(c) 所示。

(3) 单股铜芯电线的十字分支连接　单股铜芯电线的十字分支连接如图 2-47 所示，将上下支路芯线的线头紧密缠绕在干路芯线上 5～8 圈后剪去多余线头即可。可以将上下支路芯线的线头向一个方向缠绕，也可以向左右两个方向缠绕。

(4) 多股铜芯电线的直线连接

① 先将剥去绝缘层（剥绝缘层长度为 20～25cm）的芯线头散开，再把靠近绝缘层 1/3 线段的芯线绞紧，然后把余下的 2/3 芯线头按图 2-48(a) 所示分散成伞状，并将每根芯线拉直。

② 把两个伞状芯线隔根对叉，必须相对插到底，并拉平两端芯线，如图 2-48(b) 所示。

③ 捏平叉入后的两侧所有芯线，并理直每股芯线，使每股芯线的间隔均匀；同时用钢丝钳钳紧叉口处以消除空隙，如图 2-48(c) 所示。把一端的 7 股芯线按 2、2、3 根分成三

组,接着把第一组的 2 根芯线扳起,垂直于芯线,并按顺时针方向缠绕,如图 2-48(d) 所示。

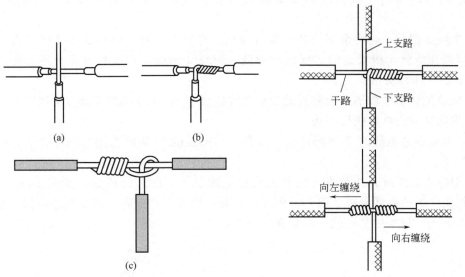

图 2-46　单股铜芯电线的 T 字形连接示意图　　图 2-47　单股铜芯电线的十字分支连接

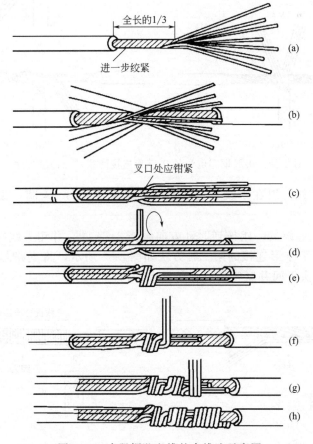

图 2-48　多股铜芯电线的直线连示意图

④ 缠绕 2 圈后，将多余的芯线向右扳直，如图 2-48(e) 所示，再把下边第二组的 2 根芯线扳直，也按同一方向紧紧压着前 2 根芯线缠绕，如图 2-48(f) 所示。先在一端把邻近两股芯线在距叉口中线约 3 根单股芯线直径宽度处折起，并形成 90°，如图 2-48(g) 所示。

⑤ 缠绕 2 圈后，也将余下的芯线向右扳直，再把下边第三组的 3 根芯线扳直，按顺时针方向紧紧压着前 4 根扳直的芯线向右缠绕。缠绕 3 圈后，切去每组多余的芯线，钳平线端，如图 2-48(h) 所示。

⑥ 接着把处于紧挨平卧前邻近的 2 根芯线折成 90°，并按步骤⑤的方法加工。

⑦ 用同样方法再缠绕另一边。

(5) 多股铜芯电线的 T 字形连接　多股铜芯电线的 T 字形连接有两种方法，第一种方法步骤如下。

① 把分支芯线散开并拉直，接着把靠近绝缘层 1/8 的芯线绞紧，如图 2-49(a) 所示。把支路线头 7/8 的芯线分成 2 组，一组 4 根，另一组 3 根并排齐，把 3 根芯线的一组放在干线芯线的前面，把 4 根芯线的一组放在干线芯线的后边，如图 2-49(b) 所示。

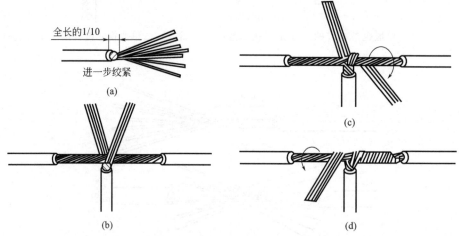

图 2-49　多股铜芯电线的 T 字形连接的第一种连接方法

② 把右边 3 根芯线一组在干线右边按顺时针紧紧缠绕 3～4 圈，钳平线端，如图 2-49(c)、(d) 所示。

③ 再把左边 4 根芯线的一组按逆时针方向缠绕 3～4 圈，并钳平线端。

多股铜芯电线的 T 字形连接的第二种方法如图 2-50 所示，将支路芯线 90°折弯后与干路芯线并行，然后将线头折回并紧密缠绕在芯线上即可。

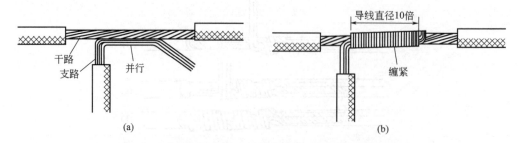

图 2-50　多股铜芯电线的 T 字形连接的第二种连接方法

(6) 单股芯线与多股芯线的 T 字分支连接

① 在离左端绝缘层端部 3～5mm 处的多股芯线上,用螺丝刀把多股芯线分成较均匀的两组(如 7 股线的芯线 3、4 分组),如图 2-51(a)所示。

② 把单股芯线插入多股芯线的两组芯线中间,但单股芯线不可插到底,应使绝缘层切口离多股芯线约 3mm 的距离。接着用钢丝钳把多股芯线的插缝钳平钳紧,如图 2-51(b)所示。

③ 把单股芯线按顺时针方向紧缠在多股芯线上,应使每圈紧挨密排,绕足 10 圈;然后切断余端,钳平切口毛刺,如图 2-51(c)所示。

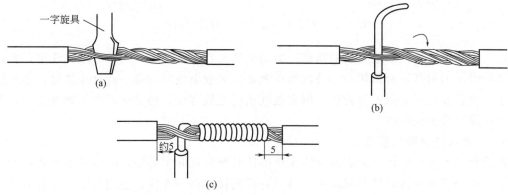

图 2-51 单股芯线与多股芯线的 T 字分支连接示意图

(7) 不等径铜芯电线的对接　把细电线线头在粗电线线头上紧密缠绕 5～6 圈,弯折粗线头端部,使它压在缠绕层上,再把细线头缠绕 3～4 圈,剪去余端,钳平切口。不等径铜芯电线的对接示意图如图 2-52 所示。

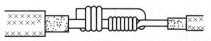

图 2-52 不等径铜芯电线的对接示意图

(8) 多股软线和单股芯线连接　先将软线拧成单股电线,再在单股硬电线上缠绕 7～8 圈,最后将单股硬电线向后弯曲以防止脱落。多股软线和单股芯线连接示意图如图 2-53 所示。

图 2-53 多股软线和单股芯线连接示意图

(9) 双芯或多芯电线电缆的连接　双芯护套线、三芯护套线或电缆、多芯电缆在连接时,应注意尽可能将各芯线的连接点互相错开位置,以更好地防止线间漏电或短路。双芯或多芯电线电缆的连接示意图如图 2-54 所示。

2.4.6.4 电线连接质量通病分析及预防措施

(1) 电线连接的质量通病　剥除绝缘层时损伤线芯;焊接时,焊料不饱满,接头不牢固;多股电线连接设备、器具时未用接线端子,压接头松动。

(2) 引起电线连接的质量通病的原因　用刀刃切割电线绝缘层伤及线芯,电线焊接时,清理表面不彻底,焊接不饱满,表面无光泽,电线和设备、器具压按时,压得不紧,不加弹簧垫。

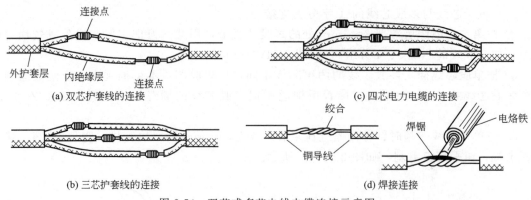

图 2-54 双芯或多芯电线电缆连接示意图

(3) 预防电线连接质量通病的措施　剥切电线塑料绝缘层时，应用专用剥线钳，剥切橡胶绝缘层时，刀刃禁止直角切割，要以斜角剥切；多股电线与设备、器具连接时，必须压接线鼻子，而且压接时必须加弹簧垫，所有电气用的连接螺栓、弹簧垫圈必须镀锌处理，不允许将多股线自身缠圈压接。

2.4.6.5　电线绝缘层的恢复

热缩管的绝缘性能以及耐腐蚀和防水性都比胶布要高几个等级，能适应更加恶劣的工作环境。但热缩管并非任何情况都适用，对于直接连接的两根电线，使用热缩管非常方便，但对于"十字形"和"T形"接头，如果不是采用专用的绝缘器件（市场上有专用的T形、十字形、六角形等多种形状的绝缘夹头，不过成本相对较高），相对而言，用绝缘胶布是最便捷的手段。

所有电线线芯连接好后，均应用绝缘带包缠均匀紧密，以恢复绝缘。常用绝缘材料的绝缘恢复主要性能指标有以下几项：击穿强度；绝缘电阻；耐热性；黏度、固体含量、酸值、干燥时间及胶化时间；根据各种绝缘材料的具体要求，规定了相应的抗张、抗压、抗弯、抗剪、抗撕、抗冲击等各种强度指标。

绝缘包扎带主要用作包缠电线和电缆的接头，常用的有下面两种：黑胶布带；聚氯乙烯带。常用的斜叠绝缘包扎法是在包缠时每圈压叠带宽的半幅，第一层绕完后，再用另一斜叠方向缠绕第二层，使绝缘层的缠绕厚度达到电压等级绝缘要求为止。包缠时要用力拉紧，使之包缠紧密、坚实。

(1) 单股铜芯电线接头的绝缘恢复方法　一字形连接的电线接头绝缘恢复方法如图 2-55 所示，先包缠一层黄蜡带，再包缠一层黑胶布带。将黄蜡带从接头左边绝缘完好的绝缘层上开

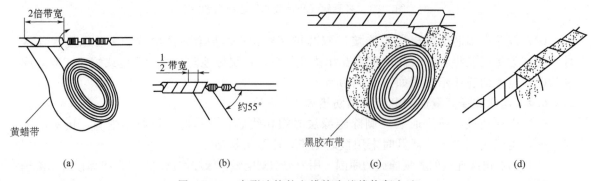

图 2-55　一字形连接的电线接头绝缘恢复方法

始包缠,包缠两圈后进入剥除了绝缘层的芯线部分,如图 2-55(a) 所示。包缠时黄蜡带应与电线成 55°左右倾斜角,每圈压叠带宽的 1/2,如图 2-55(b) 所示,直至包缠到接头右边两圈距离的完好绝缘层处。然后将黑胶布带接在黄蜡带的尾端,按另一斜叠方向从右向左包缠,如图 2-55(c)、(d) 所示,仍每圈压叠带宽的 1/2,直至将黄蜡带完全包缠住。包缠时应用力拉紧胶带,不可稀疏,更不能露出芯线,以确保绝缘质量和用电安全。对于 220V 线路,也可不用黄蜡带,只用黑胶布带或塑料胶带包缠两层。在潮湿场所应使用聚氯乙烯绝缘胶带或涤纶绝缘胶带。

(2) 多股铜芯电线接头的绝缘恢复方法　电线绝缘层被破坏或电线连接以后,必须恢复其绝缘性能,恢复后的绝缘强度不应低于原有绝缘层。首先用橡胶绝缘带从电线接头处始端的完好绝缘层开始,缠绕 1～2 个绝缘带宽度,再以半幅宽度重叠进行缠绕。在包扎过程中应尽可能地收紧绝缘带(一般将橡胶绝缘带拉长 2 倍后再进行缠绕)。而后在绝缘层上缠绕 1～2 圈后进行回缠,最后用胶布包扎,包扎时要搭接好,以半幅宽度边压边进行缠绕。多股铜芯导线接头的绝缘恢复方法如图 2-56 所示。

(3) 电线丁字、十字分支接头的绝缘恢复方法　在恢复电线丁字分支接头的绝缘时,其绝缘胶带的包缠方向如图 2-57 所示,包缠一个"下"字形的来回,使每根电线上都包缠两层绝缘胶带,每根电线都应包缠到完好绝缘层的 2 倍胶带宽度处。

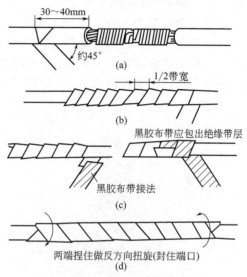

图 2-56　多股铜芯电线接头的绝缘恢复方法

在对电线的十字分支接头进行绝缘处理时,其绝缘胶带的包缠方向如图 2-58 所示,包缠一个"十"字形的来回,使每根电线上都包缠两层绝缘胶带,每根电线也都应包缠到完好绝缘层的 2 倍胶带宽度处。

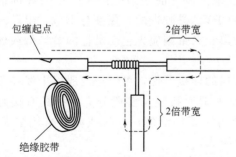

图 2-57　电线丁字分支接头的绝缘恢复方法

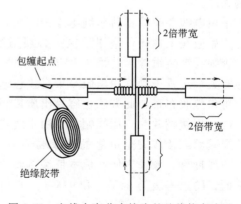

图 2-58　电线十字分支接头的绝缘恢复方法

在恢复电线绝缘时,应注意的事项如下。

① 在 380V 线路上恢复电线绝缘时,必须先包扎 1～2 层黄蜡带,然后再包扎 1 层黑胶

布带。

② 在220V线路上恢复电线绝缘时，先包扎1层黄蜡带，然后再包1层黑胶布带，或者只包2层黑胶布带。

③ 绝缘带包扎时，各层之间应紧密相接，不能稀疏，更不能露出芯线。

④ 存放绝缘带时，不可放在温度很高的地方，也不可被油类侵蚀。

2.4.7 电线并头连接及端接操作技能

2.4.7.1 电线并头连接方法

电线截面面积为 $4mm^2$ 及以下的电线并头连接可采取以下方法。

（1）并头搪锡后包缠绝缘带　同规格并头连接适用范围为截面面积 $4mm^2$ 及以下独芯电线，一根电线缠绕在另一根电线上的圈数不得少于5圈，并且要缠绕紧密牢固，将被缠绕电线的余头折回压在缠绕线上。3根同规格独芯电线并头如图2-59所示。

图2-59　3根同规格独芯电线并头

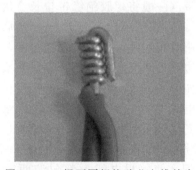

图2-60　2根不同规格独芯电线并头

不同规格独芯电线并头连接适用范围为截面面积 $4mm^2$ 及以下独芯电线，细电线在粗电线上缠绕圈数不得少于5圈，并且要缠绕紧密牢固，将粗电线的余头折回压在缠绕线上，2根不同规格独芯电线并头如图2-60所示。

电线并头完成后应马上搪锡，防止由于铜氧化影响搪锡质量，搪锡应均匀、饱满、有金属锡光泽。

采用电线并头搪锡后包缠绝缘带方法，若操作不当，其质量得不到保证，原因是电线并头完成后应马上搪锡，搪锡后接头必须用绝缘带包缠，包缠前必须把接头部位的焊剂揩干净，否则易产生铜绿。若采用PVC黏胶带，应注意PVC黏胶带的，黏性与季节、出厂时间长短有关。工程中禁止用黑胶布带直接包缠，若用黑胶布带则应先包无黏性的黄蜡带或塑料带，再包黑胶布带，此方法也容易出质量问题。

（2）压接帽并头　压线帽是专用于线缆紧固绞接的连接器件，可以把两股以上线径不同的线缆紧固绞接成安全可靠的绝缘端子头，无论是两股对接还是多股分支，都具有接触良好、绝缘良好、操作方便、成本低廉等特点，因此得到了广泛应用。压线帽是采用尼龙66制成的，防火等级为94V-2和94V-0。它由两部分组成。

① 内套。内套由厚度为 $1.0\sim1.5mm$ 的金属制成，有铜质的、铝质的两种。

② 外套绝缘层。外套绝缘有塑料与PVC两种，有阻燃、非阻燃之分。

采用压接帽制作电线并头时，接头耐压可达到2000V，接触电阻小于 0.0029Ω，能经受 $160\sim200N$ 拉力，在工程中已得到广泛应用。压接帽的规格见表2-12。

表 2-12　压接帽的规格

规格	铜管内径/mm	可压线径
小号	3.0	$1mm^2×4$；$1mm^2×2+2.5mm^2×1$；$1.5mm^2×4$；$2.5mm^2×3$
中号	3.6	$1mm^2×6$；$1.5mm^2×3+1.5mm^2×2$；$1.5mm^2×4$；$2.5mm^2×3$
大号	5.4	$2.5mm^2×5$；$2.5mm^2×3+1.5mm^2×3$；$4mm^2×3$

用压接帽制作并头时应注意如下事项。

① 必须使用经有关部门鉴定合格的压接帽。目前市场上有一些价廉的压接帽，未经有关部门鉴定，外壳不阻燃，且极易压破，抗拉强度差，稍一用力，内管与外壳就分离，这类产品不能在工程中使用。

② 用专用压接钳。由于各制造厂生产压接帽的铜管内径有差异，因此使用哪一厂家生产的压接帽，就应当使用该厂配套的压接钳，严禁用钢丝钳压接。

③ 电线并头时，应按电线规格和根数选用适号的压接帽；逐根剥去电线端头的绝缘层（根据压接帽深度），用钢丝钳把多股裸露电线修剪整齐，不必扭绞，直接插入帽内，使裸线不外露。若电线根数不足以塞满压接帽内孔时，则把电线弯折 180°后塞入，以达到塞满压接帽内孔的目的。

④ 用专用电线压线钳把压线帽放在合适的位置上（根据压线帽的不同样式，可以选择不同的压线口），用力压紧。压线钳有很多种，但功能大同小异，原理也基本一样。压线时应注意以下两点。

a. 线要放到位。线在压线帽内一定要放到位，尽量避免线在压线帽内上、下、左、右晃动，以防止压制完成后线材接触不良。

b. 压线口要合适。压制压线帽时，一定要选择合适的压线口，过大了压不紧；过紧了会压坏线材和压线帽，也会损坏压线钳。

2.4.7.2　电线与接线端子连接操作技能

（1）单股芯线与针孔接线端子连接　单股芯线与针孔接线端子连接时，按要求的长度将线头折成双股并排插入针孔，使压接螺钉顶紧在双股芯线的中间。如果线头较粗，双股芯线插不进针孔，也可将单股芯线直接插入，但芯线在插入针孔前，应朝着针孔上方稍微弯曲，以免压紧螺钉稍有松动线头就脱出，单股芯线与针孔接线端子连接如图 2-61 所示。在单股

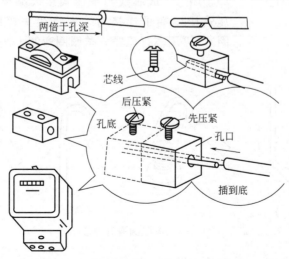

图 2-61　单股芯线与针孔接线端子连接

芯线与针孔接线端子连接时,应注意的事项如下。

① 大小适宜的单芯线,把芯线线头插入针孔并旋紧螺钉即可。

② 较细的单芯线,应把芯线线头折成双根,插入针孔再旋紧螺钉。

③ 对于多芯线,先用钢丝钳将多芯线绞紧挂锡,以保证压接螺钉顶压时不致连接松散。

④ 芯线要插到底,不得使绝缘层插入针孔,针孔外裸线头的长度不得超过3mm。凡是有两个压紧螺钉的,应先拧紧孔口的一个螺钉,再拧紧近孔底的另一个螺钉。

(2) 多股芯线与针孔接线端子连接 在多股芯线与针孔接线端子连接时,先用钢丝钳将多股芯线进一步绞紧,以保证压接螺钉顶压时不致松散。如果针孔过大,则可选一根直径大小相宜的电线作为绑扎线,在已绞紧的线头上紧紧地缠绕一层,使线头大小与针孔匹配后再进行压接。如果线头过大,插不进针孔,则可将线头散开,适量剪去中间几股,然后将线头绞紧即可进行压接,多股芯线端头处理方法如图2-62所示。

(a) 针孔合适的连接　　(b) 针孔过大时线头的处理　　(c) 针孔过小时线头的处理

图2-62　多股芯线端头处理方法

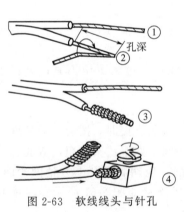

图2-63　软线线头与针孔接线端子连接

(3) 软线线头与针孔接线端子连接

① 把多股芯线做进一步绞紧,全根芯线端头不应有断股芯线露出端头而成为毛刺,如图2-63中①所示。

② 按针孔深度折弯芯线,使之成为双根并列状,如图2-63中②所示。

③ 在芯线根部把余下芯线按顺时针方向缠绕在双根并列的芯线上,排列应紧密整齐,如图2-63中③所示。

④ 缠绕至芯线端头口剪去余端,并钳平,不留毛刺,然后插入接线桩针孔内,拧紧螺钉,如图2-63中④所示。

(4) 单股芯线与平压式接线端子连接 单股芯线与平压式接线端子连接时,先将线头弯成压接圈(俗称羊眼圈),再用螺钉压紧,羊眼圈弯制方法如图2-64所示,羊眼圈的制作步骤如下。

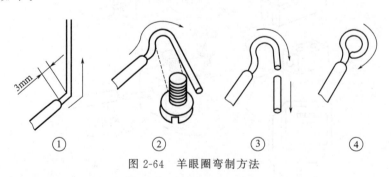

图2-64　羊眼圈弯制方法

① 离绝缘层根部约3mm处向外侧折角。

② 按略大于螺钉直径弯曲圆弧。
③ 剪去芯线余端。
④ 修正圆圈成圆形。

单股芯线与平压式接线端子连接工艺要求：压接圈的弯曲方向应与螺钉拧紧方向一致，连接前应清除压接圈、接线桩和垫圈上的氧化层，再将压接圈压在垫圈下面，用适当的力矩将螺钉拧紧，以保证良好的接触，压接时不得将电线绝缘层压入垫圈内。

单股芯线与平压式接线端子连接的 8 种不规范压接如图 2-65 所示，图 2-65(a) 所示为压接圈不完整，接触面积太小；图 2-65(b) 所示为线头根部太长，易与相邻电线碰触造成短路；图 2-65(c) 所示为电线余头太长，压不紧，容易造成接触面积小；图 2-65(d) 所示为压接圈径太小，装不进螺钉；图 2-65(e) 所示为压接圈不圆，压不紧，容易造成接触不良；图 2-65(f) 所示为余头太长，容易发生短路或触电事故；图 2-65(g) 所示只有半个圆圈，压不住；图 2-65(h) 所示为软线线头未拧紧、未挂锡，有毛刺，容易造成短路。

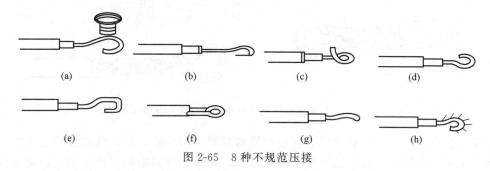

图 2-65　8 种不规范压接

(5) 线头与瓦形接线桩的连接
① 清除线头的氧化层和污物。
② 将线头弯成 U 形。
③ 一个线头的连接如图 2-66(a) 所示。
④ 两个线头的连接如图 2-66(b) 所示。

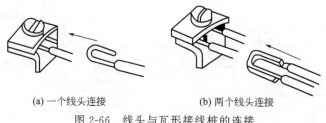

(a) 一个线头连接　　　(b) 两个线头连接
图 2-66　线头与瓦形接线桩的连接

(6) 多股芯线与平压式接线端子连接
① 先弯制压接圈，把离绝缘层根部约 1/2 处的芯线重新绞紧，越紧越好，如图 2-67(a) 所示。
② 将绞紧部分的芯线离绝缘层根部 1/3 处向左外折角，然后弯曲圆弧，如图 2-67(b) 所示。
③ 当圆弧弯曲将成圆圈（剩下 1/4）时，应将余下的芯线向右外折角，然后使其成圆形，捏平余下线端，使两端芯线平行，如图 2-67(c) 所示。
④ 把散开的芯线按 2、2、3 根分成三组，将第一组 2 根芯线扳起，垂直于芯线（要留

出垫圈边宽），如图 2-67(d) 所示。

⑤ 按 7 股芯线直线对接的自缠法加工，如图 2-67(e) 所示。

⑥ 成形，如图 2-67(f) 所示。

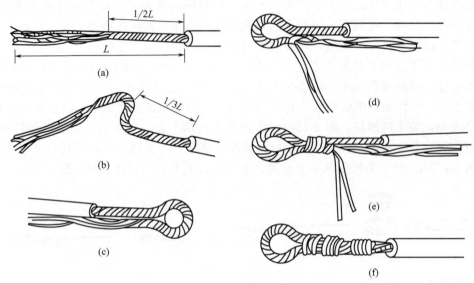

图 2-67　多股芯线与平压式接线端子连接的压接圈制作方法

连接工艺要求：压接圈的弯曲方向应与螺钉拧紧方向一致，连接前应清除压接圈、接线桩和垫圈上的氧化层，再将压接圈压在垫圈下面，用适当的力矩将螺丝拧紧，以保证良好的接触，压接时不得将电线绝缘层压入垫圈内。

2.4.7.3　不同材质线头与接线柱的连接

铜线和铝线直接连接，在有潮气侵入时，易产生电化学腐蚀，会引起接头发热或烧断，为了防止这种故障的发生，常采用一种铜铝过渡接头，也称接线耳。铜接线耳如图 2-68(a) 所示，铜铝过渡接线耳如图 2-68(b) 所示，大载流量接线耳如图 2-68(c) 所示。

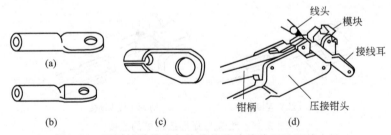

图 2-68　不同材质线头与接线柱的连接线耳及压接方法

（1）铝线与铜接线桩的连接　将铝线和接线耳铝端内孔清理干净，涂中性凡士林或导电胶，再将铝线插入接线耳铝端，用压接钳压接，如图 2-68(d) 所示，接线耳的铜端再与设备的接线桩连接。

（2）铜线与铜接线桩的连接　将多股芯线镀锡后插入铜接线耳尾端，用压接钳压接，如图 2-68(d) 所示，接线耳的另一端再与设备的接线桩连接。

2.4.7.4　电线封端

电线的封端是指将截面面积大于 $10mm^2$ 的单股铜芯线、截面面积大于 $2.5mm^2$ 的多股铜芯线和单股芯线的线头，进行焊接或压接接线端子的接线过程。铜电线的封端方法及步骤如下。

(1) 锡焊法步骤

① 除去线头表面、接线端子孔内的污物和氧化物。

② 分别在焊接面上涂上无酸焊剂，线头搪上锡。

③ 将适量焊锡放入接线端子孔内，并用喷灯对其加热至熔化。

④ 将搪锡线头插入端子孔内，至熔化的焊锡灌满线头与接线端子孔内壁所有间隙。

⑤ 停止加热，使焊锡冷却，线头与接线端子牢固连接。

(2) 压接法步骤

① 除去线头表面、压接管内的污物和氧化物。

② 将2根线头相对插入，并穿出压接管（伸出26～30mm）。

③ 用压接钳进行压接。

2.4.8 设备安装及安全设施施工

2.4.8.1 充电桩安装工程设备安装

配电箱安装工艺流程如图2-69所示。

(1) 设备开箱检查

① 外包装及密封良好。

② 开箱检查型号、规格、数量符合设计要求，设备无损伤，附件、备件齐全。

图2-69 配电箱安装工艺流程

③ 产品技术文件、产品合格证、说明书、出厂试验报告齐全。

④ 设备外观无损伤及变形，油漆完整无损，内部电器装置及元件、绝缘瓷件齐全，无损伤、裂纹等缺陷。

⑤ 充电桩柜体应有一定的机械强度，周边平整无损伤，柜门开启自由。充电桩内的各种电气开关应安装牢固，电线排列整齐，电线压接牢固，并有生产许可合格证。

(2) 设备搬运

① 清理道路，排除障碍物，保证道路平整畅通。

② 吊装时应使用设备的自设吊耳，无吊耳时应吊挂四角主要承力处，以防柜体变形或损坏部件。

③ 运输时应保持充电桩水平，禁止倾斜或倒放。

(3) 充电桩安装

① 壁挂式安装方法。

a. 充电桩定位。根据设计施工图要求找出充电桩的位置，按充电桩的外形尺寸进行测量放线定位。

b. 于充电桩安装的墙壁上钻孔，用于安装膨胀螺钉（膨胀螺钉规格为M6×50）。

c. 将上下两个安装支架通过膨胀螺钉固定在墙壁上（下支架需提前安装好挂钩）。

d. 将交流充电桩装入挂架。

e. 将防盗压板压在交流充电桩顶部，并用M6的防盗梅花螺钉固定在上安装支架上。

② 落地式/立式安装方法。

a. 充电桩定位。根据设计施工图要求找出充电桩的位置，按充电桩的外形尺寸进行测量放线定位，并按已确定位置校核预埋件的标高、中心线。

b. 充电桩设备基础要求。采用不小于 C20 强度混凝土一次浇筑成型，要求基础各个面平整、无麻面，暗埋 $\phi 25$ PVC 泄水管，坡度为 2‰，内侧管口加设防鼠网，预埋接地件和预留进出线孔，进出线孔居中，基础边采用放水坡斜边密封。要求基础的每一个面平整、无麻面。

c. 充电桩底部应固定安装在高于地面不小于 200mm 的基座上，将充电桩移到水泥基座上，把电源线组由充电桩底部预留孔穿出拉至电源端子处，采用不小于 M12 螺栓固定充电桩，充电桩安装的垂直度允许偏差为 1.5‰，水平方向上且平整。

d. 线缆与充电桩内的开关接线正确、牢固可靠，充电桩内二次接线正确、牢固可靠，电线与端子排连接牢固可靠，标志清晰、齐全。

e. 充电桩内配线整齐，无绞接现象。电线连接紧密，不伤芯线，不断股。垫圈下螺钉两侧压的电线截面面积相同，同一端子上电线连接不多于 2 根，防松垫圈等零件齐全。

f. 充电桩内开关动作灵活可靠，漏电保护装置应装在供电电缆进线侧，漏电保护装置动作电流不大于 30mA，动作时间不大于 0.1s。

2.4.8.2 充电桩安装工程安全设施施工

（1）接地装置　接地装置的接地极采用 50mm×50mm×2500mm×5mm 镀锌角钢，水平接地体采用 63mm×5mm 镀锌扁钢，水平接地体埋深为 1m，接地装置设置在电源引入处，接地电阻采用地阻表进行测试。接地电阻测试应在晴天进行，如是阴天或土壤较潮湿，应将测试表上的实读值乘以 1.3 的系数。测试时将被测试点除锈以确保被测试点接触良好，地阻表的接地极钎子打在与接地网垂直方向。测试接地电阻不大于 1Ω 为合格。如实际接地电阻不满足要求，必须增加接地极。接地线安装应符合下列要求。

① 圆钢接地线与接地体连接的焊接长度为圆钢直径的 6 倍，并采用双面焊。

② 扁钢接地线与接地体连接的焊接长度为扁钢宽度的 2 倍，并对扁钢进行围焊，即三个棱边进行焊接。扁钢与支持件（扁钢）的焊接，扁钢宜高出支持件约 5mm，这样焊接后上端可以平整。

③ 圆钢与扁钢连接时，焊接长度为圆钢直径的 6 倍，并采用双面焊。

④ 扁钢与钢管或角钢焊接时，紧贴角钢外侧两面，或紧贴 3/4 钢管表面，上下两侧进行施焊。

⑤ 焊接处焊缝平整，不应有夹渣、咬边、焊瘤等。焊接后及时清除焊渣，并在焊接处刷防锈漆一遍。

（2）等电位连接　等电位连接线应有黄绿相间的色标，在等电位连接端子板上应刷黄色底漆并标以黑色记号，其符号为"▽"。等电位连接的螺栓、垫圈、螺母等应进行过热镀锌处理，螺栓连接时，应紧固有防松（弹簧垫）措施。

等电位连接安装完毕应进行导通性测试，测试用电源可采空载电压为 4~24V 的直流或交流电源，测试电流不应小于 0.2A，当测得的等电位连接端子板与等电位连接范围内的金属管道等金属体末端之间的电阻不超过 3Ω 时，可认为等电位连接是有效的，如不合格应作跨接线，使用后还应定期做测试。

等电位连接干线应从与接地装置有不少于 2 处直接连接的接地干线或总等电位箱引出，等电位连接干线或局部等电位箱间的连接线形成环形网路，环形网路就近与等电位连接干线或局部等电位箱连接。支线间不串联连接。

等电位连接线和等电位连接端子板采用铜质材料，等电位连接端子板截面不得小于所接等电位连接线截面。常规端子板的规格为 260mm×100mm×4mm 或 260mm×25mm×4mm。等电位连接板采用螺栓连接，便于拆卸定期检查。等电位连接符合下列要求。

① 扁钢的搭接长度不小于其宽度的 2 倍，三面焊接（当扁钢宽度不同时，搭接长度以宽的为准）。

② 圆钢的搭接长度不小于其直径的 6 倍，双面焊接（当直径不同时，搭接长度以直径大的为准）。

③ 扁钢与圆钢连接时，其搭接长度不小于圆钢直径的 6 倍。

第3章 电动汽车充电桩测试与系统调试

3.1 电动汽车充电桩测试

3.1.1 电动汽车充电桩测试标准及测试方案

3.1.1.1 电动汽车充电桩测试标准

目前,充电桩的相关标准主要分为三种,即国家标准、能源局标准、国家电网标准。

(1) 国家标准 国家标准主要分为三个方面,即通用要求、交流与直流、充电桩与BMS通信,具体如下。

GB/T 18487.1　电动车辆传导充电系统　一般要求

GB/T 18487.2　电动车辆传导充电系统　电动车辆与交流/直流电源的连接要求

GB/T 18487.3　电动车辆传导充电系统　电动车辆交流/直流充电机(站)

GB/T 20234　电动汽车传导充电用插头、插座、车辆耦合器和车辆插孔通用要求

GB/T 20234.1　电动汽车传导充电连接装置　第1部分:通用要求

GB/T 20234.2　电动汽车传导充电连接装置　第2部分:交流充电接口

GB/T 20234.3　电动汽车传导充电连接装置　第3部分:直流充电接口

GB/T 29781　电动汽车充电站通用要求

GB/T 27930　电动汽车非车载传导式充电机与电池管理系统之间的通信协议

其中2011年标准是基于2006年的充电桩标准GB/T 20234—2006,完善接口说明,统一直流充电协议,是目前在使用的充电桩和电动汽车标准。

2015年国家标准同2011标准一样,也从以下三个方面,即通用要求、交流与直流、充电桩与BMS通信来规定。但是,2015年标准修正和补充了2011年标准中的不足,其主要是为了解决了车与桩兼容性问题,以及解决使用中的安全问题。保证充电流程都是"唯一"的,让每个充电桩与电动汽车都可以安全可靠地充电。

(2) 能源局标准　能源局标准也称为行业标准,具体如下。

NB/T 33001　电动汽车非车载传导式充电桩技术条件

NB/T 33002　电动汽车交流充电桩技术条件

NB/T 33008.1—2013　电动汽车充电设备检验测试规范　第1部分:非车载充电桩

NB/T 33008.2—2013　电动汽车充电设备检验测试规范　第2部分:交流充电桩

能源局标准主要规定了交/直流充电桩的充电功能、通信方式、安全防护、电磁兼容等检测方法与检测要求,是目前市面上投入运营的充电桩必须过检的权威标准。

(3) 国家电网标准　国家电网标准,也称为企业标准,主要有以下两个。

QGDW 1591—2014　电动汽车非车载充电桩检验技术规范

QGDW 1592—2014　电动汽车交流充电桩检验技术规范

标准内容与行业标准较相似，但测试要求更严格，尤其在直流桩 CAN 通信兼容性上增加了物理层与链路层测试项目，保证国家电网充电桩的 CAN 通信的鲁棒性，是国家电网充电桩招标时的验收标准。

3.1.1.2　电动汽车充电桩测试系统构成及系统方案特点

（1）直流充电桩测试系统构成　直流充电桩测试系统构成如图 3-1 所示。

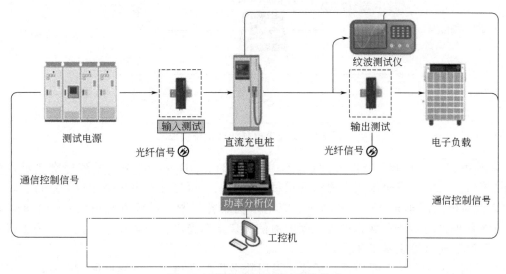

图 3-1　直流充电桩测试系统构成

① 可编程测试电源用于模拟电网扰动工况，用来测试充电桩在不同电压工况下的工作状态。

② 输入/输出测量模块完成充电桩输入/输出电参量采集，功率分析仪用来精确测量充电桩的电压、电流、频率、功率等各项参数。

③ 纹波测试仪用于纹波测试。

④ 配置了温度测试模块，可完成温度监控测试。

⑤ 可编程直流电子负载模拟不同充电负载，吸收充电桩输出的直流电能。

⑥ 充电枪头转接控制设备可直接连接充电桩枪头，分别将充电线路及通信线路接入相关设备。

⑦ 工控机可通过通信控制信号线路与充电桩实时通信，模拟各种通信信号，测试充电桩相关响应动作，完成通信测试。

⑧ 工控机通过配套测控软件控制测试电源、分析仪、直流电子负载、示波器、充电枪头转接控制设备等，并分析测试参数，生成测试报告，配置打印机可直接打印测试报告。检测平台中配置开关柜，可满足被试充电桩输入/输出的远程投切，保证操作人员的安全。

（2）交流充电桩测试系统构成　交流充电桩测试系统构成如图 3-2 所示，与直流充电桩测试系统类似，主要差别在于交流充电桩输出为交流电量，因此输出端改为交流电子负载。同时，交流充电桩无纹波测试项目，无需配置示波器。

（3）电动汽车充电桩测试系统方案特点　上述电动汽车直流充电桩和交流充电桩测试系统方案具有如下特点。

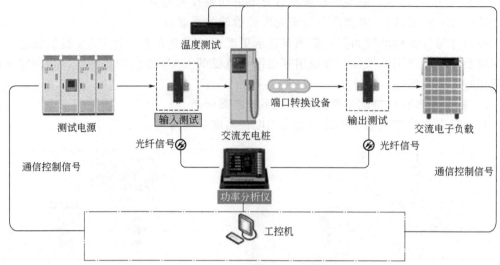

图 3-2 交流充电桩测试系统构成

① 满足 GB/T 18487、QC/T 842、GB/T 20234、NB/T 33008 一系列标准要求，可对充电桩接口、功能、安全规范、通信等项目进行测试，可保证充电桩高效可靠运行。

② 针对电动汽车充电桩与电动汽车充电系统兼容问题，系统方案根据 QC/T 842 电动汽车电池管理系统与非车载充电桩之间的通信协议，对充电桩与电动汽车充电系统进行完整模拟，可保证充电桩正常工作。

③ 采用 Any Way 系列功率分析仪，采用数字化功率单元，可靠近被测设备，采用数字光纤信号传输，具备良好的电磁兼容性，保证测试系统精度。

④ 分布式温度测试子站具备 8 个 PT100 信号输入通道，可有效满足充电桩温升测试要求。

⑤ 配置纹波测试设备满足标准纹波系数测试要求。

⑥ 配置相关安全规范测试设备，可满足绝缘、耐压等测试要求，自动或手动输入测试结果，系统软件直接输出测试报告。

⑦ 具备录波仪功能，开放原始数据端口，可采集测试波形数据，用于在线或离线分析。

⑧ 整套系统可配置直流电子负载、交流电子负载，可兼容交流充电桩及直流充电桩测试需求。

3.1.2 直流/交流充电桩测试项目

3.1.2.1 直流充电桩测试项目

根据 GB/T 20324、GB/T 18487、NB/T 33008 等系列标准规定，直流充电桩测试主要包括以下实验项目。

(1) 一般检查（目测） 主要检查充电桩外壳有无凹凸、划伤等缺陷；结构件是否牢固，有无毛刺、锈迹、裂纹等；所有铭牌标示是否正确安装、内容是否正确、字迹是否清晰。

(2) 输出电压误差测试 充电桩连接负载，设定在恒压状态运行，输入额定电压，设置输出电压在输出电压范围内，调整负载输出电流为 50% 额定电流，分别测量充电桩输出电压 U_Z。输出电压误差不应超过 ±0.5%。测得的输出电压误差按下列公式计算。

$$\Delta U = \frac{U_Z - U_{Z_0}}{U_{Z_0}} \times 100\% \tag{3-1}$$

式中　ΔU——输出电压误差；

　　　U_Z——交流输入电压为额定值且负载电流为50%的额定输出电流时，输出电压的测量值；

　　　U_{Z_0}——设定的输出电压整定值。

（3）输出电流误差测试　充电桩连接负载，设置在恒流状态下运行，输入电压设定为额定值，设定输出电流在20%～100%额定输出电流范围内，调整输出电压在上、下限范围内的中间值，分别测量充电桩的输出电流I_Z。在充电桩设定的输出电流整定值≥30A时，输出电流误差不应超过±1%；在充电桩设定的输出电流整定值<30A，输出电流误差不应超过±0.3A。测得输出电流误差按下列公式计算。

$$\Delta I = \frac{I_Z - I_{Z_0}}{I_{Z_0}} \times 100\% \tag{3-2}$$

式中　ΔI——输出电流误差；

　　　I_Z——交流输入电压为额定值且输出电压在上、下限范围内的中间值时，输出电流的测量值；

　　　I_{Z_0}——设定的输出电流整定值。

（4）稳压精度测试　充电桩连接负载，并设置在恒压状态下运行，设定输出电压整定值，调整输入电压分别在85%、100%、115%额定值时，调整负载电流为0～100%额定输出电流值，分别测量充电桩的输出电压，找出上述变化范围内充电桩输出电压的极限值U_M。在上、下限范围内改变输出电压整定值，多次测量。稳压精度不应超过±0.5%。测得稳压精度按下式计算。

$$\Delta \sigma_u = \frac{U_M - U_Z}{U_Z} \times 100\% \tag{3-3}$$

式中　$\Delta \sigma_u$——稳压精度；

　　　U_Z——交流输入电压为额定值且负载电流为50%的额定输出电流，输出电压的测量值；

　　　U_M——输出电压的极限值。

（5）稳流精度测试　充电桩连接负载，设置在恒流状态运行，设定输出电流整定值，调整输入电压分别在85%、100%、115%额定值时，调整输出电压在上、下限范围内，分别测量充电桩输出电流值，找出上述变化范围内充电电流极限值I_M。在20%～100%额定输出电流值范围内改变输出电流的整定值，多次测试。稳流精度不应超过±1%。测得的稳流精度按下列公式计算。

$$\Delta \sigma_I = \frac{I_M - I_Z}{I_Z} \times 100\% \tag{3-4}$$

式中　$\Delta \sigma_I$——稳流精度；

　　　I_Z——交流输入电压为额定值且输出电压在上、下限范围内的中间值，输出电流的测量值；

　　　I_M——输出电流的极限值。

（6）纹波系数测试　充电桩连接电阻负载，设置在恒压状态下运行，设定输出电压整定值,调整输入电压分别为85%、100%、115%额定值时,调整负载电流为0~100%额定输出电流值,分别测量直流输出电压、输出电压的交流分量峰-峰值和有效值。在上、下限范围内改变输出电压整定值,重复上述测量。纹波系数测试用示波器要求:带宽20MHz,水平扫描速度0.5s/DIV。纹波峰值系数不应超过1%,输出纹波有效值系数不应超过0.5%。纹波系数、纹波峰值系数按下列公式计算。

$$X_{rms} = \frac{U_{rms}}{U_{DC}} \times 100\% \tag{3-5}$$

$$X_{PP} = \frac{U_{PP}}{U_{DC}} \times 100\% \tag{3-6}$$

式中　X_{rms}——纹波有效值系数;

　　　X_{PP}——纹波峰值系数;

　　　U_{rms}——输出电压交流分量有效值;

　　　U_{PP}——输出电压交流分量峰-峰值;

　　　U_{DC}——直流输出电压平均值。

(7) 效率测试　充电桩连接负载,设置在恒压输出状态下运行,输入额定电压,设定输出电压整定值为上限值,调整负载电流为50%~100%额定输出电流值,测量充电桩的输入有功功率和输出功率;调整充电桩在恒流状态下运行,输入额定电压,设定输出电流整定值为额定值,在上、下限范围内改变输出电压整定值,再次测量充电桩的输入有功功率和输出功率。当充电桩输出功率为额定功率的50%~100%时,效率不应小于90%。充电效率按下列公式计算。

$$\eta = \frac{P_Z}{P_j} \times 100\% \tag{3-7}$$

式中　η——效率;

　　　P_Z——直流输出功率;

　　　P_j——交流输入有功功率。

(8) 功率因数测试　充电桩连接负载,设置在输出状态下运行,输入额定电压,设定输出电压整定值为上限值,调整负载电流为50%~100%额定电流输出值,测量充电桩的输入功率因数;调整充电桩在恒流状态下运行,输入额定电压,设定输出电流整定值为额定值,在上、下限范围内改变输出直流电压整定值,再次测量充电桩的输入功率因数。当充电桩输出功率大于额定功率的50%时,功率因数不应小于0.9,当充电桩输出额定功率时,功率因数应满足GB/T 29316—2012中表2的要求。

(9) 限压特性测试　充电桩连接负载,设置在恒流输出状态下运行,调整负载使输出电压增加,当输出电压超过整定值时,充电桩应能自动降低输出电流值,从而限制输出直流电压的增加;当输出电压回调到整定值以下时,充电桩恢复恒流状态运行。

(10) 限流特性测试　充电桩连接负载,设置在恒压输出状态下运行,调整负载使输出电流增加,当输出电流超过整定值时,充电桩应能自动降低输出电压值,从而限制输出直流电流的增加;当输出电流回调到整定值以下时,充电桩恢复恒压状态运行。

(11) 显示功能测试　充电桩连接上位机管理系统,进行启停操作,在各种状态下,检查充电桩的显示功能。充电桩能显示相关信息,显示字符清晰、完整,没有缺损。

(12) 输入功能测试　手动设置充电桩充电参数,检查充电桩是否正确响应。

(13) 通信功能测试　充电桩在充电过程中,应能随时响应上级监控系统数据召唤和远程控制，上级监控系统能即时获得充电桩的充电参数和充电实时数据。

（14）协议一致性测试　通过模拟充电桩与电池管理系统的协议一致性测试，充电桩通信协议应满足 NB/T 33003 规定的要求。

（15）输入过压保护测试　充电桩连接负载，设置在额定负载状态下运行。调整输入电源电压超过输入过压保护动作值时，充电桩输入过压保护应启动，立即切断直流输出并发出告警提示，输入过压保护动作值不应低于 115% 额定输入电压。

（16）输入欠压保护测试　充电桩连接负载，设置在额定负载状态下运行。调整输入电源电压低于输入欠压保护动作值时，充电桩输入欠压保护应启动，立即发出告警提示，输入欠压保护动作值不应高于 85% 额定输入电压。

（17）输出过压保护测试　整定输出过压保护动作值，模拟充电桩输出过压故障，充电桩应立即切断直流输出并发出告警提示。

（18）输出短路保护测试　充电桩连接负载，设置在额定负载状态下运行。短接充电桩的直流输出端，充电桩应自动进入恒流输出状态或切断直流输出，并发出告警提示。

（19）绝缘接地保护测试　整定绝缘接地保护定值，模拟充电桩直流输出发生接地故障或绝缘水平下降到绝缘接地保护定值，充电桩应能立即切断直流输出，并发出告警提示。

（20）冲击电流测试　充电桩连接额定负载，启动充电桩输出，用示波器或数据记录仪检测充电桩输入峰值电流，充电桩峰值电流不应超过额定输入电流的 110%。

（21）软启动测试　充电桩连接额定负载，启动充电桩用示波器或数据记录仪检测输出电压变化曲线，输出电压从开始上升至额定稳定时的变化时间应为 3~8s。

（22）电池反接测试　模拟动力蓄电池与充电桩输出正、负反置，启动充电桩后充电桩应闭锁直流输出并发出报警提示。

（23）连接异常测试　充电桩连接负载，将充电连接装置中的连接确认触头或通信触头断开，进行充电操作，充电桩应闭锁直流输出。充电桩设置在额定负载下运行，将充电连接装置中的连接确认触头或通信触头断开，充电桩应立即切断直流输出并发出报警提示。

（24）急停功能测试　充电桩设置在额定负载状态下运行，按急停按钮，充电桩应立即切断直流输出。

（25）控制导引测试　采用 GB/T 20234.3—2011 中附录 A 控制导引电路的充电桩，按照标准或客户要求进行控制导引测试。

（26）噪声测试（需要噪声测试仪）　充电桩设置在额定负载状态下稳定运行，在背景噪声不大于 40dB 的条件下，距充电桩前、后、左、右水平位置 1m 处，距地面高度 1~1.5m 处测量噪声，测得的噪声最大值不应大于 65dB。

（27）温升测试　充电桩设置在额定负载状态下稳定运行，输入额定电压，安装各测点被测元件，使各发热元件的温度逐渐升至热稳定，热稳定的定义参见 GB/T 2421.1—2008 中 4.8 的规定，充电桩内部各部件极限温升见表 3-1。

表 3-1　充电桩内部各部件极限温升

部件或器件	极限温升/K
功率器件	70
变压器、电抗器线圈（B 级绝缘）	80
与半导体器件连接处	55
与半导体器件连接处的塑料绝缘线	25

续表

部件或器件		极限温升/K
母线连接处	铜-铜	50
	铜搪锡-铜搪锡	60
可接触的外壳和覆盖	金属表面	30
	绝缘表面	40

(28) 电击防护测试（需配置接地电阻测试仪） 采用直流电桥、接地电阻测试仪或数字式低阻测试仪测量，充电桩内任意应该接地的点至总接地之间的电阻不应大于 0.1Ω，测量点不应少于 3 个，如果测量点涂覆防腐漆，需将防腐漆刮去，露出非绝缘材料后再进行测试，接地端应有明显标志。

(29) 电气间隙和爬电距离（手工测量） 用钢尺或其他测量工具测量充电桩规定部位的最小间隙应满足表 3-2 中规定的电气间隙和爬电距离限值要求。

表 3-2　电气间隙和爬电距离限值

额定绝缘电压 U_1/V	电气间隙/mm	爬电距离/mm
$U_1 \leqslant 60$	3.0	3.0
$60 < U_1 \leqslant 300$	5.0	6.0
$300 < U_1 \leqslant 700$	8.0	10.0

注：1. 当主电路与控制电路或辅助电路的额定绝缘电压不一致时，电气间距和爬电距离可分别按其额定值选取。
2. 具有不同额定值主电路或控制电路导电部分之间的电气间隙与爬电距离，应按最高额定绝缘电压选取。
3. 小母线、汇流排或不同级的裸露的带电导体之间，以及裸露的带电导体与未绝缘的不带电导体之间的电气间隙不小于 12mm，爬电距离不小于 20mm。

(30) 绝缘电阻测试（需配置绝缘电阻测试设备） 充电桩非电气连接的各带电回路之间、各独立带电回路与地（金属外壳）之间按表 3-3 规定施加直流电压，绝缘电阻不小于 $10M\Omega$。

表 3-3　绝缘测试电压等级

额定绝缘电压 U_1/V	绝缘电阻测试仪器的电压等级/V	介电强调测试电压/kV	冲击耐压测试电压/kV
$U_1 \leqslant 60$	250	1.0(1.4)	1.0
$60 < U_1 \leqslant 300$	500	2.0(2.8)	5.0
$300 < U_1 \leqslant 700$	1000	2.5(3.5)	12.0

注：1. 括号内数据为直流介电强度测试值。
2. 出厂测试时，介电强度测试允许电压高于表中规定值的 10%，测试时间 1s。

(31) 介电强度测试（需配置介电强度测试设备） 充电桩非电气连接的各带电回路之间，各独立带电回路与地（金属外壳）之间按表 3-3 规定施加 1min 工频交流电压（也可采用直流电压，测试电压为交流电压有效值的 1.4 倍），测试时，充电桩泄漏电流值不应大于 10mA，测试部位不应出现绝缘击穿或闪络现象。

(32) 冲击耐压测试（需配置冲击耐压测试设备） 在充电桩非电气连接的各带电回路之间、各独立带电回路与地（金属外壳）之间按表 3-3 规定施加 3 次正极性和 3 次负极性标准雷电波的短时冲击电压，每次间隙不小于 5s，脉冲波形 $1.2/50\mu s$，电源阻抗 500Ω。测试时其他回路和外露的导电部分接地，测试过程中，测试部位不应出现击穿放电，允许出现不导致损坏绝缘的闪络，如果出现闪络，则应复查介电强度，介电强度测试电压为规定值的75％。

(33) 均流不平衡度测试（并联模块运行充电桩测试项目） 采用模块并联运行的充电桩应进行均流不平衡测试，充电桩设置在恒压状态下运行，输入额定电压，设定输出电压整定值，调整负载电流为50％～100％额定电流输出值，分别测量各模块输出电流。在上、下限范围内改变输出直流电压整定值，重复上述测量。断开充电桩任一个模块电源后，再次重复上述测量。均流不平衡测试需要不少于4台的并联运行模块，均流不平衡度不应超过±5％。均流不平衡度按照下列公式计算。

$$\beta = \frac{I - I_P}{I_N} \times 100\% \tag{3-8}$$

式中 β——均流不平衡度；
I——实测模块输出电流的极限值；
I_P——N个工作模块输出电流的平均值；
I_N——模块额定电流值。

3.1.2.2 交流充电桩实验项目

根据GB/T 20324、GB/T 18487、NB/T 33008等系列标准规定，交流充电桩测试主要包括一般检查、带载分合电路测试、连接异常测试等实验项目。

(1) 一般检查（目测） 主要检查充电桩外壳有无凹凸、划伤等缺陷；结构件是否牢固，有无毛刺、锈迹、裂纹等；所有铭牌标示是否正确安装、内容是否正确、字迹是否清晰。

(2) 带载分合电路测试 充电桩连接负载后，对充电桩进行启停操作，检查带载分合电路时充电桩工作是否正常，不应出现损坏、死机、复位的现象。

(3) 连接异常测试 充电桩在充电运行状态下，将充电连接装置连接确认触头断开，进行充电操作，充电桩应不能启动充电；充电桩在额定负载下进行充电，将充电连接装置连接确认触头断开，交流充电桩应立即切断输出电源，并发出警告。

(4) 显示功能测试 充电桩连接上位机管理系统，进行启停操作，在各种状态下，检查充电桩的显示功能。充电桩能显示相关信息，显示字符清晰、完整，没有缺损。

(5) 输入功能测试 手动设置充电桩充电参数，检查充电桩应能正确响应。

(6) 通信功能测试 模拟充电系统构成，在上位机软件的控制下，充电桩应能实现远方操作和充电控制等功能。

(7) 控制导引测试 采用GB/T 20234.2—2011中附录A控制导引电路的充电桩，按照标准要求或用户要求进行控制导引测试。

(8) 过流保护功能测试 充电桩在充电运行状态下，人为模拟充电桩输出过流故障，充电桩立即切断输出电源。

(9) 剩余电流保护功能测试 充电桩在充电运行状态下，使用要求的限流电阻在充电回路中将相线与外壳短接，充电桩应立即切断输入电源。

(10) 急停功能测试 充电桩在充电运行状态下，按急停按钮，充电桩应立即切断输出电源并发出警告提示。

(11) 计量数据一致性测试 采用负载法进行计量数据一致性测试，检查充电桩从电能表采集的数据与对应显示的内容是否一致。

(12) 电击防护测试（需配置接地电阻测试仪） 采用直流电桥、接地电阻测试仪或数字式低阻测试仪测量，充电桩非绝缘材料外壳任意接地点至总接地之间的电阻不应大于0.1Ω，测量点不应少于 3 个,如果测量点涂覆防腐漆,需将防腐漆刮去,露出非绝缘材料后再进行测试,接地端应有明显标志。

(13) 绝缘电阻测试(需配置绝缘电阻测试仪) 充电桩非电气连接的各带电回路之间、各独立带电回路与地(金属外壳)之间按表 3-4 规定施加直流电压,绝缘电阻不小于 10MΩ。

表 3-4 绝缘测试的测试等级

额定绝缘电压 U_1/V	绝缘电阻测试仪器的电压等级/V	介电强度/kV	冲击电压/kV
$U_1 \leq 60$	250	1.0	1.0
$60 < U_1 \leq 300$	500	2.0	5.0

(14) 介电强度测试(需配置介电强度测试设备) 充电桩非电气连接的各带电回路之间、各独立带电回路与地(金属外壳)之间按表 3-4 规定施加 1min 工频交流电压。测试时,充电桩泄漏电流值不应大于 10mA,测试部位不应出现绝缘击穿或闪络现象。

(15) 冲击耐压测试(需配置冲击耐压测试设备) 在充电桩非电气连接的各带电回路之间、各独立带电回路与地(金属外壳)之间按表 3-4 规定施加 3 次正极性和 3 次负极性标准雷电波的短时冲击电压,每次间隙不小于 5s,脉冲波形 1.2/50μs,电源阻抗 500Ω。测试时其他回路和外露的导电部分接地,测试过程中,测试部位不应出现击穿放电,允许出现不导致损坏绝缘的闪络,如果出现闪络,则应复查介电强度,介电强度测试电压为规定值的 75%。

(16) 漏电流测试 按照 GB 18487.3—2001 中 10.2 的规定进行漏电流测试。

3.2 充电桩技术指标测试方法

3.2.1 充电桩电气技术指标测试方法

3.2.1.1 功率因数及各次谐波分量测试

(1) 指标定义 功率因数的定义是用电设备的有功功率与视在功率的比值,即 PF=有功功率/视在功率,表示用电设备(供电设备、配电设备等,均看作广义用电设备)的用电效率,早期称功率因数为"力率",更接近其定义。

(2) 谐波定义 谐波从严格的意义来讲是指电流中所含有的频率为基波的整数倍的电量,一般是指对周期性的非正弦电量进行傅里叶级数分解,高于基波频率的电流产生的电量。从广义上讲,由于交流电网有效分量为工频单一频率,因此任何与工频频率不同的成分都可以称为谐波,这时"谐波"这个词的意义已经变得与原意有些不符。正是因为有了广义谐波的概念,才有了"分数谐波""间谐波""次谐波"等说法。

(3) 使用仪器设备 交流电源;电子负载;电量测量仪。

(4) 测试条件 测试条件见表 3-5。

表 3-5 测试条件

环境温度/℃	AC 输入电压/V	输入频率/Hz	负载
25	单相 220±22	47~63	最大负载
	三相四线 380±57		

(5) 测试方框图　测试方框图如图 3-3 所示。

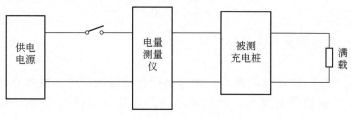

图 3-3　测试方框图

(6) 测试方法　按测试方框图接线正确后，开启测试设备和被测试的充电桩，依据测试条件的输入电压、频率和输出负载，记录输入功率值及各输出电压、电流值。在充电桩输入电压为正弦波时，输入电流为

$$I^2 = I_1^2 + I_3^2 + \cdots + I_n^2 \tag{3-9}$$

式中　I——输入电流；
　　　I_1——50Hz 基波；
　　　I_3——三次谐波。

如果 I_1 与输入电压相位差为 φ，则有功功率为

$$P = UI_1 \cos\varphi \tag{3-10}$$

式中　U——输入电压。

功率因数为

$$PF = I_1 \cos\frac{\varphi}{I} \tag{3-11}$$

由于需要对输入电压和电流作快速傅里叶数学变换，因此采用专用的电量测量仪进行测量，可从电量测量仪上直接读取功率因数值和各次谐波分量。

3.2.1.2　效率测试

(1) 指标定义　是指充电桩把其输入的有功功率转换为有效输出功率的能力。使用仪器设备：交流电源；电子负载；数字式电压、电流表；电量测量仪器。

(2) 测试条件　环境温度为 25℃；输入电压为额定值；频率为额定值；输出负载为满载。

(3) 测试方框图　效率测试方框图如图 3-4 所示。

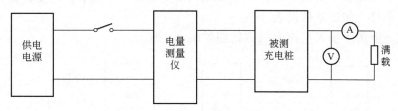

图 3-4　效率测试方框图

(4) 测试方法　按测试方框图接线正确后，开启测试设备和被测试的充电桩，依据测试条件的输入电压、频率和输出负载（各路输出电压、电流应同时测量），记录输入功率数值及各输出电压、电流值，计算出输出功率值。

$$P_o = U_{o1} I_{o1} + U_{o2} I_{o2} + \cdots + U_{on} I_{on} \tag{3-12}$$

计算效率公式如下。

$$\eta = \frac{P_o}{P_{in}} \times 100\% \tag{3-13}$$

式中 P_{in}——电量测量仪上显示的输入功率。

3.2.1.3 能效测试

(1) 指标定义 按照物理学的观点,能效是指在能源利用中,发挥作用的能源量与实际消耗的能源量之比。从消费角度看,能效是指为终端用户提供的服务与所消耗的总能源量之比。

(2) 使用仪器设备 交流电源;电子负载;电量测量仪。

(3) 测试条件 环境温度为 25℃;输入电压条件为 AC 230V/50Hz 与 AC 3800V/50Hz;输出负载条件为空载、1/4 最大负载、2/4 最大负载、3/4 最大负载、最大负载。

(4) 测试方框图 效能测试方框图如图 3-5 所示。

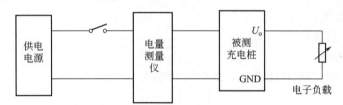

图 3-5 效能测试方框图

(5) 测试方法 按测试方框图接线正确后,开启测试设备和被测试的充电桩,依据测试条件的输入电压、频率和输出负载,记录输入功率值及各输出电压、电流值。

测试前,将充电桩在其标称输出负载条件下预热 30min,按负载由大到小的顺序分别记录 AC 230V/50Hz 和 AC 3800V/50Hz 输入时的输入功率(P_{in})、输入电流(I_{in})、输出电压(U_o)功率因数(PF),然后计算各负载下的效率。在空载时仅需记录输入功率(P_{in})与输入电流(I_{in})。计算 AC 230V/50Hz 和 AC 3800V/50Hz 时的四种负载的平均效率,该值即为能效的效率值。

3.2.1.4 输入电流测试

(1) 指标定义 输入电流是指充电桩输入端的电流,其值通常为充电桩输出电流和充电桩空载电流之和。

(2) 使用仪器设备 交流电源;电子负载;数字电压、电流表;电量测量仪器。

(3) 测试条件 测试条件同表 3-5。

(4) 测试方框图 输入电流测试方框图如图 3-6 所示。

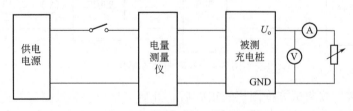

图 3-6 输入电流测试方框图

(5) 测试方法 按测试方框图接线正确后,开启测试设备和被测试的充电桩,依据测试条件的输入电压、频率和输出负载,记录输入功率值及各输出电压、电流值。电量测量仪中记录的输入电流值,即为输入电流。

3.2.1.5 最大输入电流测试

(1) 指标定义　最大输入电流是指在允许的工作条件下,充电桩可能达到的最大输入电流。

(2) 使用仪器设备　交流电源;电子负载;数字电压、电流表。

(3) 测试条件　环境温度为 25℃;充电桩工作电压为其输入电压范围的下限值,充电桩所带负载为最大负载。

(4) 测试方框图　最大输入电流测试方框图如图 3-7 所示。

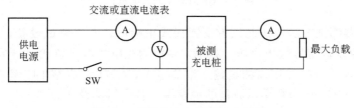

图 3-7　最大输入电流测试方框图

(5) 测试方法　按测试方框图接线正确后,开启测试设备和被测试的充电桩,依据测试条件,给充电桩提供最低的输入电压(下限值),并给充电桩带上最大的负载,在充电桩稳定工作 10min 后,读取输入端交流或直流电流表的数值,此即为最大输入电流。

3.2.1.6 输出电流测试

(1) 指标定义　输出电流是指充电桩在一定输入电压、频率、负载时的输出电流值。

(2) 使用仪器设备　交流电源;电子负载;数字电压、电流表。

(3) 测试条件　测试条件见表 3-6。

表 3-6　测试条件

环境温度/℃	AC 输入电压/V	输入频率/Hz	负载
25	单相 220±22	47~63	额定负载
	三相四线 380±57		

(4) 测试方框图　输出电流测试方框图同图 3-7。

(5) 测试方法　按测试方框图接线正确后,开启测试设备和被测试的充电桩,依据测试条件的输入电压、频率和输出负载,记录输入功率值及各输出电压、电流值。依据测试条件设定 CV 模式下的输出电压,待输出稳定时记录输出电流值。切换输入电压与频率,记录不同输入电压时的输出电流值,在输出电压值不同条件下分别记录输出电流值。

(6) 测试注意事项　记录输出电流值前,待测充电桩的电流值需稳定。

3.2.1.7 浪涌电流测试

(1) 指标定义　浪涌电流是指在充电桩接通瞬间,流入充电桩输入端的峰值电流。由于充电桩输入端的滤波电容迅速充电,所以该峰值电流远远大于充电桩稳态时的输入电流。

(2) 使用仪器设备　交流电源;电子负载;数字示波器;浪涌电流测试仪。

(3) 测试条件　环境温度为 25℃;依据 SPEC(Specification 规格书)所要求的参数进行(通常输入电压为 AC 230V/50Hz 和 AC 3800V/50Hz)。

(4) 测试方框图　浪涌电流测试方框图如图 3-8 所示。

(5) 测试方法

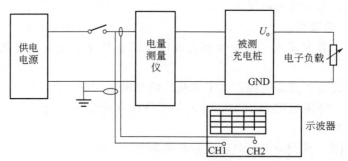

图 3-8 浪涌电流测试方框图

① 数字示波器测试方法。按测试方框图接线正确后，开启测试设备，依据测试条件的输入电压、频率要求设定好输入电压、频率，将待测充电桩输出负载设定在最大负载。数字示波器的 CH2 接电流探针，用以测量输入浪涌电流，CH1 设定在 DC 模式，VOLTS/DIV 设定视情况而定，CH1 作为数字示波器的触发源，触发斜率设定为 "+"，TIME/DIV 设定为 5ms，触发模式设定为 "NORMAL"，CH1 接到 AC 输入电压。

② 浪涌电流测试仪方法。

a. 室温冷启动测试。测试之前充电桩至少开机 30min，将被测充电桩与浪涌电流测试仪连接，浪涌电流测试仪必须设定到最大交流输入电压的峰值，浪涌电流测试仪的电容必须为被测充电桩输入端滤波电容的 20 倍。浪涌电流测试仪通过开机向被测充电桩提供电源，通过串联一个 0.1Ω 的电阻来观察电流，并用存储数字示波器来捕捉这个浪涌电流波形。

b. 室温热启动测试。在测试之前被测充电桩至少在额定输入电压、满载情况下工作 1h，然后关机，迅速放掉输入端滤波电容上的电压至 10V 以下。将被测充电桩与浪涌电流测度仪连接，浪涌电流测试仪必须设定到最大交流输入电压的峰值，浪涌电流测试仪的电容必须为被测充电桩输入端率电容的 20 倍。浪涌电流测试仪通过开机向被测充电桩提供电源，通过串联一个 0.1Ω 的电阻来观察电流，并用存储数字示波器来捕捉这个浪涌电流波形。

输入涌流的 I^2t 值计算公式如下。

$$I^2t = (I_1^2 + I_2^2 + I_1 I_2)\frac{t_1}{3} + (I_2^2 + I_3^2 + I_2 I_3)\frac{t_2}{3} \tag{3-14}$$

测试注意事项：冷启动需在低（常）温环境下，且大容量电容的电荷必须放尽，以及热敏电阻处于常温下，然后仅能第一次开机，若需第二次开机，须再待电容电荷放尽才可进行测试，数字示波器需使用隔离变压器。

3.2.1.8 启动冲击电流测试

(1) 指标定义　充电桩启动冲击电流即为充电桩在输入开启的瞬间在输入线路上产生的最大瞬间电流。

(2) 测试条件　环境温度为 25℃；充电桩输出为满载，输入电压为充电桩额定电压上限值。充电桩应区分为热态（电源已满载工作 5min 以上）与冷态（电源已停止工作 10min 以上）。

(3) 测试方框图　启动冲击电流测试方框图如图 3-9 所示。

(4) 测试方法　按图 3-9 所示接好测试电路，将数字示波器调到自动触发捕获状态（一般情况下，v/div 为 1V 或 2V，time/div 为 5ms，触发电平为 1V，触发模式为正常斜率），首先接通电流测试装置电源，给电流测试装置充电，充电稳定后，由电流测试装置给被测充

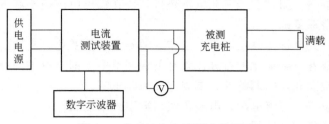

图 3-9 启动冲击电流测试方框图

电桩供电,当数字示波器捕获到信号后,关断电流测试装置、被测充电桩开关,开启电流测试装置的放电开关,将电流测试装置内的电荷放掉,以免产生电击危险。数字示波器捕获到的尖刺峰值即为启动冲击电流的数值。

3.2.1.9 输入电压调整率测试

(1) 指标定义 在充电桩的输入电压范围内,充电桩在输出负载一定而输入电压变动时,随着输入电压的变化,输出电压会出现一定的变化,输出电压随着输入电压变化的百分比就是电压调整率,即为充电桩稳定输出电压对电源输入电压变化(最小值至最大值)的调整性。输入电压调整率又称为线路调整率、源效应等,输入电压调整率用百分比表示,一般要求电压调整率不超过±0.1%。

(2) 使用仪器设备 交流电源;电子负载;数字式电压表。

(3) 测试条件 测试条件见表 3-7。

表 3-7 测试条件

环境温度/℃	AC 输入电压/V	输入频率/Hz	负载
25	单相 220±22	47~63	最大负载 最小负载
	三相四线 AC 380±57		

(4) 测试方框图 输入电压调整率测试方框图如图 3-10 所示。

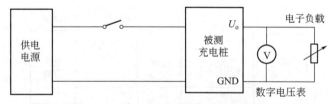

图 3-10 输入电压调整率测试方框图

(5) 测试方法 依据测试条件设定测试的负载,调整输入电压和频率值,记录充电桩输出电压值是否在规格内。设置可调负载装置,使电源满载输出;调节交流电源,使输入电压为下限值,记录对应的输出电压 U_1;增大输入电压到额定值,记录对应的输出电压 U_0;调节输入电压为上限值,记录对应的输出电压 U_2。取最大偏差电压,即取 $|U_2-U_0|$ 和 $|U_1-U_0|$ 中的最大值与标称输出电压下的输入电压 U_0 相比,以百分比来表示,就是电压调整率。按下式计算电压调整率。

$$电压调整率 = \frac{U-U_0}{U_0} \times 100\% \quad (3-15)$$

式中 U——U_1 和 U_2 中相对 U_0 变化较大的值。

(6) 测试注意事项 测试前先将充电桩热机，待其输出电压稳定后再进行测试。

3.2.1.10 负载调整率测试

(1) 指标定义 充电桩在额定电压下工作，随着负载的变化，其输出电压也会出现一定的变化，输出电压随着负载变化的百分比就是负载调整率。即充电桩的稳定输出电压对其负载电流变化（小载至满载）的调整性，常规定义为≤±5%。

(2) 使用仪器设备 交流电源；电子负载；数字式电压表。

(3) 测试条件 测试条件同表 3-7。

(4) 测试方框图 负载调整率测试方框图与输入电压调整率测试方框图相同，如图 3-11 所示。

(5) 测试方法 依据测试条件设定测试输入电压和频率值，调整输出负载值，记录待测充电桩输出电压值是否在规格内。输入电压为额定值，输出电流取最小值，记录最小负载量的输出电压 U_1；调节负载为 50% 满载，记录对应的输出电压 U_0；调节负载为满载，记录对应的输出电压 U_2。负载调整率按以下公式计算。

$$负载调整率 = \frac{U - U_0}{U_0} \times 100\% \tag{3-16}$$

式中 U——U_1 和 U_2 中相对 U_0 变化较大的值。

(6) 测试注意事项 测试前先将待测充电桩热机，待其输出电压稳定后再进行测试。

3.2.1.11 短路保护测试

(1) 指标定义 具有输出短路保护功能的充电桩，当充电桩的输出端发生短路时，充电桩应该限制其输出电流或关闭其输出，以避免充电桩损坏。短路保护测试是验证当输出短路时，充电桩能否正确地反应。

(2) 使用仪器设备 交流电源；电子负载；数字电压、电流表；低阻抗短路夹。

(3) 测试条件 环境温度为 25℃；额定输入电压；最大负载值，采用低阻抗短路夹将充电桩输出端短路。此测试项必须在低温、常温、高温三种条件下进行。

(4) 测试方框图 短路保护测试方框图如图 3-11 所示。

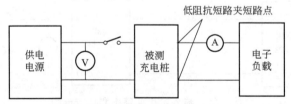

图 3-11 短路保护测试方框图

(5) 测试方法 按图 3-11 所示接好测试充电桩，依据测试条件输入电压和负载值（一般为最大负载），将充电桩各组输出相互短路或对地短路（应在靠近输出端子处短路，短路时间依据规格要求），进行开机后短路、短路后开机各测试 10 次，检测充电桩输出特性。

在进行充电桩短路保护特性测试时，要看充电桩技术资料上给出的说明，比如充电桩说明为，短路保护特性是长期自恢复，可以用导线连至充电桩的输出端进行测试，长时间（根据需要确定）观察短路时的电压输出以及短路排除后的充电桩输出。

(6) 测试注意事项 当充电桩的短路排除后，检测充电桩是否自动恢复或需重新启动，并测试充电桩是否正常或有无元器件损坏（充电桩应正常），充电桩不能有安全危险产生。

3.2.1.12 过压保护测试

（1）指标定义　当充电桩的输出电压由于内部或外部的原因增高到某一规定范围内的限值时，充电桩的输出将自行关断或输出电压不能够再升高。过电压保护测试可验证当充电桩出现上述异常状况时，能否正确地反应。

（2）使用仪器设备　交流电源；电子负载；数字示波器；直流电源。

（3）测试条件　环境温度为 25℃；输入电压为额定值；充电桩输出为小负载。

（4）测试方框图　过压保护测试方框图如图 3-12 所示。

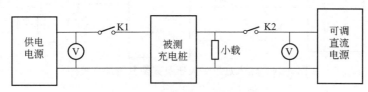

图 3-12　过电压测试方框图

（5）测试方法　按图 3-12 所示接好测试电路，合上开关 K1 给充电桩供电，启动充电桩使其在小负载状态运行，在合上开关 K2 之前，先调节直流电源电压约等于充电桩的输出电压的输出电压。合上开关 K2，再慢慢调高直流电源的电压直到充电桩输出关断，此时的直流电源电压值即为输出过压点。

3.2.1.13 输入电压变动测试

（1）指标定义　是指充电桩的输入电压在规格书要求内变动时，是否会对充电桩造成损伤或输出不稳定，以确认充电桩在输入电压变动时能否正常工作。

（2）使用仪器设备　交流电源；电子负载；数字示波器。

（3）测试条件　环境温度为 25℃；额定输入电压、额定频率，负载为额定 100%；周围温度为常温；输出电压为额定。输入电压变动条件：额定⇌最小，额定⇌最大。

（4）测试方框图　输入电压变动测试方框图如图 3-13 所示。

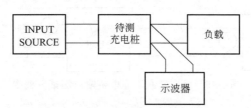

图 3-13　输入电压变动测试方框图

（5）测试方法　按图 3-13 所示接线，将待测充电桩的输出负载设定为最大和最小，触发斜率设定为"+"，触发模式设定为"AUTO"，TIME/DIV 视情况而定（1s/DIV 或 2s/DIV）。在输入电压变动范围内、100% 负载条件下测定输入电压值 U_S，在基准动作状态下（额定输入电压 100% 负载）测定输出电压值 U_S。计算电压变动率如下。

$$\Delta U_H = \frac{U_H - U_S}{U_S} \times 100\% \quad \Delta U_L = \frac{U_L - U_S}{U_S} \times 100\% \tag{3-17}$$

式中　ΔU_H，ΔU_L——最大和最小输入电压时的变动率；

　　　　U_H——输入的最大电压值；

　　　　U_L——输入的最小电压值。

3.2.1.14 输入过压、欠压及其恢复测试

(1) 指标定义　输入过压、欠压及其恢复是指当充电桩输入电压高于（低于）某一值时，充电桩即自行关断输出，而当输入电压恢复到某一值时，充电桩又自行恢复输出。

(2) 使用仪器设备　交流电源；电子负载；数字电压表。

(3) 测试条件　环境温度为25℃；充电桩输出为半载或按产品规格要求。

(4) 测试方框图　输入过压、欠压及其恢复测试方框图如图3-14所示。

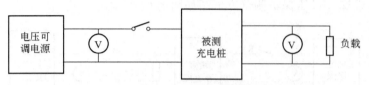

图3-14　输入过压、欠压及其恢复测试方框图

(5) 测试方法　按图3-14所示接好测试电路，可调电源的正弦波形应失真小。在相应的负载条件下让充电桩正常工作，慢慢调高充电桩的输入电压，直到充电桩输出关断，此时的输入电压值即为输入过压点。接着慢慢往回调低充电桩的输入电压，直到充电桩又恢复输出，此时的输入电压即为输入过压恢复点。然后调低输入电压，直到充电桩关断输出，此时的输入电压即为输入欠压点。接着再往回慢慢调高电压，直到充电桩恢复输出，此时的输入电压即为输入欠压恢复点。

(6) 测试注意事项　输出电压变动的范围应在规格电压要求内。

3.2.1.15 额定负载下充电桩输出测试

(1) 指标定义　充电桩在AC输入及负载一定时的输出电压、电流值。

(2) 使用仪器设备　交流电源；电子负载；数字电压、电流表。

(3) 测试条件　环境温度为25℃；额定输入电压、额定输入频率及额定负载。

(4) 测试方框图　额定负载下充电桩输出测试方框图如图3-15所示。

图3-15　额定负载下充电桩输出测试方框图

(5) 测试方法　测试包括额定输出电压和电流的测试，首先要确定充电桩的额定负载，一般选择电阻作为负载。注意选择电阻的功率一定要远大于充电桩的输出功率，以减小电阻的发热，还可以加一些散热措施，如放置排风扇等。额定负载计算公式为

$$R_0 = \frac{U^2}{P} \tag{3-18}$$

式中　R_0——额定负载电阻值；

　　　U——标称输出电压值；

　　　P——额定功率。

确定了额定负载以后，给充电桩输入额定电压，接通充电桩的负载回路，在负载回路中串联一个电流表（为安全计，推荐采用串入精密分流电阻器测其压降，换算为电流值），测试回路中的电流，用电压挡测试充电桩输出电压，并记录电压电流值。

3.2.1.16 输出纹波及噪声测试

(1) 指标定义 纹波又称周期与随机偏移（PARD），即在全部影响量和控制量均保持恒定的情况下，在规定的带宽内，直流输出量对其平均值的周期与随机偏移。对规定带宽的周期与随机偏移而言，它可以用有效值 V_{rms} 或峰-峰值（V_{p-p}）表示。

(2) 使用仪器设备 交流电源；电子负载；数字示波器。

(3) 测试条件 环境温度为 25℃；输入电压一般为额定值（具体依据产品规格要求）；输出负载为空载到满载。测量端并联一个 $0.1\mu F$ 的无极性电容和一个 $10\mu F$ 的电解电容，如产品规格无要求则不需以上处理，直接测量即可。

(4) 测试方框图 输出纹波及噪声测试方框图如图 3-16 所示。

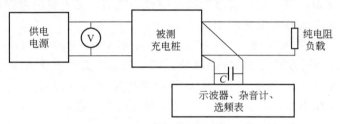

图 3-16 输出纹波及噪声测试方框图

(5) 测试方法 按测试回路接好各测试仪器、设备以及待测充电桩，在进行纹波测试时应把数字示波器 TIME/DIV 调至 $10\mu s$ 左右，带宽设为 20MHz，测量到的周期偏离值即为纹波 V_{rms}。

对于输出噪声电压测试，应把数字示波器 TIME/DIV 调至 0.5s，数字示波器带宽设为 20MHz，测量到的随机偏移的峰-峰值即为噪声电压（V_{p-p}）。

用数字示波器的接地夹夹到充电桩输出的 GND 端，用表笔接触充电桩输出端 U_0，在额定输入电压条件下，在充电桩输出功率范围内调节充电桩空载至满载，多点或连续均匀变化（一般测试空载、半载、全载三种情况下的纹波），使 V_{p-p} 达到最大值，读出数字示波器中最大纹波的峰-峰值。

因为所测量的纹波中含有的高频分量，必须使用特殊的测量技术，才能获得正确的测量结果。首先为了测出纹波尖峰中的所有高频谐波，一般要用 20MHz 带宽的数字示波器。在进行纹波测量时，必须防止将错误信号引入测试设备中。测量时必须去掉探头地线夹，因为在一个高频辐射场中，地线夹会像一个天线一样接受噪声，干扰测量结果。

3.2.2 充电桩电磁兼容指标测试方法

3.2.2.1 静电放电抗扰度

(1) 产生机理 摩擦产生静电荷在人体内积累，当人体触碰或靠近充电桩部位或相邻物体时，静电荷快速转移发生发电现象。

(2) 测试意义 充电桩含触摸屏、按键、刷卡区（靠近刷卡电路）、启停开关等对静电敏感部位或器件，且在执行充电过程中频繁被人体触碰或靠近，存在遭受静电干扰的风险。

(3) 测试要求 测试等级为 3 级；放电电压，接触放电±2kV、±4kV、±6kV，空气放电±2kV、±4kV、±8kV。

(4) 测试环境要求 温度为 15～35℃，相对湿度为 30%～60%。

(5) 放电方式 直接放电和间接放电，放电时间间隔为最低 1s。放电次数为每个典型部位、每个极性最低 10 次。

(6) 测试部位　人体经常或易接触到的部位。

(7) 充电桩工作状态　正常充电状态（无须额定负载状态）。

(8) 结果评定　显示屏瞬间花屏、白屏，干扰过后可自恢复；通信短时中断，干扰后可自恢复；不出现损坏、误动、死机、复位、数据采样错误、计费错误。

3.2.2.2　射频电磁场辐射抗扰度

(1) 产生机理　空间存在诸如手机、对讲机、无线电发射台、工业电磁源等射频干扰信号，工作频率一般为 80MHz～3GHz。

(2) 测试意义　充电站若选址不当，在其近距离存在广播电视发射台、移动电话基站、工业电焊发射源、炼钢厂等。操作者近距离使用移动电话，充电桩内部控制系统采样、计费系统及与监控端通信系统易受电磁波干扰。

(3) 测试参数　场强为 3 级，10V/m；频率为 80MHz～1000MHz；扫频步长≤1%；驻留时间≥500ms；调制方式为 1kHz 正弦波，80% 调幅；天线极化方向为垂直、水平。

(4) 测试环境要求　温度为 15～35℃，相对湿度为 45%～75%。

(5) 充电桩工作状态　正常充电状态（无须额定负载状态）。

(6) 测试部位　充电桩前、后、左、右四面。

(7) 结果评定　不应出现任何误动作、损坏、死机、复位现象，数据采集应准确，与上位机监控端通信连接应无异常。

3.2.2.3　电快速脉冲群抗扰度

(1) 产生机理　在带有感性负载的供电网络中，开关操作产生上升沿陡峭、周期非常短的尖脉冲，这些数量较多的尖脉冲组成频率从几千赫兹至几百千赫兹的脉冲群。

(2) 测试意义　充电桩交流输入端口接入供电网络，当供电网络中出现脉冲群干扰信号时，会从充电桩交流输入端口串入至桩体内部，且可通过空间耦合、感应的方式干扰通信及其他回路。控制电路、数据采样处理电路及通信电路为数字电路，数字电路中的时钟信号对脉冲群敏感性非常高。

(3) 测试要求　严酷等级为 3 级；脉冲峰值电压交流输入端为±2kV，通信端为±1kV；脉冲重复率为 5kHz 或 100kHz；测试时间为每个端口、每极性 1min；施加次数为正、负极性各 3 次。

(4) 测试环境要求　温度为 15～35℃，相对湿度为 45%～75%。

(5) 测试部位　交流输入、直流输出和通信端口。

(6) 耦合方式　交流输入、直流输出使用耦合去耦网络，通信端口使用电容耦合夹。

(7) 充电桩工作状态　正常充电状态（无须额定负载状态），与监控端通信正常连接。

(8) 结果评定　显示屏瞬间花屏、白屏，干扰过后可自恢复；通信短时中断，干扰过后可自恢复；不出现损坏、误动、死机、复位、数据采样错误、计费错误。

3.2.2.4　浪涌（冲击）抗扰度

(1) 产生机理　雷击、操作过电压、变压器励磁等过程中均会产生上升速度快、持续周期长、能量高的浪涌脉冲。

(2) 测试意义　充电桩交流输入端口接入供电网络，当供电网络中出现浪涌冲击干扰信号时会从充电桩交流输入端口串入至桩体内部，且可通过公共低阻抗耦合以及感应的方式干扰通信及其他回路。充电站选址不当会导致充电桩在使用过程中频繁遭受到浪涌干扰的冲击。

(3) 测试要求　严酷等级为 3 级；测试电压，交流输入端口线对地±0.5kV、±1kV、±2kV，线对线±0.5kV、±1kV；通信端口屏蔽层对地±0.5kV、±1kV；脉冲重复率为 1 次/20s，可根据浪涌保护器性能恢复时间延长至 1 次/60s；施加次数为正、负极性各 5 次；测试相位为在输入电压波形的 0°、90°、180°、270°施加。

(4) 测试环境要求　温度为 15～35℃，相对湿度为 45%～75%。

(5) 耦合网络　交流输入，线-地 12Ω/9μF，线-线 2Ω/18μF。屏蔽通信端口屏蔽层对地为 2Ω。

(6) 测试部位　交流输入、通信端口。

(7) 充电桩工作状态　正常充电状态（无须额定负载状态），与监控端通信正常连接。

(8) 结果评定　显示屏瞬间花屏、白屏，干扰过后可自恢复；通信短时中断，干扰过后可自恢复。

3.2.2.5　电压暂降、短时中断抗扰度

(1) 产生机理　模拟供电网络因负荷突然加重、线路短路等故障造成的电网电压突然降低和丧失的工况。

(2) 测试意义　电网在正常运行时，因外部或内部原因导致电网发生失电及电压降低等故障，将给正在执行充电的充电设备和电动汽车造成大电流暂态通断冲击，轻则影响电动汽车用户正常充电，严重时则可损坏充电设备甚至引起电池或电池管理系统故障。

(3) 测试要求　严酷等级为 $0U_T$、$40\%U_T$、$70\%U_T$；持续时间为 $0U_T$ 持续 1 周期、$40\%U_T$ 持续 5 周期、$70\%U_T$ 持续 50 周期；测试次数为 3 次；时间间隔≥3s；测试相位为 0°。

(4) 测试环境要求　温度为 15～35℃，相对湿度为 30%～60%。

(5) 测试部位　交流输入端口。

(6) 充电桩工作状态　正常充电状态，负载从轻载逐渐加大直至交流接触器发生动作，与监控端通信正常连接。

(7) 结果评定　未出现掉电重启，显示、通信、计费等无异常；掉电重启，无器件损坏，可继续正常启动充电，计费未出现异常；通信短时中断，干扰过后可自恢复；不出现损坏、无法继续启动充电、计费有误等。

3.2.2.6　传导发射限值

(1) 产生机理　充电桩在运行过程中，充电模块、IGBT、开关电源、电能表、控制电路及刷卡电路中存在的开关器件、非线性功率器件、时钟电路及无线通信模块等在信号暂态转换过程中，会产生工作频率在 150kHz 以上的射频干扰信号。

(2) 测试意义　充电桩在工作中产生工作频率为 150kHz～30MHz 的射频信号可通过电缆对外辐射，影响空间信道使用和周围其他设备使用，增加了同网的其他电子、电气设备的运行风险。

(3) 测试环境（电源端口）　工业环境限值见表 3-8。

表 3-8　工业环境限值

频率范围/MHz	限值	
	准峰值/dBμV	平均值/dBμV
0.15～0.5	79	73
0.5～30	66	60

注：0.5MHz 限值按 73dBμV 和 60dBμV。

民用商业轻工业环境限值见表3-9。

表3-9 民用商业轻工业环境限值

频率范围/MHz	限值	
	准峰值/dBμV	平均值/dBμV
0.15～0.5	66～56	56～46
0.5～5	56	46
5～30	60	50

注：1. 在过渡频率点采用较低限值。
2. 在0.15～0.5MHz频段，限值呈线性减小。

(4) 测试环境要求（电信端口） 工业环境限值见表3-10。

表3-10 工业环境限值

频率范围/MHz	电压限值		电流限值	
	准峰值/dBμV	平均值/dBμV	准峰值/dBμA	平均值/dBμA
0.15～0.5	97～87	84～74	53～43	40～30
0.5～30	87	74	43	30

注：1. 在过渡频率点采用较低限值。
2. 在0.15～0.5MHz频段，限值呈线性减小。

民用、商业、轻工业环境限值见表3-11。

表3-11 民用、商业、轻工业环境限值

频率范围/MHz	电压限值		电流限值	
	准峰值/dBμV	平均值/dBμV	准峰值/dBμA	平均值/dBμA
0.15～0.5	84～74	74～64	40～30	30～20
0.5～30	74	64	30	20

注：1. 在过渡频率点采用较低限值。
2. 在0.15～0.5MHz频段，限值呈线性减小。

(5) 测试环境要求（温湿度） 温度为15～35℃，相对湿度为45%～75%。

(6) 测试要求 测试场地的背景噪声低于限值6dB；接收机带宽为9kHz；扫频步长为4kHz；测试时间为预扫不低于10ms，终测不低于1s；测试部位为交流输入、通信端口。

(7) 充电桩工作状态 待机状态和额定负载状态。

(8) 结果评定 充电桩电源端口和电信端口发出的干扰信号不超过测试要求中规定的限值。

3.2.2.7 辐射发射限值

(1) 产生机理 充电桩在运行时，充电模块、IGBT、开关电源、电能表、控制电路及刷卡电路中存在的开关器件、非线性功率器件、时钟电路及无线通信模块等在信号暂态转换过程中，会产生工作频率在150kHz以上的射频干扰信号。

(2) 测试意义 充电桩在工作中产生工作频率在30MHz以上频段的射频干扰信号会通过机壳、电源线、信号线、天线等向空间传播。影响空间信道使用和周围其他设备使用，增加了同网的其他电子、电气设备的运行风险，影响公共安全、通信设备使用、公共交通的运行甚至人身安全等。

(3) 测试环境要求　工业环境限值见表3-12。

表 3-12　工业环境限值

频率范围/MHz	准峰值(测量距离10m)/dBμV
30～230	40
230～1000	47

注：1. 频率230MHz的准峰值限值限值为40dBμV/m。
　　2. 3m测试距离是限值减小10dBμV/m。

民用、商业、轻工业环境限值见表3-13。

表 3-13　民用、商业、轻工业环境限值

频率范围/MHz	准峰值(测量距离10m)/dBμV
30～230	30
230～1000	37

注：1. 频率230MHz的准峰值限值限值为50dBμV/m。
　　2. 3m测试距离是限值减小10dBμV/m。

(4) 测试环境（温湿度）要求　温度为15～35℃，相对湿度为45%～75%。

(5) 测试方法　测试场地为半电波暗室（测试1GHz以下）；接收机带宽为120kHz；扫频步长为60kHz；测试时间，预扫不低于10ms，终测不低于1s；测试部位为整机（含线缆）。

(6) 测试步骤

a. 确定充电桩放置初始位置，在初始位置，固定天线的极化方向，如水平，则采用峰值检波方式进行初扫。

b. 启动转台使其在0°～360°范围内旋转，扫频值全频段内进行峰值最大值保持扫描，同时EMC32测试软件记录峰值最大值时转台角度α。

c. 升天线至2m后，启动转台使其在0°～360°范围内旋转，在扫频值全频段内进行峰值最大值保持扫描，同时EMC32测试软件记录峰值最大值时转台角度β。

d. 对步骤b扫频图与步骤c扫频图进行比较，保持最大值。

e. 选择典型频率点，软件判断其最大发射值时转台角度α或β，以α或β为角度中心，左右γ角度旋转转台，找出最大发射准峰值及对应转台角度。

f. 在天线1～4m的范围内进行扫描（可以2m为中心上下2m进行扫描），找出最大发射准峰值及对应天线高度。

g. 记录上述整个扫频过程结果生成并保存报告。

h. 换天线另一极化方向重复上述测试过程。

(7) 充电桩工作状态　待机状态和额定负载状态。

(8) 结果评定　充电桩电源端口和电信端口发出的干扰信号不超过测试要求中规定的限值。

3.2.3　充电桩安全规格指标测试方法

3.2.3.1　抗电强度测试

(1) 指标定义　抗电强度测试是为了符合安全要求，在充电桩输入与输出端、输入与大地端、输出与大地端之间施加所要求的电压进行绝缘性能测试，检测充电桩在规格耐压和时间条件下，是否产生电弧，其泄漏电流是否满足标准要求，是否会对充电桩造成损伤。

(2) 使用仪器设备　耐压测试仪。

(3) 测试条件　环境温度为 25℃；相对湿度为室内湿度。依据标准要求：耐压值、操作时间和漏电流值；充电桩不工作，如有防雷电路则应去掉，充电桩输入、输出端应全部短接。

(4) 测试方框图　抗电强度测试方框图如图 3-17 所示。

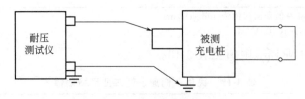

图 3-17　抗电强度测试方框图

(5) 测试方法　按如图 3-17 所示把充电桩各被测极（输入或输出或大地）分别短接，开启耐压测试仪（输出处于关闭），依据标准要求设定好耐压值、操作时间、泄漏电流值。把耐压仪两极的夹子分别可靠地夹在充电桩被测端（注意夹子应夹稳，勿触碰任何导电物体，特别是人体）。启动测试钮，慢慢提升测试电压，如无异常情况或超漏，一直提升到所要求的测试电压，然后保持 1min，观察是否产生电弧及泄漏电流是否过大。同时记录泄漏电流值，即可复位测试仪，把耐压仪输出恢复到 0，然后开始另一组测试，如有不合格情况（如击穿超漏、爬电等）应立即予以改正。耐压测试后，确认待测充电桩输入功率与输出电压是否正常。

耐压测试主要为防止由输入串入的高压影响使用者安全，测试时电压必须由 0 开始调升，并于 1min 内调至最高点。放电时必须注意测试器时间设定，于"OFF"前将电压调回 0。在进行耐压测试时应注意以下事项：

① 操作者脚下垫绝缘橡胶垫，戴绝缘手套，以防高压电击造成生命危险。

② 耐压测试仪必须可靠接地。

③ 在连接被测体时，必须保证高压输出"0"及在"复位"状态。

④ 测试时，耐压测试仪接地端与被测体要可靠相接，严禁开路。

⑤ 切勿将输出地线与交流电源线短路，以免外壳带有高压，造成危险。

⑥ 尽可能避免高压输出端与地线短路，以防发生意外。

⑦ 电压表、泄漏电流表、计时器应完好，一旦损坏，必须立即更换，以防造成误判。

⑧ 排除故障时，必须切断电源。

⑨ 耐压测试仪空载调整高压时，泄漏电流指示表头有起始电流，均属正常，不影响测试精度。

⑩ 耐压测试仪避免阳光正面直射，不要在高温、潮湿、多尘的环境中使用或存放。

3.2.3.2　泄漏电流测试

(1) 指标定义　泄漏电流是指在没有故障施加电压的情况下，充电桩中带电相互绝缘的金属部件之间，或带电部件与接地部件之间，通过其周围介质或绝缘表面所形成的电流，即输入、机壳间流通的电流（机壳必须为接大地时）。

泄漏电流包括两部分，一部分是通过绝缘电阻的传导电流 I_1；另一部分是通过分布电容的位移电流 I_2，后者容抗为 $X_C = 1/2\pi fC$，与电源频率成反比，分布电容电流随频率升高而增加，所以泄漏电流随电源频率升高而增加。

(2) 使用仪器设备　泄漏电流测试仪。

(3) 测试条件　I/P：$U_{in max} \times 1.06$（TUV）/50Hz；$U_{in max}$（UL1012）/50Hz；O/P 为空载/满载；T_a 为 25℃。

(4) 测试方框图　泄漏电流测试方框图如图 3-18 所示。

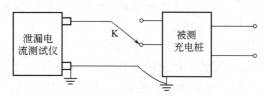

图 3-18　泄漏电流测试方框图

(5) 测试方法　将被测充电桩的需要测量端接入泄漏电流测试仪输出端,启动泄漏电流测试仪,将测试电压升至被测物额定工作电压的 1.06 倍（或 1.1 倍）,切换相位转换开关,分别读取两次读数,选取数值大的读数值。当转换开关 K 与零线接通时,泄漏电流测试仪所采样的是中线与外壳间的泄漏电流；当开关 K 与相线接通时,测试的是相线与外壳间的泄漏电流。必须注意的是,开关 K 与零线接通或与相线接通,泄漏电流不一定相同,这是因为绝缘弱点的位置是随机的。因此,泄漏电流测试应通过开关 K 转换极性,取其中的较大值作为被测充电桩的泄漏电流值。测试注意事项如下。

① 在工作温度下测量泄漏电流时,如果被测充电桩不是通过隔离变压器供电,被测充电桩应采用绝缘性能可靠的绝缘垫与地绝缘。否则将有部分泄漏电流直接流经地面而不经过泄漏电流测试仪,影响测试数据的准确性。

② 泄漏电流是带电进行测量的,被测充电桩外壳是带电的。因此,测试人员必须注意安全,应制定安全操作规程,在没有切断电流前,不得触摸被测充电桩。

③ 应尽量减少环境对测试数据的影响,测试环境的温度、湿度和绝缘表面的污染情况对于泄漏电流有很大影响,温度高、湿度大、绝缘表面严重污染,测定的泄漏电流值较大。

3.2.3.3　绝缘阻抗测试

(1) 指标定义　绝缘阻抗是通过在被测两极（输入、输出或大地）之间,施加 500V DC 或 1000V DC 电压计算出来的电阻值；测试目的是测量待测充电桩带电部件与输出电路之间和带电部件与胶壳之间的绝缘阻抗值。

(2) 使用仪器设备　绝缘阻抗测试仪。

(3) 测试条件　环境温度为 25℃；充电桩不工作,施加标准要求的直流电压和测试时间,测试的绝缘阻抗值要高于标准要求值。

(4) 测试方框图　绝缘阻抗测试方框图如图 3-19 所示。

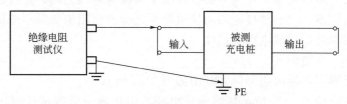

图 3-19　绝缘阻抗测试方框图

(5) 测试方法　按图 3-19 所示接好测试线路,用绝缘电阻测试仪测试电源输入、输出及大地三者之间的绝缘电阻值。确认好电气性能后,在绝缘阻抗测试仪中设定好施加的电压和测试的时间,将待测充电桩输入端和输出端分别短路连接,然后分别连接测试仪对应端进行测试,再将待测充电桩输入端和外壳之间分别与测试仪对应端连接进行测试,确认待测充电桩的测试绝缘阻抗值是否高于标准要求值。

使用绝缘电阻测试仪测量绝缘电阻时应注意的事项如下。

① 应按被测充电桩的电压等级选择绝缘电阻测试仪,若用额定电压过高的绝缘电阻测试仪去测量低压绝缘,可能把绝缘击穿。

② 绝缘电阻测试仪引线应用多股软线,而且应有良好的绝缘,两条线应为单根线(最好是两色),应不使连线与地面接触,以免因连线绝缘不良而引起误差;接线柱与被试品之间的两根导线不能缠绞在一起,应分开单独连接,以防止绞线绝缘不良而影响读数。

③ 测量充电桩的绝缘电阻时,必须先切断电源。对具有较大输入电容的充电桩必须先进行放电。

④ 绝缘电阻测试仪应放在水平位置,在未接线之前,使用绝缘电阻测试仪时,首先鉴别绝缘电阻测试仪的好坏,在未接被测充电桩时,先摇动绝缘电阻测试仪,其指针应上升到"∞"处。然后再将两个接线端钮短路,慢慢摇动绝缘电阻测试仪,其指针应指到"0"处,符合上述情况说明绝缘电阻测试仪是正常的,否则不能使用,对于半导体型绝缘电阻测试仪不宜用短路校检。

⑤ 在测量时,一手按着绝缘电阻测试仪外壳(以防绝缘电阻测试仪振动),当表针指示为 0 时,应立即停止摇动,以免损坏绝缘电阻测试仪。

⑥ 在被测回路的感应电压超过 12V 时,或当雷雨发生时,禁止进行绝缘电阻测量。

⑦ 在摇测绝缘时,应使绝缘电阻测试仪保持额定转速,一般为 120r/min。当测量充电桩电容量较大时,为了避免指针摆动,可适当提高转速(如 150r/min);测量时转动手柄应由慢渐快并保持 150r/min 转速,待调速器发生滑动后,即为稳定的读数,一般应取 1min 后的稳定值,如发现指针指零时不允许连续摇动,以防线圈损坏。

⑧ 被测充电桩表面应擦拭清洁,不得有污物,以免漏电影响测量的准确度。

⑨ 在绝缘电阻测试仪未停止转动或被测设备未进行放电之前,不要用手触及被测部分和仪表的接线柱或拆除连线,以免触电。

⑩ 禁止在雷电或潮湿天气以及在邻近有带高压电设备的情况下,用绝缘电阻测试仪测量充电桩绝缘。只有在设备不带电,而又不可能受到其他感应电而带电时,才能进行。

⑪ 绝缘电阻测试仪在不使用时应放在固定的地方,环境温度不宜太热和太冷,切勿放在潮湿、污秽的地面上,并避免置于含有腐蚀性气体的环境中,还应避免剧烈长期震动,使表头轴尖、宝石受损而影响刻度指示。

3.2.3.4 接地电阻测试

(1) 指标定义 接地电阻是在充电桩接地端子与接地母线之间,通过施加一个规定大小的电流测量到的电阻值。充电桩接地端和接地母线之间的电阻值必须小于标准要求值。

(2) 使用仪器设备 接地电阻测试仪。

(3) 测试条件 环境温度为 25℃。

(4) 测试方框图 接地电阻测试方框图如图 3-20 所示。

(5) 测试方法 按图 3-20 所示接好测试电路,用接地电阻测试仪测量出充电桩的接地电阻值。在进行接地电阻测试时应注意以下事项。

① 接地线要与充电桩接地端断开,以保证测量结果的准确性。

② 接地线要与接地母线连接可靠。

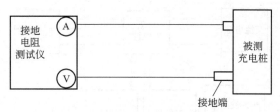

图 3-20 接地电阻测试方框图

③ 测量连接线应使用绝缘良好的导线,以免有漏电现象。
④ 测量前应检查接地电阻测试仪的准确性和可靠性。
⑤ 接地电阻测试仪应保存在室内,保持其环境温度为 0~40℃,相对湿度不超过 80%,且在空气中不能含有足以引起腐蚀的有害物质。
⑥ 接地电阻测试仪在使用、搬运、存放时应避免强烈震动。

3.2.3.5 噪声免疫力测试

(1) 测试目的　确保待测充电桩的可靠度,确认充电桩输入端对加入脉冲的耐受程度。
(2) 使用仪器设备　交流电源;脉冲发生器;电子负载;数字示波器。
(3) 测试条件　周围环境为常温、常湿;输入电压为额定;输出电压为额定;负载电流为 100%。
(4) 脉冲规格　规格书所列值乘以 110% (50ΩTermination) (如规格为 ±2.2kV,则脉冲以 ±2.2kV×110%=±2.2kV 施加);脉波宽为 100ns、500ns、1000ns,时间为 5min。
(5) 测试方框图　噪声免疫力测试方框图如图 3-21 所示。

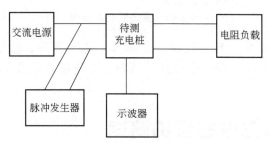

图 3-21 噪声免疫力测试方框图

(6) 测试方法　按图 2-21 所示接线,依据条件施加脉冲于输入-输入间,输入-接地端间,应无动作异常(含突入电流限制回路、异常振荡等)、保护回路误动作及元器件损坏发生,测试时,输出电压稳定度应在允许变化的范围内。

3.2.3.6 静电破坏测试

(1) 测试目的　确保待测充电桩的可靠度,确认产充电桩对静电的耐受程度。
(2) 使用仪器设备　交流电源;脉冲发生器;电子负载;数字示波器;数字万用表。
(3) 测试条件　周围环境为常温、常湿;输入电压为额定;输出电压为额定;负载为额定 100%;施加电压为规格书的数值乘以 110% (充电电容:500pF,串联电阻 100Ω);时间≥10s。
(4) 测试方框图　静电破坏测试方框图如图 3-22 所示。
(5) 测试方法　按图 3-22 所示接线,在待测充电桩接地部位,依据条件施加脉冲电压或隔离放电;充电桩不能有保护回路误动作及元器件破损异常发生。

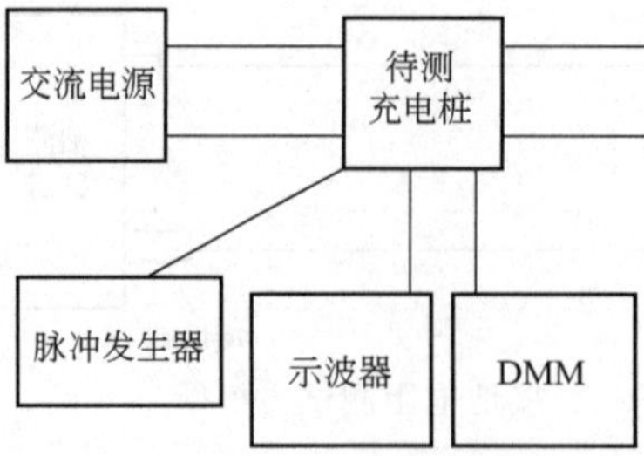

图 3-22 静电破坏测试方框图

3.2.3.7 雷击测试
（1）测试目的　确认充电桩输入端加入雷击浪涌的耐受能力。
（2）使用仪器设备　交流电源；电子负载。
（3）测试条件　输入电压为额定；输出电压为额定；负载为额定；周围环境为常温、常湿；施加波形按 JEC 212 规定，波头长 1.2μs，波尾长 50μs，波形为 3kV×110%（限流电阻 100Ω）。
（4）测试方框图　雷击测试方框图如图 3-23 所示。

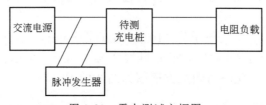

图 3-23　雷击测试方框图

（5）测试方法　按图 3-23 所示接线，依据规定测试条件，施加浪涌电压于输入-输入间，输入-接地端间，各 3 次，确认充电桩无破损、无绝缘破坏以及电弧和保护回路误动作情形发生。

3.3 电动汽车充电桩系统调试

3.3.1 电动汽车充电桩系统调试条件

3.3.1.1 电动汽车充电桩系统调试的技术条件
在电动汽车充电桩系统调试前，应会审有关的充电桩的技术资料、技术文件、施工图纸，充电桩的安装工作已经完成；安装质量经验收合格；符合设计、厂家技术文件和施工验收规范，在安装过程中的有关测试已完成，经验收符合有关标准。需掌握的调试技术条件如下。
① 充电桩的主要技术参数，如电压、电流、功率、频率范围。
② 充电桩操作手册中的操作步骤、参数设置方法、主要保护的内容及参数。
③ 充电桩一次设备主回路、二次控制回路的接线图。

3.3.1.2 充电桩送电前检查项目
① 充电桩外观不应有明显的凹凸痕、划伤、裂缝和毛刺，镀层不应有脱落现象，标识牌文字、符号应清晰、耐久，接线应牢固、可靠。充电桩外壳表面应耐高温、抗腐蚀老化，

并具有标准规定的机械强度，金属表面应做防腐蚀和防锈喷涂处理。桩体内金属零部件应采取防锈处理或者采用不锈钢材料。

② 充电桩内设备的外观检查，着重检查螺钉的紧固连接情况，器件外观的完好情况，充电桩内部通风情况是否满足相关规定的要求，线路是否布局合理，以避免干扰，充电桩的进出线接线是否正确，充电桩的内部主回路负极端子 N 不得接到电网中性线上。

③ 充电桩内继电器、计量用仪表的检定校验符合随机技术文件提供的检定校验数据。

④ 按照原理图设计的要求，二次控制、保护、信号动作要可靠、正确，应符合设计。

⑤ 除了按照充电桩厂家技术文件执行外，在测试项目上，可增加一些测试项目，用于产品质量把关。如交流耐压测试等，交流耐压测试标准可按 IEC 标准执行或按国标执行。

⑥ 按照电缆的电压等级、型号、标准测试的实验报告执行。

⑦ 三相电源不应缺相，测定电网交流电压、控制电压值等是否在规定范围内，测量绝缘电阻应符合要求（注意因电源进线端压敏电阻的保护，用高电压兆欧表时要分辨压敏电阻是否已动作）。

⑧ 检查充电桩周围环境，包括粉尘、温度和相对湿度是否符合充电桩运行条件，充电桩内温度要求在 0～40℃ 范围内，最好能够控制在 25℃ 左右，相对湿度不超过 95%，且无凝结或水雾。

3.3.1.3 安全防护

① 为保证充电桩操作人员的安全，根据充电桩各回路不同的电压等级选择不同的兆欧表的电压等级，对充电桩、进出线电缆进行绝缘测试。

② 充电桩在通电投运前的调试、测试报告及安装情况，须经质检部门、充电桩投资方确认后方可送电。

③ 有经审批的安全防护方案。

充电桩具体的保证安全措施如下。

① 充电桩都应配置漏电保护、过流保护和防雷等电气防护设备，充电桩的柱体应安装防盗锁，为用户提供基本的安全保障。

② 在使用过程中，充电桩难免会有意外情况发生，需要启动急停开关，所以合格的充电桩必须配备启动急停开关。

③ 充电桩必须满足防水要求。国标对充电桩防水性能有明确要求，在户外应达到 IP54 防护等级。

④ 充电桩应具备相应的标识信息，包括设备铭牌和安全警示标识。国标有设备铭牌的强制要求，对安全警示标识也有强制要求，没有的为不合格产品。

⑤ 充电桩、充电线缆属于易盗品，应采取防范措施，有 4 种安全措施可供选择。

a. 通过充电桩端进行锁止，必须刷卡获取权限后方可解锁拔出。

b. 通过车辆端充电接口对线缆进行锁止，只有用车辆钥匙解锁后方可拔出。

c. 充电桩自带充电线缆，两者形成一体，无法从充电桩上取走充电线缆。

d. 通过充电接口自带电磁门将充电插头锁住，无权限状态下无法取出充电插头。

⑥ 在充电过程中带电插拔充电插头会有触电隐患，国标对控制引导提出规范，同时确保充电桩未充电时充电插座不会带电。

⑦ 充电桩应具备倾倒停机断电功能，避免出现意外碰撞事故对人员造成二次触电伤害。

3.3.1.4 质量标准

① 对于国产设备应遵循国家有关的标准执行。

② 对于国外进口设备应遵照厂家技术文件、IEC 标准或设备所属国家和地区的标准。

③ 对于国外进口的充电桩，在施工时应执行设备国的相关标准，并应结合国内相关标准。尤其是电气调试，专业性技术性强，对整个安装工程起着检验电气设备内在质量的作用，要严格把关、确保工程送电、试运行、投运顺利。所以对进口充电桩的安装工程不能照搬国内工程的常规施工项目、标准、方法进行调试工作，而应依据 IEC 标准、设备所属国家和地区或制造厂家企业标准进行调试。

④ 当有额外的测试项目时，可与国外设备方协商，按 IEC 标准和厂家测试标准实施。

3.3.2 电动汽车充电桩系统调试

3.3.2.1 系统调试前检查

① 充电桩的外观检查。在送电之前，先目测观察充电桩外表有无撞击痕迹，充电桩内一次、二次设备元器件有无人为损坏，连接是否正确，各元器件之间的电缆连接是否牢靠，控制线路接头是否松动，各相对地绝缘是否满足标准要求。

② 充电桩内二次联结线的校线检查。

③ 绝缘电阻检查。充电桩非电气连接的各带电回路之间、各独立带电回路与地（金属外壳）之间按标准要求进行绝缘电阻测试，绝缘电阻不小于标准要求值。

④ 与厂家配合进行通电前对充电桩整个系统的检查确认。

3.3.2.2 正常操作调试

在完成上述调试前检查无误后，按正常操作调试步骤操作充电桩，如下所示。

（1）通电开机　打开 NFB 开关，通电后，先检测三相电源是否缺相，电源是否稳定，应在允许范围内。充电桩的三相交流电上电后，充电桩内辅助电源启动，面板上的电源指示灯被点亮，此时充电桩处在"待机"状态。观察处于"待机"状态充电桩的触控屏幕，并按充电桩产品使用手册变更显示内容，检查是否有异常现象，判断风机运转是否正常，有的充电桩使用温控风机，一开机不一定转，等机内温度升高后风机才转。处于"待机"状态的充电桩将自动进行开机程序，在 2min 内显示充电起始页面。充电桩里面的充电模块的辅助电源和 DSP 都处在工作状态。充电桩的 CAN 通信口也已在工作状态，时刻等待着接受来自充电桩控制器的报文。

（2）使用者授权　将 RFID 卡置于感应区，刷卡或扫描二维码相当于给充电桩一个"使能"（Enable）信号，充电桩控制器接收到这个信号后，开始执行自检等相关的一系列动作。

（3）拔出和插入充电枪　从充电桩桩体的充电枪"插座"或"固定座"上拔出充电枪（多数充电桩上面安装的是"固定座"，只是起到固定摆放充电枪的作用，没有任何电气连接；也有部分充电桩使用"插座"，这种设计中，用户需要先"刷卡或扫描二维码"启动计费，再"摘枪"，否则枪被锁在充电桩上）。将充电枪插入电动汽车充电座，开始充电。

（4）显示功能检查　充电桩连接电池管理系统，并进行启停操作，在各种状态下，检查充电桩的显示功能。充电桩应能显示相关信息，显示字符清晰、完整，没有缺损。充电桩应显示的信息如下。

① 动力蓄电池类型、充电电压、充电电流、电能量计量信息、充电时间。

② 动力蓄电池单体最高/最低电压、动力蓄电池温度、动力蓄电池单体电压。

③ 设定参数、故障及报警信息。

④ 在手动设定过程中应显示人工输入信息。

(5) 输入功能测试 手动设置充电桩充电参数,充电桩应能正确响应。

(6) 通信功能测试 搭建充电桩与电池管理系统、充电桩与上级监控系统的通信环境,充电桩在充电过程中,应能随时响应上级监控系统数据的召唤和远程控制,上级监控系统能即时获得充电参数和充电实时数据。

(7) 协议一致性测试 通过模拟进行充电机与电池管理系统的协议一致性测试,充电机通信协议应满足 NB/T 33003 规定的要求。

(8) 连接异常测试

① 充电桩连接负载,人为将充电连接装置中的连接确认触头或通信触头断开,进行充电操作,此时充电桩应闭锁直流输出。

② 充电机设置在额定负载下运行,人为将充电连接装置中的连接确认触头或通信触头断开,检查充电机时应立即切断直流输出并发出告警提示。

(9) 自检 充电桩在自检过程中,操作人员可看到充电桩显示屏上显示出一系列步骤说明和进行条,此过程包括前述总体流程的三个阶段,即低压辅助上电、充电握手阶段、充电参数配置阶段。在此过程中,充电桩实现绝缘检测,启动泄放电阻将绝缘检测时的高压电泄放到 60V 以下。在此过程中,充电桩上的辅助电源供电给 BMS,BMS 开始工作,充电桩和车辆 BMS 之间进行数据交互、握手、配置充电相关参数(BMS 告知充电桩电池相关信息)。在自检过程中,充电桩控制器执行一系列程序,充电桩和车辆上的三组开关执行了断开或闭合的一系列动作。

(10) 选择充电方式 开始充电 一切就绪后,选择充电方式,充电桩控制器下发指令给充电模块,充电模块按指令要求的输出电压和输出电流开始工作,持续给电动汽车动力电池充电,显示屏显示实时充电信息。

(11) 充电结束 充电结束的条件如下。

① 完成充电程序。RFID 卡置于感应区进行付款,成功付款后,充电桩触控屏幕回到起始页面。充电桩的输出电压泄放到 60V 以下后,电子锁和机械锁解开,用户才能将枪从车辆的充电插座上拔出来,放回充电桩的固定座或插座。

② 充电桩在下面四种情况下都将中止充电。

a. 充电桩出现不能继续充电的故障。

b. 发生通信故障。3 次通信超时即判断为通信故障。

c. 充电枪和车辆之间的物理连接被断开,包括开关 S 由闭合变为断开,车辆接口由连接变为断开。

d. 充电桩输出电压高于电池的最高允许电压。

③ 车辆有异常,不能接受继续充电,BMS 向充电桩控制器下发中止充电的报文。

3.3.2.3 急停功能调试

正常操作调试正常后,进行急停功能调试,步骤如下。

① 使用者授权。将 RFID 卡置于感应区,刷卡或扫描二维码相当于给充电桩一个"使能"(Enable) 信号,充电桩控制器接收到这个信号后,开始执行自检等相关的一系列动作。

② 插入充电枪。从充电桩桩体的充电枪"插座"或"固定座"上拔出充电枪(多数充电桩上面安装的是"固定座",只是起到固定摆放充电枪的作用,没有任何电气连接;也有部分充电桩使用"插座",这种设计中,用户需要先"刷卡或扫描二维码"启动计费,再"摘枪",否则枪被锁在充电桩上)。将充电枪插入电动汽车充电座,开始充电。

③ 选择充电方式，开始充电。一切就绪后，选择充电方式，充电桩控制器下发指令给充电模块，充电模块按指令要求的输出电压和输出电流开始工作，持续给电动汽车动力电池充电。显示屏显示实时充电信息。

④ 按下红色"急停按钮"，充电桩主 NFB 跳脱，停止充电，显示错误及警示信息。

⑤ 再按或旋转"急停按钮"复归正常操作，按下 NFB 蓝色按钮及主开关，回到起始页面，则急停功能调试成功。

急停功能调试正常后，根据按现场调试方案要求进行空载和负载运行，在按正常负载运行时，用钳型电流表检查充电桩的输出电流是否在预定值之内（观察充电桩自显示电流也可，两者略有差别）。随时监控，并做好记录，以作为今后工况数据对照。

第 4 章 电动汽车充电桩运行与管理

4.1 电动汽车运行特点及充电设施商业模式

4.1.1 电动汽车运行特点及运行模式

4.1.1.1 电动汽车运行特点

(1) 储存电能多，充电功率大　一辆普通电动汽车的储存电能约为 40kW·h（度），约相当于普通家庭半个月的用电量。为能够在短时间内将电动汽车的蓄电池充满，需要充电机的充电功率较大，一般车载充电机（慢充）的充电功率为 2~3kW，专用直流充电桩的充电功率为 10~100kW。用 20kW 的直流充电桩为普通电动汽车的车载蓄电池充满电需要 1~2h。

电动大巴储存的电能为 250~300kW·h，车载充电机的充电功率为 5~20kW，专用直流充电桩的充电功率为 20~200kW。用 40kW 的直流充电桩为电动大巴的车载蓄电池充满电需要 4~6h。电动汽车的充电时间越短，对充电桩的输出功率要求越大。

(2) 运行距离近　一般电动汽车最大行驶里程约为 300km，考虑到路况、空调、安全系数、蓄电池衰减等因素，实际运行里程为 150~200km。如果没有充电桩的支持，其活动半径不超过 75~100km。

4.1.1.2 电动汽车运行模式

电动汽车充电桩的服务对象是各种各样的电动汽车，充电桩必须满足不同电动汽车的充电需求。电动汽车在不同的运行模式下，其对续驶里程和充电时间的要求也是不同的，直接影响充电桩的建设方式和功率需求。根据目前城市对电动汽车目标市场定位及电动汽车的发展趋势，按电动汽车的用途分有以下运行模式。

(1) 公交运行模式　公交运行模式具有一定的共性，通常行驶线路、行驶里程、行驶时间是固定的。公交运行模式应采用整车充电方式，这是由于其行驶里程和路径可预估。可充分利用夜间停运时段进行充电，满足下一次的行驶里程需要。由于电动公交车通常都有专门的停车场所，因此可在公交首末站停车场所建设充电桩，利用夜间低谷时段进行常规充电，电动公交车一次充电续驶里程至少应满足单程运行里程，紧急情况下应能实现电能的快速补充。

(2) 出租车运行模式　根据出租车一次充电后的续驶里程，应在其相应的出行范围内提供必要的充电设施。出租车需要及时快速补充电能，尽量增加运营时间，获得更大的经济效益，应在市区建立专用充电桩或蓄电池更换点，提高运营效率。即在出租车的运营时段，应能通过快速充电或蓄电池组快速更换完成电能补充。

(3) 公务车或社会车辆运行模式　公务车或社会车辆由单位、部门的驾驶员或社会大众驾驶，应在公务车集中的区域或居民小区建设相应的充电设施。公务车、商务车、社会车辆等行驶路线和行驶里程一般能预估；工程车行驶线路、行驶里程不固定，变化较大，应能通过快速充电或蓄电池组快速更换完成电能补充。

（4）示范区运行模式　如果为示范运行配备的车辆数有限，则为了提高车辆运营效率，应采用更换蓄电池组的方式，但是需要增加蓄电池组的投资。如果配备的车辆能够满足运营要求，应采用整车充电方式，这样就可以降低蓄电池组的投资，减少蓄电池更换操作造成的工作量。鉴于示范区用车数量少，运行范围相对集中，可以在示范区内建立集中的大型充电设施（蓄电池更换点）。

（5）私家车运行模式　用于上下班的私家车，停放时间和位置相对确定，可充分利用停靠的时间进行充电，因此，可以依托停车场所，建立简易充电设施提供充电服务，这样，不用兴建大规模的集中充电设施，可以大大降低成本。也可根据个体实际情况决定采用整车充电方式或蓄电池组更换方式，私家车的蓄电池容量通常较小，充电时间不会太长，蓄电池的成本较低，补充电能的方式只要方便使用者即可。

此外，对于充电桩而言，车辆的运行机制也会影响充电桩功率需求。电动汽车应充分利用电网谷电阶段进行充电，对车辆所有者而言，可最大限度降低运行成本，而电网公司则可借此调节电网的峰谷差。

4.1.2　电动汽车充电设施的商业模式

目前国内外电动汽车充电设施的建设、运营主要有三种商业模式，即公用充电站模式（站内设有多个充电桩）、停车场（或路边）充电桩模式、蓄电池租赁站模式。

4.1.2.1　公用充电站模式

充电站模式与加油站类似，通常建在城市道路或高速公路两旁。充电站模式由于需要占用大量场地和需要专用供电设施，投资大且难以收回成本，因而除政府样板行为外，很难进行商业推广。

（1）主要特征　充电站由多台充电设施组成，可以采取快充、慢充和换蓄电池等多种方式为各种电动汽车提供电能。慢充充电耗时较长，快充充电时间短，但对蓄电池损伤较大。规模较小的充电站一般可供 10 辆汽车同时充电，规模较大的充电站可供 40 辆汽车同时充电。

（2）优点　充电站可以为社会汽车提供多种服务，既可以快充，也可以慢充，有些充电站还可以提供换蓄电池服务；充电速度快，采用快充方式一般可在几十分钟内将蓄电池基本充满；充电站由于具有公用性质，设备利用率高于停车场的充电桩。公用充电站最大的优势在于快充，但目前快充技术还有待完善，以期进一步缩短充电时间，减小对蓄电池寿命的损害。

（3）缺点　充电站占地面积大，规模较大的充电站占地面积超过一般加油站，甚至可与停车场相比。由于占地面积大，在城市土地日益紧缺的情况下，充电站在大城市布点数量受限，网点密度低。由于需要配备多种充电设备，建设难度较大，一次性投入多，国家电网公司新建一座充电站投资平均在 300 万元左右。

4.1.2.2　停车场（或路边）充电桩模式

停车场（或路边）充电桩是为电动汽车补充电能的设备，外形犹如停车计时表一般。一个充电桩可同时为两辆汽车充电，充满电的时间为 6~8h。充电桩可实现计时、计电能、计金额充电。

(1) 主要特征　充电桩通常建在公用停车场、住宅小区停车场、商场停车场内，或建在公路边，也可以建在私人车库中。充电桩具有功率较小、布点灵活等特点，以慢充方式为主，具备人机操作界面和自助功能。

(2) 优点　充电桩建在停车场或路边，占地面积小，建在车库和住宅小区内的充电桩完全不占公共用地；建设难度小，一次性投资少，单个充电桩的建设成本在2万～3万元。

(3) 缺点　充电桩采用慢充方式，充电速度慢，充电时间要5～10h；由于充电时间长，且部分充电桩具有专用性质，因此充电桩的设备利用率低；不能满足应急、长距离行驶的充电需求。虽然建设单个充电桩很容易，但充电桩要形成网络才能满足电动汽车普及的需要，完善整个充电网络需要较长时间。

4.1.2.3　换电站（蓄电池租赁）模式

蓄电池租赁是指电动汽车与蓄电池销售分开，部分厂商出售电动汽车裸车，部分厂商经营蓄电池租赁业务。中央财政对蓄电池租赁企业给予补助，蓄电池租赁企业按扣除补助后的价格向私人用户出租新能源汽车蓄电池，并提供蓄电池维护、保养、更换等服务。蓄电池只租不售，汽车在换电站直接更换蓄电池实现充电，并结清前一组蓄电池实际电量使用费用。

(1) 主要特征　用户从蓄电池租赁公司租用蓄电池，更换站为用户提供更换蓄电池和蓄电池维护等服务，蓄电池在充电中心集中充电。由于蓄电池组重量较大，更换蓄电池的专业化要求较强，需配备专业人员借助专业机械来快速完成蓄电池的更换、充电和维护。

(2) 优点　对蓄电池更换门店要求很低，只需要2～3个停车位，占地面积小，易于在城市大面积布点。蓄电池更换站的主要设备是蓄电池拆卸及安装设备，电气设备少，建设难度小，一次性投资也比充电桩少；更换蓄电池速度快，时间一般为5～10min，未来随着技术的进步，更换蓄电池所需的时间将少于快充时间。

从商业运营的角度看，更换蓄电池模式属于能源新物流模式。更换蓄电池模式有利于蓄电池生产企业的规模化、标准化生产，有利于能源供给企业的规模化采购与集约化管理，将显著降低总运营成本。能源供给企业作为一个相对独立的中间运营商，有利于政府施行更具有针对性的扶持和优惠政策，如电价政策、购买蓄电池补贴政策等，易于建立清晰的财务盈利模式，比单纯提供充电服务可获得更高的投资回报，具有更广阔的发展空间。除此以外，这种模式对电网安全、经济运行也十分有利，集中充电便于统一调度、管理和监控，能够最大限度地发挥削峰填谷作用，提高电力系统负荷率，最大限度地减少谐波污染等对电网的不利影响，有利于电网的安全稳定运行和电力资源的优化利用。

(3) 缺点　换电站（蓄电池租赁）模式要求国家建立统一的蓄电池标准，电动汽车安装的动力蓄电池必须可拆卸、可更换，对汽车工业标准化体系要求非常高。我国目前电动汽车标准体系还很不健全，各汽车生产厂家和蓄电池生产厂家基本上"各自为战"，蓄电池规格差别很大；更换蓄电池模式涉及蓄电池租赁、充电、配送、计量、更换等多个环节，由多家企业分工完成，工作复杂。

蓄电池更换站模式在理论上是一种较为理想的商业模式，国内有个别城市已开展了试点运营，但在短期内大规模推广这种模式存在一些困难，主要体现在以下三方面。

① 管理方面。我国处于电动汽车产业发展初期，蓄电池技术尚未成熟，各种蓄电池的性能、质量差距很大，统一蓄电池标准难度非常大，这不仅是蓄电池标准化的问题，还涉及电动汽车的标准化，是一个庞大的系统工程，涉及汽车厂、蓄电池制造商、更换站经营者等

各方面的利益。

② 技术方面。为了保证蓄电池可更换，所有蓄电池均须具有良好的一致性。不仅要统一蓄电池接口标准，还要统一蓄电池的尺寸、规格、容量、性能等，在目前国内蓄电池生产厂家"各自为战"的情形下，统一所有蓄电池厂家生产蓄电池的一致性问题，在短期内很难实现。

③ 蓄电池流通方面。蓄电池更换过程中会存在蓄电池新旧程度、残留能量的差异，将带来蓄电池更换时如何计量、计费的难题。

总之，蓄电池更换站模式要成为一种成熟的商业模式，还有很长的路要走。只有在我国电动汽车工业发展到较为成熟的阶段，才可能成为充电产业主流的商业模式。

4.1.2.4 电动汽车充电设施商业模式发展趋势

以上三种模式不是非此即彼、互相排斥的关系，而是既互相竞争又互为补充的关系。未来应由充电站、充电桩和更换站共同组成一个完整的充电网络体系，为电动汽车用户提供便捷、高效的服务。

公用充电站建设在技术上不存在问题，设备投资成本也不高，但其占用过多的土地资源，征地成本不可低估。从短期看，在电动汽车发展的初级阶段、充电设施建设刚刚起步、完备的充电网络还没有形成的情况下，迅速建设一批公用充电站是必要的，可以产生良好的示范效应和广告效应，推动电动汽车的尽快普及。但是从长期看，公用充电站不可能成为电动汽车充电的终极解决方案，也不应作为主要的充电方式。公用充电站应该定位于主要满足各种社会车辆的应急充电需求，以提供快充服务为主，这样可以有效减少充电站的占地面积，提高设备利用率。

从使用便利性和节约资源角度考虑，普通电动汽车大部分时间都处在停车状态，建在停车场和路边的充电桩基本可以满足普通电动汽车常规充电的需要；并且以数量庞大的充电桩替代充电站，还可以节约宝贵的土地资源。因此，长期来看，在我国占据主导地位的常规充电方式应为慢充，停车场和路边的充电桩将成为占主导地位的充电设施。在所有能够停车的地方建上充电桩，每增加一台电动汽车即新建一个充电桩，充电桩数量将与电动汽车数量相当。

在国外，居家充电是使用频率最高的电动汽车充电方式，在家门之外，才需依靠公用充电设施。目前从以色列特拉维夫和日本东京地区的使用经验来看，停车场和社区的充电桩使用频率更高，而充电站并未成为大多数电动汽车使用者的优先选择。

随着电动汽车数量迅速增长，应形成以"充电桩为主、充电站为辅"的充电网络，充电桩用于常规慢充，充电站满足应急快充的需求。因此，我国目前应加强对充电设施规划、建设、运营等有关问题的研究，加快充电桩的布点和建设。

目前，更换站模式存在管理、技术和商业上的困难，短期内难以大规模推广。当我国电动汽车工业发展到较为成熟的阶段，蓄电池更换站模式将可能成为更成熟、更高效的商业模式，而近期可在个别具备条件的城市开展蓄电池更换站模式的试点。

经过上述分析，未来将出现以家庭交流充电（解决有固定车位消费者的需求）为主，经营性直流快充（解决无固定车位消费者、应急充电消费者的需求）为辅，集团用户直流快充（解决如公交车、出租车等集团用户的需求）为补充的电能补给格局。因此，投资建设并运营提供有偿充电服务的充电桩符合未来电能补给的趋势。

4.2 电动汽车充电设施建设模式及工作流程

4.2.1 电动汽车充电桩解决方案及充电设施建设模式

4.2.1.1 电动汽车充电桩解决方案

(1) 小区智能充电解决方案（地下、地上停车场） 由于新能源私家车市场占有率逐渐增多，家庭充电则成为不可或缺的一部分。针对小区充电时间长、土地资源有限、配电容量短缺等问题和难点，推出了交流充电桩和小功率直流充电桩解决方案。从而实现在保证不增加配电容量的前提下实现最优、最快充电。小区智能充电解决方案（地下、地上停车场）的特点如下。

① 根据小区场地实际情况，灵活配置充电桩的类型和功率。
② 交流充电桩可以实现壁挂安装，不占用空间，节省土地资源。
③ 交流充电桩体积小，安装方便，可以实现快速补电需求。
④ 可以与小区停车管理系统兼容，实现停车和充电"一站式"服务。
⑤ 支持手机 APP 在线预约及支付功能，不用每天抢车位，可以在家实时查看充电情况。
⑥ 整套解决方案具备计量计费和监控安防系统，操作安全。

(2) 商圈景区充电解决方案 商圈景区成为人们日常生活中的主要聚集场所，具有停留时间短、人员流动性大等特点，针对这种特点推出了商业模式充电桩解决方案，在传统交直流充电桩基础上搭载户外广告屏。在保证正常快速充电的同时推出了具有增值服务的功能，可以实时播放广告信息，打造多渠道盈利模式。商圈景区充电解决方案的特点如下。

① 可以实现实时信息推送服务，增加商业价值。
② "一刷一扫"即可完成充电，即充即走，简单方便。
③ 实现多渠道盈利模式。

商圈景区充电解决方案适用场景：商场、酒店、旅游景区、办公 CBD 等场所。

(3) 集中式快速充电解决方案 城市公共交通和出租车、网约车成为人们出行及日常生活的主要工具，也是新能源汽车的主力军，针对公共交通和出租车、网约车的特点（需求充电时间短、充电频繁、充电稳定性高）推出了一体式及分体式大功率快充电桩解决方案，方案采用的站级管理系统可以实现对充电桩、车、配电侧等产品统一进行监控管理和调度，实现一体化运营。一体式和分体式大功率快充电桩解决方案的特点如下。

① 充电站采用层级管理，系统实现运行更安全（人身安全、电网安全、车辆安全）、更灵活。
② 采用 300kW 一体式大功率充电桩，满足公共汽车快速补电需求。
③ 采用轮充和功率分配两种类型，实现夜间不间断充电，真正无人值守。

集中式快速充电解决方案适用场景：公交场站、公共快速充电站等适用于充电频率高和快速补电场景。

(4) 高速公路充电网络解决方案 我国将在"两纵两横一环"高速公路城际快充网络的基础之上，建设"七纵四横两网格"高速公路快速充电网络。针对高速公路充电网络要求充电速度快、无需等位、支付方便灵活等特点推出的解决方案，满足高速充电网络充电需求，高速公路充电网络解决方案的特点如下。

① 具有大功率快速充电在线预约、网上支付等功能，实现快速便捷充电。

② 具备 GPRS 数据传输功能，可以实现无线与后台主站实时进行通信。

③ 具备出行引导规划功能，可实现错峰出行。

4.2.1.2 电动汽车充电设施建设模式

（1）政府主导模式　以政府或公共机构为充电设施建设运营主体，电力供应商、充电装置研发制造企业或其他社会力量共同参与。政府主导模式的突出特点是由中央和地方政府通过"直接投资、政府所有"的方式，支持电动汽车充电设施的建设、运营和发展。按照政府建设与运营方式不同，此种模式可以有两种具体操作方式。

① 直接主导方式，即由政府直接出资建设电动汽车充电设施，建成后由政府相关部门负责经营管理。

② 间接主导方式，即由政府出资建设电动汽车充电设施，建成后移交给国有企业经营管理，或者委托专业机构经营管理。

政府主导模式的优点：作为公共基础设施的电动汽车充电桩，其建设运营在大多数地区都由政府主导，即政府作为投资主体，由政府来组织运营，亏损由财政部门负担，可促进电动汽车商业化运行的实施和发展，引领和推动电动汽车及充电设施建设有序发展；实现电动汽车充电设施的统一规划和集约化发展。

政府主导模式的缺点：由于目前电动汽车充电桩运营普遍效率低下，会长期增加政府财政压力，不利于电动汽车充电设施大规模集约化建设与运营。随着电动汽车商业化运行规模和区域的扩大，投资需求增加，使得政府财政能力难以支撑，政府的融资压力不能得到缓减。

（2）企业主导模式　由作为市场主体的企业投资与运营电动汽车充电设施，企业投资电动汽车充电设施可以实现传统能源企业逐步向新型能源企业转变。电网企业将电动汽车充电设施建设纳入智能电网有机组成部分，既可催生储能技术，又可促进清洁能源发展，实现电力资源的节约和高效利用。

企业主导模式的优点：拓宽了投资渠道，减轻了政府财政压力；能保证电动汽车充电设施建设所需的资金投入；可以有效提高充电设施的经营效率和管理水平。

企业主导模式的缺点：容易导致充电设施建设的无序发展；影响或制约电动汽车产业发展；与相关领域的协调性不足。在电动汽车示范运行阶段，充电设施运营商在单一运行区域的固定资产投资在示范运行期满后不能持续发挥最大效益。

根据建设主体对充电设施商业化运行项目组织管理方式的不同，企业主导模式又可分为企业直接主导型、委托运营型和一体化运营型三类。

① 企业直接主导型。企业直接主导型的特点是由一家或多家电力供应部门，或研究开发及制造充电装置的生产企业建设充电设施，并由这些企业共同负责充电设施的商业化运营。

② 委托运营型。委托运营型的特点是由企业投资建设充电设施，但委托专业企业进行充电设施的商业化运营，并提出运营要求和规范。建设主体本身一般会提供技术人员参与商业化运营。

③ 一体化运营型。一体化运营型的特点是企业与电动汽车商业化运行的主体联合起来共同建设和运营充电设施。如电力供应部门与负责电动汽车运营的公交公司或与公务车、商务车用车部门或企业之间联合建设和运营充电设施，以利于电动汽车运行主体推动电动汽车充电设施的商业化运行。

（3）混合模式

① 混合模式的特点：政府参与和扶持下的企业主导模式，混合运营电动汽车交直流充电桩集中站。

② 混合模式的优缺点：政府和企业互补能够减少各自模式的不足，推动电动汽车充电桩产业进步发展。但是双方协调要求高，企业受到的约束会较多。

（4）众筹模式

① 众筹模式的特点：整合企业、社会、政府等多方面力量，利用互联网思维的众筹模式推进充电桩建设。

② 众筹模式的优缺点：众筹有利于提高社会资源利用率，并且有助于提高各个环节的工作效率，在服务上也更注重用户需求。众筹模式目前得到政府大力支持和推广，但在停车位资源紧张的一线城市较难推广。

（5）用户主导模式　即电动汽车用户为满足自身车辆运行需要，投资建设电动汽车充电设施。电动汽车用户投资建设的充电设施被视为电动汽车的一项配套设施，避免受制于外部充电桩以及由此给电动汽车运行带来不利和不便的影响。用户主导模式的优点是电动汽车用户可以根据自身需要建设充电设施，实现充电设施与其自身的电动汽车有效衔接，其缺点是电动汽车用户不仅要承担高额的充电设施建设和运行费用，更为重要的是会导致充电设施利用率低和造成重复建设。

不同的电动汽车充电设施建设模式及适用运行模式如下。

① 政府主导型模式适用于电动汽车商业化运行规模较小，或处于电动汽车发展的早期，需要鼓励企业从事电动汽车充电基础设施的建设，或政府经济实力强大时，可采用这种模式，体现政府支持。

② 企业主导型模式适用于电力供应企业急需拓展电力市场，提高充电设施品质和性能，有政府支持，且企业实力较强，并在运行区域有长远规划时。

③ 众筹模式与混合模式适用于电动汽车商业化运行规模较大、有很大的客流量、充电需求大、政府财政能力较弱、市场环境和市场机制较好、融资渠道较畅通时。

④ 电动汽车用户主导型模式的充电设施建设是为满足用户自身运行需要，但随着电动汽车市场的逐渐扩大和成熟，有商业化运营的趋势。

以上四种运行模式各有其特点，选择电动汽车商业化运行模式时需根据实际情况，以体现市场经济中政府和市场的分工合作、体现不同企业和机构基于核心竞争力的专业化分工合作、实现市场资源的最优配置为准则。

4.2.2　电动汽车充电桩工作流程

4.2.2.1　整车充电方式的工作流程

当电动汽车与充电桩的充电插头连接后，按照电动汽车的需求进入能量补给程序。如果是整车充电，则连接整车充电系统。该系统进行故障诊断，出具状况检测报告，根据不同情况进入充电程序（整车充电的车辆，可以是整车日常补充充电，也可以在需要临时充电时采用应急性的整车快速充电）。在整车充电系统进入充电程序后，充电桩和车载蓄电池管理系统通信，将蓄电池的数据传输到充电桩监控网络主机。车辆采用整车充电方式的具体工作流程如下。

① 插上充电插头后，车载设备（包括车载监控、蓄电池管理系统）自动供电，正常运转。

② 闭合充电机控制电源。

③ 确认监控室与充电机、车载监控、车载蓄电池管理系统之间 CAN 网络已经建立。

④ 确认蓄电池状态正常后，设置充电参数，参数设置返回成功后启动充电桩开始充电。

在操作过程中如果出现故障，必须排除故障之后才能继续操作。

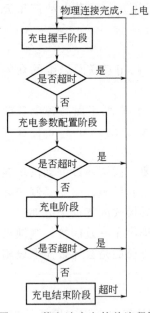

图 4-1 蓄电池充电的总流程图

4.2.2.2 蓄电池充电工作状态转换

整个充电过程包括四个阶段，即充电握手阶段、充电参数配置阶段、充电阶段和充电结束阶段。在各个阶段，充电机和电池管理系统（BMS）如果在规定的时间内没有收到对方报文或没有收到正确报文，即判定为超时（对于多帧报文，超时指在规定时间内没有收到对方的完整数据包或正确数据包），超时时间除特殊规定外，均为5s。当出现超时后，BMS或充电机发送错误报文，并进入错误处理状态。在对故障处理的过程中，根据故障的不同处理方法，分别进行不同的处理。在充电结束阶段中，如果出现了故障，不必再进行处理，直接结束充电流程。蓄电池充电的总流程如图4-1所示。

（1）充电握手阶段 当充电机和BMS物理连接完成并上电后，BMS首先检测低压辅助电源是否匹配，如果低压辅助电源匹配，双方进入充电握手阶段，确定电池和充电机的必要信息。充电握手阶段流程图如图4-2所示，充电握手阶段报文目的如下。

① PGN256 充电机辨识报文（CRM）目的：向BMS提供充电机辨识信息。当BMS和充电机完成物理连接并上电后，该报文由充电机向BMS每隔20ms发送一次SPN2562=00的充电机辨识报文。若连发3帧辨识报文仍未收到BMS辨识信息，则充电机判断充电连接异常，同时自动切断供电回路，并发超时报文。

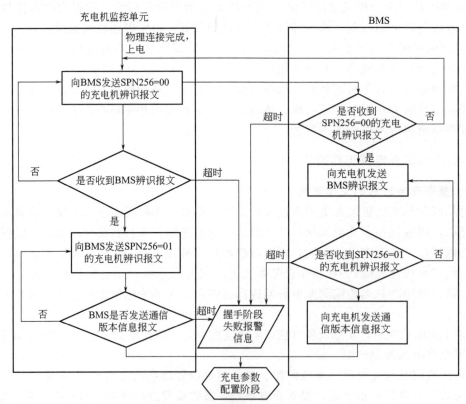

图 4-2 充电握手阶段流程图

② PGN512 蓄电池组身份编码信息报文（BRM）目的：向充电机提供蓄电池组身份编码信息。当 BMS 收到 SPN2562＝00 的充电机辨识报文后，向充电机每隔 20ms 发送一次，数据域长度超出 8 字节时，需使用传输协议功能传输，发送间隔为 10ms。若连发 3 帧辨识报文仍未收到 SPN2562＝01 充电机辨识报文，则 BMS 判断充电连接异常，同时自动切断充电回路，并发超时报文。

③ PGN768 BMS 版本信息报文（BVM）目的：确认 BMS 通信协议版本信息。当 BMS 收到 SPN2562＝01 充电机辨识报文后，发送给充电机通信协议的版本信息。

④ PGN1024 充电握手阶段错误代码（CE1）目的：充电握手阶段发生的错误代码。

（2）充电参数配置阶段　充电握手阶段完成后，BMS 和充电机进入充电参数配置阶段。在此阶段，BMS 向充电机发送蓄电池详细的充电参数，充电机向 BMS 发送充电机最大输出级别等信息，双方发送完毕后，即互相发送充电准备报文，以准备进入下一个阶段。充电参数配置阶段流程图如图 4-3 所示，充电参数配置阶段报文目的如下。

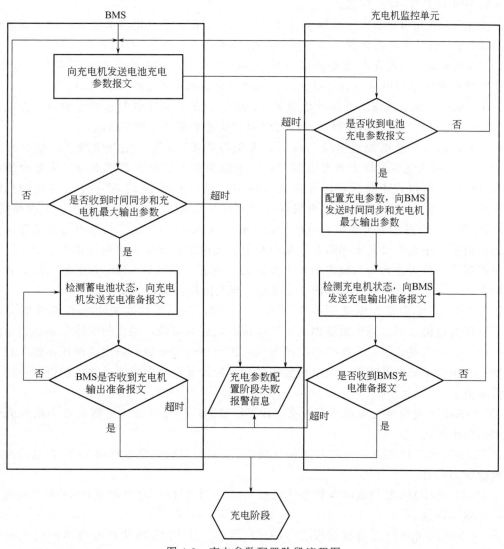

图 4-3　充电参数配置阶段流程图

① PGN1280 充电参数配置阶段错误代码（CE2）目的：充电参数配置阶段发生的错误代码。

② PGN1536 蓄电池充电参数报文（BCP）目的：在充电参数配置阶段，BMS 发送给充电机的蓄电池充电参数（蓄电池模块最高允许充电电压、蓄电池最高允许充电电流、蓄电池最大允许充电容量、蓄电池最高允许充电总电压、蓄电池最高允许温度）。

③ PGN1792 蓄电池参数♯1 报文（BP1）目的：在充电参数配置阶段，BMS 发送给充电机的蓄电池物理参数 1（车号、蓄电池模块串联数、蓄电池模块并联数、整车蓄电池估计剩余容量）。

④ PGN2048 蓄电池参数♯2 报文（BP2）目的：在充电参数配置阶段，BMS 发送给充电机的蓄电池物理参数 2（蓄电池充电电流、整车蓄电池总电压、蓄电池供应商代码、蓄电池组组数、每组蓄电池个数）。

⑤ PGN2304 充电机发送时间同步信息报文（CTS）目的：在充电参数配置阶段，充电机发送给 BMS 的时间同步信息。

⑥ PGN2560 充电机最大输出级别报文（CML）目的：在充电参数配置阶段，充电机发送给 BMS 充电机最大输出级别，以便估算充电时间。

⑦ PGN2816 蓄电池充电准备就绪报文（BRO）目的：在充电参数配置阶段，BMS 发送给充电机的蓄电池充电准备就绪报文，让充电机确认蓄电池已经准备充电。

⑧ PGN3072 充电机输出准备就绪报文（CRO）目的：在充电参数配置阶段，充电机发送给 BMS 充电机输出准备就绪报文，让蓄电池确认充电机已经准备输出。

（3）充电阶段　充电配置阶段完成后，充电机和 BMS 进入充电阶段。在整个充电阶段，BMS 实时向充电机发送电池充电需求，充电机根据电池充电需求来调整充电电压和充电电流以保证充电过程正常进行。在充电过程中，充电机和 BMS 相互发送各自的充电状态。除此之外，BMS 根据要求向充电机发送动力蓄电池具体状态信息及电压、温度等信息。

BMS 根据充电过程是否正常、电池状态是否达到 BMS 自身设定的充电结束条件以及是否收到充电机中止充电报文来判断是否结束充电；充电机根据是否收到停止充电指令、充电过程是否正常、是否达到人为设定的充电参数值，或者是否收到 BMS 中止充电报文来判断是否结束充电。充电阶段流程图如图 4-4 所示，充电阶段报文目的如下。

① PGN4096 蓄电池充电级别报文（BCL）目的：让充电机实时更新蓄电池的充电级别。在恒压充电模式下，充电机输出的电压应满足电压需求值，输出的电流不能超过电流需求值；在恒流充电模式下，充电机输出的电流应满足电流需求值，输出的电压不能超过电压需求值；在恒功率充电模式下，充电机输出的功率应满足功率需求值，输出的电压不能超过电压需求值。

② PGN4352 蓄电池充电总状态报文（BCS）目的：让充电机确定蓄电池当前的充电状态和剩余充电时间。

③ PGN4608BMS 发送蓄电池状态信息报文（BS1）目的：充电阶段 BMS 发送给充电机的蓄电池状态信息。

④ PGN4864BMS 发送蓄电池状态信息报文（BS2）目的：充电阶段 BMS 发送给充电机的蓄电池状态信息。

⑤ PGN5120 充电机充电状态报文（CCS）目的：让 BMS 确认充电机当前的充电状态和累计充电时间。

⑥ PGN5376 蓄电池组各模块电压报文（BMV）目的：蓄电池组各个模块电压值。数据

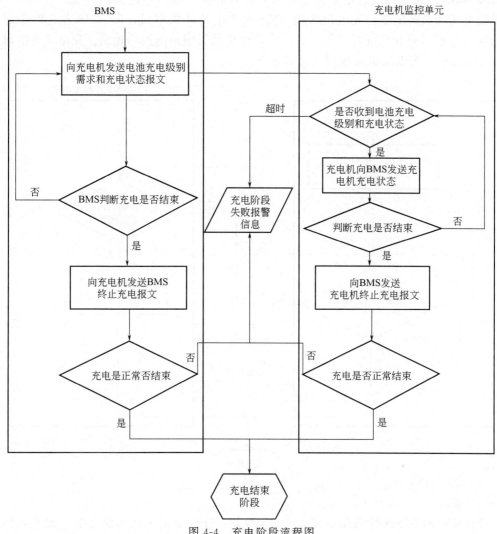

图 4-4 充电阶段流程图

域的长度超出 8 字节，需使用传输协议功能传输。

⑦ PGN5632 蓄电池组温度报文（BMT）目的：蓄电池组温度。数据长度超出 8 字节时，需使用传输协议功能传输。

⑧ PGN5888 蓄电池组荷电容量 SOC 值报文（BSOC）目的：蓄电池组荷电容量值。数据域长度超出 8 字节时，需使用传输协议功能传输。

⑨ PGN6144 蓄电池组平均模块电压值报文（BAV）目的：各蓄电池组平均模块电压。数据域长度超出 8 字节时，需使用传输协议功能传输。

⑩ PGN6400BMS 终止充电报文（BST）目的：让充电机确认 BMS 将发送终止充电报文，以令充电机结束充电过程以及结束充电的原因。

⑪ PGN6656 充电机终止充电报文（CST）目的：让 BMS 确认充电机即将结束充电以及结束充电的原因。

⑫ PGN6912 充电阶段错误代码（CE3）目的：充电阶段错误代码。

(4) 充电结束阶段 当 BMS 和充电机有一方结束充电阶段后，便进入充电结束阶段。

在此阶段 BMS 向充电机发送整个充电过程中的充电统计数据，包括初始 SOC、终了 SOC、电池最低电压和最高电压。充电机收到 BMS 的充电统计数据后，向 BMS 发送整个充电过程中的输出电量、累计充电时间等信息，最后停止低压辅助电源的输出。充电结束阶段流程图如图 4-5 所示，充电结束阶段报文目的如下。

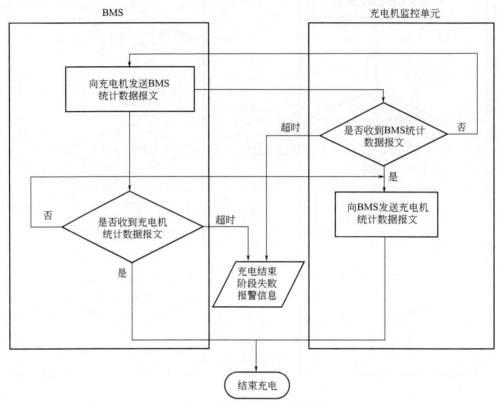

图 4-5　充电结束阶段流程图

① PGN7168BMS 统计数据报文（BSD）目的：让充电机确认本次充电过程的具体统计数据。

② PGN7424 充电机统计数据报文（CSD）目的：让 BMS 确认充电机关于本次充电过程的具体统计数据。

③ PGN7680 充电结束阶段错误代码（CE4）目的：充电结束阶段错误代码。

4.3　电动汽车充电桩运营系统及运营管理

4.3.1　电动汽车充电桩运营系统

充电桩的运营是一项复杂的系统工程，为保证充电服务的有效提供，电动汽车的充电运营需要多个子系统的协调和保障，包括电力供应系统，充电计量和结算系统，公用充电网络，蓄电池、配件维护维修体系，以及专业化的组织管理保障等。

4.3.1.1　电力供应系统

电力供应系统是保障充电桩运营最基本的也是最重要的一个环节，同时也是保障电动汽车得以商业化运行的重要支持。充电桩从建设到运营，应加强与电力供应企业的协调。

在充电桩规划和建设阶段，需要得到电力供应企业的合作和支持，完成充电桩外部电网的合理设计和安全、有效接入；充电桩运营期间，需要得到电力供应保障，这是维持其持续运营的根本；此外，如能与电力供应企业良好协商，充电桩运营商可获得电力公司销售电价方面的优惠，进而提高充电桩的运营赢利能力。

由此可见，电力供应企业在充电桩运营乃至电动汽车产业化发展当中充当着一个重要的、根本的角色。因此，电力供应企业可充分把握其地位，瞄准电动汽车充电市场，尽快建立起与充电体系关联的市场发展策略，在推进电动汽车充电市场发展的同时，也实现自我的发展。

4.3.1.2 充电计量和结算系统

充电计量和结算系统是充电设施与电动汽车用户交流的一个重要环节，准确、合理、方便、快速的计量和结算系统是充电设施准确核算财务收益、提高运营效率的重要手段。

在充电桩运营中，需要通过准确的充电计量系统，保障充电桩与电动汽车用户之间的交易以可靠、准确、真实的方式进行。同时，智能化的充电计量系统也将成为充电桩运营的一个方向，通过对蓄电池的剩余电量进行科学估计，不仅能精确核算电量，而且成为选择合适充电方法和提高蓄电池性能的有效依据。

充电费用结算工具、结算手段的现代化，对提高充电桩运营效率具有重要的意义。特别是对于无人值守的充电桩，智能化的结算系统是保障充电桩正常运营不可缺少的一个手段。用户通过先进的IC卡、银行卡、微信、支付宝等即可快捷方便地完成充电费用结算。因此，充电桩的顺利、高效运营，需要现代化、智能化的充电计量和结算系统加以保障。

4.3.1.3 公用充电网络

分布合理、数量众多、昼夜服务的公用充电网络是电动汽车商业化的必备条件之一，它的发展直接决定了各式电动汽车的应用和推广，进而也成为推动充电桩个体实现商业化运营的基础。数量少、规模小、布局不合理的充电配套设施根本无法支撑未来大规模的电动汽车商业化、产业化的运营。

公用充电网络由常规公用充电桩、快速充电桩和蓄电池组更换站组成，其运营方式分为有人值守和无人值守两种方式。公用充电网络中充电桩的布局、数量和充电方式应该合理设计和部署，使电动汽车在充电网络中能方便、及时的充电，保障电动汽车的正常运行。

城市公用充电网络应由城市主管部门统一规划，合理布点，形成网络，由政府出面协调城市规划、建设、电力、交管等部门的职责，统一建设、实施。电动汽车研发主管部门、国家技监部门和汽车产业主管部门也应通力协作，尽快制定公用充电设施的技术标准和相关配套件的技术标准，尽快投入实施，使想投资充电设施的商家和想应用电动汽车的用户，以及想改善城市环境卫生和树立城市形象的地方政府可以及时、有目标地进行实施。

4.3.1.4 蓄电池、配件维护维修体系

由于蓄电池的使用成本在电动汽车运行中占有很大比例，所以做好蓄电池的维护工作，有助于延长蓄电池使用寿命，降低车辆运行成本，减少用户使用费用。因此，充电网络的运营应配套蓄电池、配件的维护维修体系支撑。

结合充电管理系统，可帮助用户在充电过程中及时发现问题，并进行相关的维护维修工作。配合充电网络建立的蓄电池维护维修体系，也使用户无论什么时候遇到问题，都可到附近的充电网络寻求帮助。同时，也提高了充电网络运营的赢利能力。

4.3.1.5 专业化的组织管理保障

由于电动汽车对技术发展的依赖性大,其运行中具有较多的不确定性,这就决定了电动汽车充电过程要求实现专业化、系统化。因此,应开展有效的组织管理,以保障充电设施的安全、高效运营。同时,专业化的组织管理体系有助于推动充电设施乃至电动汽车的商业化运营。具体来说,可从以下方面加以保障。

① 要建立职责明确、执行有力的运营组织架构,不同职责岗位配备不同的专业化人员,从组织管理方面对充电设施的建设和运营进行严格、规范和有效的控制,满足电动汽车充电的专业化要求。

② 根据充电设施运营组织架构,设计一套合理的组织工作流程,使充电方法、技术和不同电动车辆需求相适应。同时,要协调好不同岗位之间的业务关系,协调好各个环节的衔接,充分提高充电设施的运营管理效率。

③ 建立与充电设施一体化管理相适应的严格的管理法规、条例和规章制度,以责任制为基础,对各种运营管理参数进行科学量化,增强管理的针对性和时效性。

④ 电动汽车作为新的事物,充电设施和车辆在充电中出现故障或意外事故是有可能的,应建立故障恢复与紧急响应机制,加强管理,确保人员、车辆及充电系统的安全。

4.3.2 电动汽车充电桩运营管理

电动汽车能源供给设施是电动汽车产业链中的重要环节,电动汽车能源供给设施主要包括交直流充电桩、充电站、蓄电池更换站三种类型,电动汽车能源基础服务设施的构成设备数量多、地点分散,采用GIS能把所有与空间地理位置有关的信息收集起来,建成多源空间信息数据库,综合分析利用,获取有价值的信息,通过地图和表格生动直观地表达出来,供用户有效地管理这些信息,更有效地做出决策。随着互联网的快速发展,WebGIS使得空间信息及其服务能够在分布式计算机网络环境中部署,极大地提升了GIS的应用服务水平。

随着电动汽车的推广应用和大量的电动汽车充电设施的建设,如何对充电设施进行有效的运营管理成为一个亟待解决的问题。根据多年电动汽车充电设施的建设经验,分析充电设施运营管理特点,利用先进的通信技术、数据采集技术、Web和GIS技术,设计并开发电动汽车充电设施的运营和管理自动化系统,以提高电动汽车充电设施的运营和管理水平。

4.3.2.1 电动汽车充电设施运营特点

(1) 充电设施建设模式　电动汽车充电设施是不可缺少的电动汽车能源服务基础设施,其电能供给主要有交流充电、直流充电和蓄电池组快速更换三种典型方式。电动汽车用户通过交流充电桩或直流充电桩直接为汽车充电,即时消费电力产品并通过现场付费的模式支付费用,完成交易。

为满足大规模的家用电动汽车用户及时、方便地充电的需求,选用充电桩充电模式是最佳选择。在住宅小区或商业大厦的专用停车场安装一定数量的智能充电桩,为电动汽车提供应急充电服务。充电桩占地面积很小,建设成本较低,更适合于支撑大规模的家用电动汽车充电。

(2) 系统功能需求　充电桩的建设是以点为基本特征的充电设施,充电桩数量众多,且地理位置分散,多数充电桩直接安装在室外,长期处于湿度大、灰尘大、温差大的环境中运行,所以及时掌控其运行状态是保证设备稳定可靠运行的基础。

充电桩运营维护管理涉及对分散于市区内充电设施的资产管理,充电桩充电监视及相关参数的设置管理,电动汽车用户卡的发放、充值、解锁等。因此,充电桩运营管理的功能主要包括以下内容。

① 远方监视功能，结合充电桩地理位置监视其状态信息、报警信息以及充电监视。

② 远方控制功能，实现对充电桩保护定值以及交易费率等参数设置。

③ 计费管理功能，记录充电计费信息，并提供数据分析统计功能。

④ 资产管理功能，实现对充电设施全生命周期管理，提供其相关信息查询以及利用率分析功能。

⑤ 分布式管理功能，对管理权限设置，通过系统与互联网技术紧密结合，实现城市片区集中管理功能。

⑥ 用户卡管理功能，能满足在市内不同片区建立充值卡营销网点，实现电动汽车用户多点发卡与充值功能。

（3）系统总体结构　根据上述功能需求，开发的充电桩运营管理系统由三个子系统构成，包括数据采集系统、发卡充值系统、WebGIS 系统，管理中心（内网）与互联网（外网）通过安全防护相连，外网程序通过访问 Web 服务器的接口与内网进行数据交互。通过系统共享数据，管理中心可以统一管理，也可以给相关管理人员指定不同区域管理权限，通过互联网实现分布式管理。发卡充值系统可分布在城市各网点。充电站/桩运营管理系统结构如图 4-6 所示。

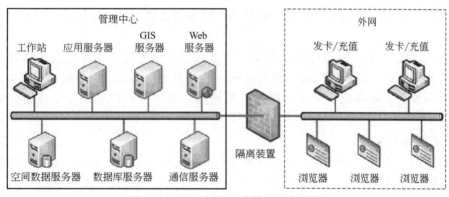

图 4-6　充电站/桩运营管理系统结构

通过图 4-6 所示的运营管理系统，可实现对电动汽车用户、充电设施以及运营维护人员的有机协调，以保证电动汽车用户的电能补充，提高充电设备利用率和管理人员的工作效率。

4.3.2.2　系统架构设计

（1）通信架构　充电桩分布广，只有通过对专门的通信通道进行有效管理，才能保证所有充电设备信息上传，又降低通信成本，因此需要充分考虑通信方式。充电桩上行通信信道支持 GPRS/CDMA，并具有串口或以太网接口，布置于小区、公用停车场内的充电桩相对集中，可采用数据汇集器实现充电桩信息汇集上传。对于街道沿线分散的单个充电桩直接采用 GPRS/CDMA 专网方式与管理中心通信进行信息交互，对已建监控系统的充电桩内的充电桩信息，可直接通过专网与管理中心信息交互。

（2）软件结构　电动汽车充电桩运营管理系统软件宜采用三层结构，包括系统平台层、支撑服务层、业务应用层。纵向业务应用与相应支撑服务相关联，横向不同的服务通过数据库松耦合，添加新的服务功能不涉及系统结构，也不影响已有的业务，方便系统应用功能的扩充。电动汽车充电桩运营管理系统的软件结构如图 4-7 所示。

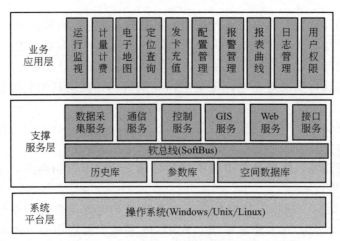

图 4-7 电动汽车充电桩运营管理系统的软件结构

① 系统平台层。为适应不同用户的要求，系统的开发需兼容多种主流操作系统，支持跨平台和混合平台操作。

② 支撑服务层。支撑服务层为增强系统的开放性和可扩展性，建立统一规范的底层交互平台，实现服务层与应用层的分离。提供统一的数据传输接口、数据库访问接口以及控制命令接口。

③ 业务应用层。业务应用层建立在支撑服务层之上，通过服务功能模块搭建出不同的应用系统基础，实现实时状态监视、图形化展示、控制交互操作、业务数据记录查询、统计分析、报表曲线等多种功能。此外，提供严格的用户管理和授权管理，保证系统数据的安全性。

4.3.2.3 系统实现

(1) 软件结构实现　系统软件结构基于易扩展、松耦合机制，参考当前充电监控系统与电力监控系统的技术实现路线及发展趋势，采用平台化、模块化、组件化设计思想，选用 C/C++语言底层开发，进行模块化设计。完成系统平台化、模块化、组件化设计，首先要开发系列跨平台的组件，将系统功能开发分解为多个组件的开发，组件是构成系统最小的功能单元，在运行时期重新装配，创建出组件的克隆以共同创建一个应用程序。系统在所有的平台上具有统一的风格，运行界面风格不再受操作系统和图形环境的限制。

(2) 数据采集系统实现　分布于市区各地的充电桩具备计量及监测功能，读取充电桩运行数据并保存到数据库。数据采集系统通过通信网络获取各充电桩计量信息、状态信息及报警事件信息等，也可实现对充电桩的参数远程设定，从而做到主动安全、主动管理、主动控制，是运营管理系统的核心。

① 数据采集处理。充电桩通常安装在室外，电磁干扰较大，环境较为恶劣，主要采用 GPRS/CDMA 通信方式，数据上传难免会出现短时间内通信中断或延时，通信正常时，充电桩会主动上传数据，采集服务会将产生的相应事件存储到临时事件表，并立即发送给各监视客户端，但并不能保证此前无记录缺失。充电桩技术规范规定，充电桩可保存 10000 条充电记录数据，关键事件的存储不少于 100 条，安全存储周期至少达 7 天。因此，为了保证所有充电桩记录上传，利用充电桩内保存充电记录的流水号连续性，采集服务程序设计中采取启动召唤、定时召唤策略，确保所有充电记录均已录入系统数据库。

② 远方参数设置处理。为了确保充电桩易于运营维护及统一管理，根据充电桩技术规范，充电桩应支持本地或远方费率设置和保护定值设置，其中费率设置包括当前费率单价设置、备用费率单价、备用费率单价切换时间，定值设置包括过压过流保护等定值以及延时时间、提示余额低金额、充电最小电流阈值参数等。对远方充电桩参数设定过程主要涉及维护人员、工作界面、通信网络及远方设备，充分考虑了系统安全性，系统程序由人机界面、控制服务、通信服务等模块协同处理。

（3）发卡充值系统实现 发卡充值是充电桩运营管理系统的一个重要组成部分，发卡充值直接面对用户，集中用户到同一地点发卡充值不方便用户，因而利用互联网特性，采用B/S结构设计，共享管理中心数据库，在市区各地设置充值网点，安装发卡终端和发卡充值应用程序，实现卡的发放、充值、解锁等功能。

（4）WebGIS系统实现 充电桩只有在地理图形建立了模型，才能够完整准确地描述充电设施，管理系统与GIS平台之间通过数据库关联，集成Web和GIS功能，从而实现有效的管理。

GIS服务提供数据服务和功能服务，数据服务通过服务接口向外提供空间数据，功能服务通过接口向外提供对空间数据的操作和处理功能。Web服务通过应用程序对业务数据进行处理，提供可以对外数据的服务接口，对用户提供数据发布、浏览、查询、计算等应用。

GIS服务功能通过Web技术发布WebGIS扩展接口，使Web系统可以整合GIS功能，互联网用户可以通过网页查看充电桩的地理位置、充电状态、计费信息、业务处理软件分析计算结果和存储空间数据等，浏览WebGIS站点中的空间数据，以及进行各种空间数据检索和空间分析，实现空间数据的增值。

4.3.2.4 系统应用

系统可实现对市区所有充电桩的充电信息进行监视，并提供充电桩远方参数批量设置、发卡充值、计费管理以及相关数据的查询和统计分析等功能，地理图形信息有效地辅助和增强了充电设施管理，为充电桩的运营、维护管理部门提供了处理信息的协同作业平台，在可视化、直观化的环境下提高设备管理工作的效率。

构建基于WebGIS的统一的电动汽车充电体系信息管理平台，以满足电动汽车用电对移动性和多样性的要求，有利于充电网络建设统一规划，促进充电服务产业规范有序发展，有利于发挥规模效益，降低运营成本，形成区域内电动汽车充电业务及功能的互联互通，实现统一化管理。

电动汽车充电桩市场不断发展，其运营模式也逐步找到发展方向，并不断提高着电动汽车充电桩技术性能与服务水平。在这样的电动汽车充电桩市场环境下，电动汽车充电桩运维管理升级需求越来越强烈。

目前国内的一些电动汽车充电桩信息网络都不完善，手机平台有多个电动汽车充电桩品牌APP，各自只记录自己品牌的电动汽车充电桩，根本无法为电动汽车车主提供完善的服务和帮助。

国家积极促成各大电动汽车充电桩品牌联合，是希望能加强对电动汽车充电桩信息平台的管理，兼容多个电动汽车充电桩品牌，这是完善信息内容的必要条件，也是提高电动汽车充电桩信息网络服务水平，加强电动汽车充电桩信息网络运维管理能力的重要要求。电动汽车充电桩如何统一信息标准，能够通过简单的付款的方式，平衡各家电动汽车充电桩品牌的收支，这是未来电动汽车充电桩运营市场亟待解决的难题。

4.4 电动汽车充电桩计量与充电网络管理

4.4.1 充电桩计量与控制

图 4-8 所示的充电桩计量与控制解决方案，可为各类充电桩厂家和系统集成商提供一整套集配电系统监测、充电电能计量、远程智能控制及防雷保护的解决方案。

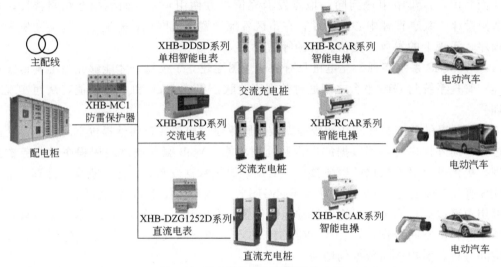

图 4-8　充电桩计量与控制解决方案

4.4.1.1 交流充电桩

交流充电桩是指采用传导方式为具有车载充电机的电动汽车提供交流电源的专用供电装置，因交流充电桩与公共电网直接连接，配置防雷保护器以避免雷击浪涌冲击。交流充电桩作为输出设备主要适用于为小型电动汽车慢速充电。交流充电桩通过安装交流电能表和控制断路器实现计量和保护功能，交流充电桩计量与保护配置如图 4-9 所示，交流充电桩计量与保护设备技术参数见表 4-1。

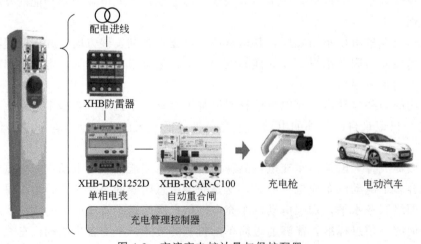

图 4-9　交流充电桩计量与保护配置

表 4-1　交流充电桩计量与保护设备技术参数

用电种类	型号	产品图片	主要功能
单相交流电表	XHB-DDSD 系列		单相电能、电流规格 20（80）、RS485 通信接口、MODBUS/DLT645 协议、全电参量测量、导轨式安装
交流防雷器	MC2 系列		20～40kA 电涌保护、遥信报警接口、失效检测指示、漏流小、标准模块化安装、内置过流断路装置、可插拔更换防雷模块
自动重合闸断路器	XHB-RCAR-C100 系列		开关量控制及输出、220V 交流供电、远程控制、自动重合、可编程
自动重合闸断路器	XHB-RCAR 系列		RS485 通信接口、开关量输入/输出、24V 直流供电、远程控制、自动重合、可编程

4.4.1.2　直流充电桩

直流充电桩也称快速充电桩，小型直流充电桩的功率一般在 12kW 左右，往往安装在公共场合，其目的是让待充电车辆在较短时间内补充 50%～60% 以上的电能。与交流充电桩相比，直流充电桩需要将内部设备更换成直流专用设备，交流防雷器更换为直流防雷器，交流电表更换为直流电表等。直流充电桩计量与保护配置如图 4-10 所示，交流充电桩配置的计量与保护设备技术参数见表 4-2。

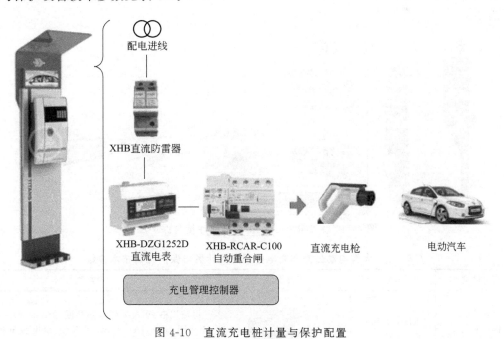

图 4-10　直流充电桩计量与保护配置

表 4-2　直流充电桩配置的计量与保护设备技术参数

用电种类	型号	产品图片	主要功能
直流电表	XHB-DZG1252D 系列		直流电压、电流、功率、电能、RS485 通信接口，导轨式安装
直流防雷器	MD 系列		40kA 电涌保护、积木式模块可插拔更换、遥信报警功能
自动重合闸断路器	XHB-RCAR-C100 系列		开关量控制及输出、220V 交流供电、远程控制、自动重合、可编程
自动重合闸断路器	XHB-RCAR 系列		RS485 通信接口、开关量输入/输出、24V 直流供电、远程控制、自动重合、可编程

4.4.1.3　电动公交车充电桩

大型电动公交车充电桩功率较大，在 200kW 左右，进线端配置防雷器进行防护。进线回路同时设置三相导轨式交流电能表，用于充电电能计量。充电管理控制器负责外部人机接口、充电控制、读取电能表的电能数据、控制充电输出断路器的分合闸等。大型电动公交车充电桩计量与保护配置如图 4-11 所示，大型电动公交车充电配置的计量与保护设备技术参数见表 4-3。

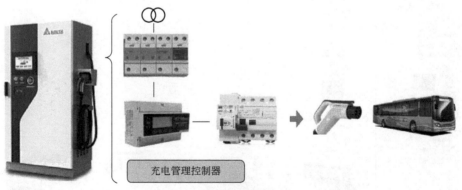

图 4-11　大型电动公交车充电桩计量与保护配置

表 4-3　大型电动公交车充电桩配置的计量与保护设备技术参数

用电种类	型号	产品图片	主要功能
三相交流电表	XHB-DTSD 系列		电流规格 20(80)、0.5s 级精度、RS485 通信接口、MODBUS/DLT645 协议、可编程、全电参量测量、导轨式安装

续表

用电种类	型号	产品图片	主要功能
交流防雷器	MC1 系列		60～80kA 电涌保护、遥信报警接口、失效检测指示、漏流小标准模块化安装、内置过流断路装置
	MC2 系列		20～40kA 电涌保护、遥信报警接口、失效检测指示、漏流小标准模块化安装、内置过流断路装置、可插拔更换防雷模块
自动重合闸断路器	XHB-RCAR-C100 系列		开关量控制及输出、220V 交流供电、远程控制、自动重合、可编程
自动重合闸断路器	XHB-RCAR 系列		RS485 通信接口、开关量输入/输出、24V 直流供电、远程控制、自动重合、可编程

4.4.2 电动汽车充电设施服务项目及充电网络管理

4.4.2.1 充电设施服务项目

充电设施可提供的服务分为以下几类。

① 充电服务。

② 蓄电池租赁服务。

③ 蓄电池更换服务。

④ 充电配套服务。蓄电池销售、蓄电池维修保养，以及家用常规小型充电机、插座、充电卡等充电相关零配件的销售，旧蓄电池回收处理等服务。

⑤ 其他服务。充电设施可根据实际情况提供其他服务，比如提供相关培训、汽车保养、购物、休闲等。

4.4.2.2 充电设施管理

专业化的组织管理是充电设施安全运行的保障，有助于推动充电设施的大力发展和商业化运营。具体来说，可从以下方面加以保障。

① 要建立职责明确、执行有力的组织架构，对各个职责岗位配备受过培训的专业人员，从专业化的角度对充电设施进行严格、规范和有效的控制。

② 设计一套合理的运作流程，使充电方式、充电技术和电动车辆需求相适应。同时，要协调好不同岗位之间的业务关系，协调好各个环节的衔接，充分提高充电设施运作管理的效率。

③ 建立与充电设施一体化管理相适应的严格的管理法规、条例和规章制度，以责任制为基础，对各种管理参数进行科学量化，增强管理的针对性和时效性。

④ 充电设施在充电中出现故障或意外事故是有可能的，应建立故障恢复与紧急响应机制，确保人员、车辆及充电系统的安全。

4.4.2.3 充电网络的构建和管理

数量少、规模小、布局不合理的充电配套设施根本无法支撑未来大规模的电动汽车商业化、产业化的运营。分布合理、数量众多、昼夜服务的充电网络是纯电动汽车商业化的必备条件之一。它的发展直接决定了各式纯电动汽车的应用和推广,进而也成为推动充电设施实现商业化运营的基础。

城市充电网络应统一规划,合理布点,形成网络,由政府出面协调城市规划、建设、电力、交管等部门的职责,统一建设、实施,形成一个在城市全面铺网进行有组织的、专门为电动汽车提供专业化和规范化充电服务的智能系统。它不但可以有效解决电动汽车续航能力差的缺点,更重要的是使整个充电网络得以高效运转,充电资源得到充分利用。

城市充电网络结构如图 4-12 所示,在城市充电网络中,充电网络管理中心负责整个充电网络的运行、调度,充电网络管理中心下设充电基础设施、蓄电池配送中心、蓄电池会员店。充电桩可按照充电方式的不同进行设计,配备自动充电设备,为电动汽车提供专业化和规范化的充电服务,同时还可提供蓄电池租赁服务;蓄电池配送中心可为蓄电池会员店提供蓄电池,也可为蓄电池会员店的会员提供蓄电池租赁、蓄电池更换服务,还可为用户上门服务。

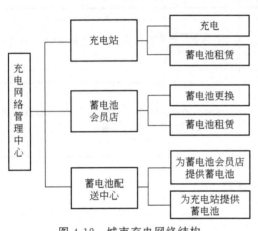

图 4-12 城市充电网络结构

充电网络既要提供充电服务,实时跟踪蓄电池流向,还要对蓄电池及各个充电基础设施、配送中心以及蓄电池会员店进行有效的统一管理,合理分配资源,提高充电网络的运营经济效益和社会效益。为此,充电网络管理中心应具有如下功能如。

① 基本信息管理。主要是对充电基础设施和蓄电池配送中心的基本信息、管理员信息、工作人员信息等初始数据的录入、查询和打印。

② 蓄电池管理。对各个站点的蓄电池进行统一管理,确保蓄电池的有效利用,以实现资源的合理配置。

③ 用户管理。用来存储和保存会员基本资料,以及对会员信息的插入、查询、更新等。会员的统计、分析可为站点的合理分布与资源的合理配置提供技术决策。

④ 报表查询管理。用来查询各种必要的信息以及各种灵活多变的统计报表,实现数据分析及打印功能。根据站点的实际情况,自动生成充电基础设施利用、蓄电池更换的统计报表和费用报表。

⑤ 数据库管理。主要是对数据库的数据备份、恢复、优化,保证数据库中的数据协调一致。

⑥ 系统安全管理。为管理员或用户设置不同的账号,系统根据不同账号为不同角色的人设置不同的权限,以适应管理的需要。系统还对主要操作留有详尽的日志记录,能够自动跟踪监督每个环节,定期进行汇总、统计、分析,产生工作记录集。

在一个城市的充电网络中,充电基础设施、蓄电池会员店的布局、数量和充电方式应该合理设计及部署,使电动汽车在充电网络中能方便、及时地充电,保障电动汽车的正常运行,从而推动电动汽车行业快速发展。

4.4.2.4 站级管理系统

站级管理系统可对充电网络内所有的充电桩统一监控、控制与管理，随时掌握所有充电桩的运作情况，实时获知充电桩故障情况，集发卡管理、会员管理、计费管理、结算管理为一体，实现灵活多变、无人值守的"一站式"服务，满足充电网络所有运营管理需要。

4.4.2.5 中心级管理系统

中心级管理系统包括"站级系统"所有功能，可个性化运作与集中管理多个充电设施，拥有全面的充电设施综合运营管理解决方案，如电子地图、机房监控、运维管理等一系列功能模块，轻松满足充电设施运营与管理每个方面的需求。

① 电子地图功能。电子地图显示区域分布，可根据站点经纬度自动在地图中定位所处的位置，并红色显示有报警的站点，可直观地观察各个站点的报警情况。可进行在线配置，不中断系统正常运行。

② 智能终端 APP。智能终端 APP 基于独立研发的电动汽车充电设施营运管理系统云平台，不但方便了车主的出行，还提供了车主与充电设施的便捷的交互途径，大大地增强用户黏性，为运营者的市场扩张带来巨大的优势。

③ 多层级可视化管理。多角色权限功能展示，满足功能简捷、操作不越权的需求，充电设施可视化管理，3D 视图显示充电设施外观，管理犹如身临其境。

④ 实时故障报警提醒。实现弹出消息、多媒体声音、手机短信、电话语音、本地声光、E-mail 等报警方式，根据不同的等级报警设置不同报警方式，并同时发出设置的多种报警。

⑤ 智能监控保证运作。实时监测充电桩的运行状态、电流、电压、温度等，且能控制充电桩启动、停止充电、计费等基本操作，为整个系统合理实现资源管理、故障管理、配置管理和安全管理等安全性运维。

⑥ 全自动统计与计费。自动化计费、折扣设置页，支持会员、充电卡、商品管理，并实现库存预警，支持建立多条规则联合计算，直观、丰富、灵活的销售数据统计展示，随时了解销售情况。

第5章 电动汽车充电桩维护与故障处理

5.1 电动汽车充电桩操作及日常维护

5.1.1 电动汽车充电桩操作要点及操作注意事项

5.1.1.1 充电桩操作要点

(1) 充电桩（充电站内）基本操作流程

① 操作人员穿好绝缘鞋、戴好绝缘手套后进入充电区域。

② 检查充电桩内部设备、充电枪、充电接口外观是否完好，检查车辆仪表各项读数是否正常，询问驾驶员停车前是否有异常。

③ 关闭纯电动汽车电源开关（具体参照厂家说明书），开启或唤醒充电桩，操作面板显示正常后，取下充电枪插入车辆充电插座。

④ 在操作面板上选择充电模式，等待充电指示灯亮起后，观察面板数据，包括充电时间、充电电流、充电电压、SOC值、充电电量等均为正常状态，并做好记录。

⑤ 充电期间，应不定期进行巡视，发现问题或隐患立即按下红色急停按钮，关闭总电源，及时上报。

⑥ 充电完成或人工停止充电后，等待停止充电指示灯亮，操作面板电流、电压为零时，拔下充电枪，将电缆整理好放入电缆槽。严禁人工停止充电后立即拔下充电枪，因有可能发生电弧放电的安全隐患，需等待3～5s后再拔下充电枪。

⑦ 充电完毕后，不要立即关闭充电桩电源，因为无线数据传输需带电运行。

(2) 自助充电桩操作流程

① 充电桩的充电枪插头必须与电动汽车车身的充电插座相匹配。充电桩充电操作顺序为，首先打开车辆的电源锁开关，其次将充电枪插在电动汽车车身的充电插座上，确保充电枪与车可靠连接（黄色充电灯闪烁证明连接可靠）。

② 点击充电界面右上角的"输入密码"按钮，输入密码或刷充电卡进入充电界面。

③ 点击开机按钮，屏幕下方提示绝缘检测等信息。

④ 当屏幕显示"正在充电，请确保充电枪可靠连接"文字时，表明充电成功。

⑤ 结束充电。

a. 未充满电。需要重新输入密码，点击关机按钮，拔下充电枪放回原处。

b. 充满电。直接退出界面，拔下充电枪放回原处。

充电枪是充电桩必不可少的一部分，在不使用时，尽量避免充电枪头直接暴露在外面，应插回插座，防止损坏以及被雨淋，保持充电枪头干燥。在拔充电枪时，注意充电枪柄卡扣位置，避免野蛮拖拽，另外还需检查充电线缆或充电枪头外壳有没有破损、线缆裸露等问题，如果有就不要再继续使用。

(3) 家庭充电桩操作流程

① 充电桩工作电源正常，充电桩处于运行准备就绪状态（充电枪未连接车辆），电源指示灯（POWER 红灯）常亮。

② 插好车辆侧充电枪，将钥匙插入充电锁，打开充电桩充电安全门，将充电枪插入充电桩充电插座。充电枪对应充电桩侧与车辆侧插座已插好，连接指示灯（LINK 绿灯）常亮，表示等待充电。

③ 按下充电启动按钮。充电枪锁定，充电指示灯（CHARGE 绿灯）常亮，表示正在充电。

④ 停止充电，再次按下充电启动按钮，充电桩发出停止充电信号。充电枪解除锁定，充电指示灯（CHARGE 绿灯）熄灭。

⑤ 首先将车辆侧的充电枪从车辆侧插座中拔出，再将充电桩侧的充电枪从充电桩侧的插座中拔出，关闭充电安全门，将钥匙插入充电锁，锁好充电安全门，连接指示灯（LINK 绿灯）熄灭。

5.1.1.2 充电桩操作注意事项

① 潮湿天气时应确认充电枪头与电动汽车插座干燥，否则禁止充电。

② 在设备与车辆连接前，确保充电枪接口与充电桩上的国标充电插头兼容；确认充电插头与充电桩和车辆插座中没有水或异物，并且没有损坏、锈蚀或腐蚀，电缆无破损。严禁在充电枪或充电线缆存在缺陷，出现裂痕、磨损、破裂，充电线缆裸露等情况下使用充电桩。

③ 勿触摸充电插座插孔、充电枪插针和车辆插座插孔，勿用潮湿的手或站在雨水中、雪地中插拔充电插头，勿用力拉扯、扭曲充电电缆。

④ 开始充电前，确保充电枪与充电桩和车辆插座连接及锁止正确；开始充电后，充电插头与车辆插座锁止在一起，勿尝试按下按钮将充电插头解锁并将其从车辆插座中拔出。

⑤ 在充电期间，如果觉察到有异味、烟雾从充电设备或车辆中冒出，或其他危险的情况发生，请立即按下充电桩上的急停按钮停止充电，严禁直接强制断开充电插头。

⑥ 充电正常结束或异常中止时，如采用卡支付请刷卡结算。如需中途停止充电，用卡支付时请刷卡停止充电并结算，无卡支付时请输入验证码停止充电并结算。

⑦ 充电结束，等待大约 30s 后先按下充电插头上的按钮，确认解锁后小心用力将充电枪直线拔出（在充电界面完全跳转之后再拔插充电枪，电压电流升降需要一个过程，保证安全），再放回到充电桩上的挂座内。勿随意丢弃，导致充电插头和电缆污损。

⑧ 在充电过程中，车辆禁止行驶，只有在静止时才能进行充电，充电前确保车辆已经熄火方可充电。

⑨ 充电桩附近应配备专用消防设备预防紧急情况发生。

5.1.1.3 急停按钮的使用

使用充电桩时应按照正常流程充电，如有下列紧急情况应按急停按钮。

① 如果充电桩发生漏电，应立即按下急停开关。

② 如果在充电过程中发生起火、触电等异常状况，应立即按下急停开关。

③ 桩体发生故障，如无法停止充电，内部线路短路等异常状况，应立即按下急停开关。

当以上危急状况解除后，应旋转急停开关，应由专业人士打开桩体侧门，手动合上交流输入漏电保护开关（闭合漏电保护开关时需用力往下打到底部再往上闭合）重新上电。充电桩需要有专门的消防设施（电力消防），并定期对消防设施进行检查，确保设施正常。

5.1.1.4　ZCJ31 系列单相交流充电桩操作实例

ZCJ31 系列单相交流充电桩在待机时，界面有四种可选操作：支付卡查询、支付卡解锁、插座口充电和国标口充电，如图 5-1 所示。

（1）支付卡查询　按照待机操作界面的信息提示，点击键盘的数字"1"按钮。

提示用户"请刷卡"，如图 5-2 所示。如果卡信息格式不对，则提示"非有效卡"相关信息，如图 5-3 所示。如果卡格式信息正确，则显示卡号、余额和状态信息，如图 5-4 所示。

图 5-1　待机界面

图 5-2　提示用户"请刷卡"界面

图 5-3　提示"非有效卡"界面　　图 5-4　显示卡号、余额和状态信息

（2）支付卡解锁　按照待机操作界面的信息提示，点击键盘的数字"2"按钮。提示用户"请刷卡"，如图 5-5 所示。如果卡信息格式不对，则提示"非有效卡"相关信息，如图 5-6 所示。如果卡格式信息正确，且卡确实为解锁卡，则提示"正在解锁，请勿拿走卡片！！！"，如图 5-7 所示。

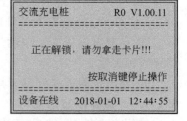

图 5-5　提示用户"请刷卡"　　图 5-6　提示"非有效卡"　　图 5-7　提示"正在解锁，请勿
　　　　　界面　　　　　　　　　　　相关信息界面　　　　　　　　拿走卡片！！！"界面

如果解锁失败，则提示相关信息，如图 5-8 所示。如果解锁成功，则显示当前卡号、余额和状态信息，如图 5-9 所示。

```
交流充电桩        R0 V1.00.11
=============================

       提示相关信息

           按取消键停止操作
=============================
设备在线   2018-01-01  12:44:55
```
图 5-8　提示相关信息界面

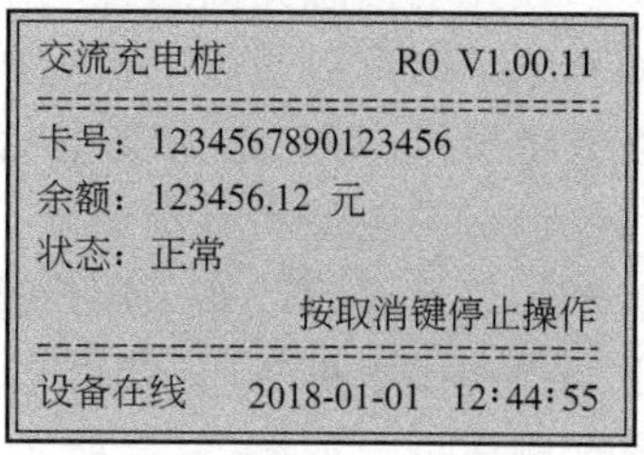

```
交流充电桩        R0 V1.00.11
=============================
卡号: 1234567890123456
余额: 123456.12 元
状态: 正常
           按取消键停止操作
=============================
设备在线   2018-01-01  12:44:55
```
图 5-9　显示当前卡号、余额和状态信息界面

（3）插座口充电　连接三孔充电插头，将三孔充电插头插入充电桩的三孔充电插座。按照待机操作界面的信息提示，点击键盘的数字"3"按钮。设备离线时，仅能通过支付卡启动充电，如图 5-10 所示。设备在线时，可通过支付卡或者二维码启动充电，如图 5-11 所示。

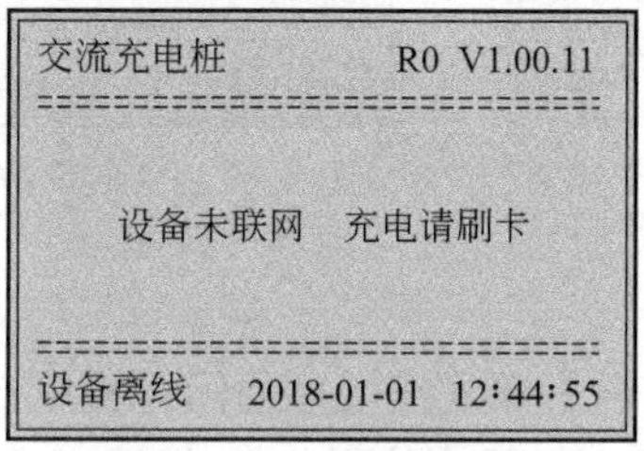

```
交流充电桩        R0 V1.00.11
=============================

     设备未联网  充电请刷卡


=============================
设备离线   2018-01-01  12:44:55
```
图 5-10　设备离线界面

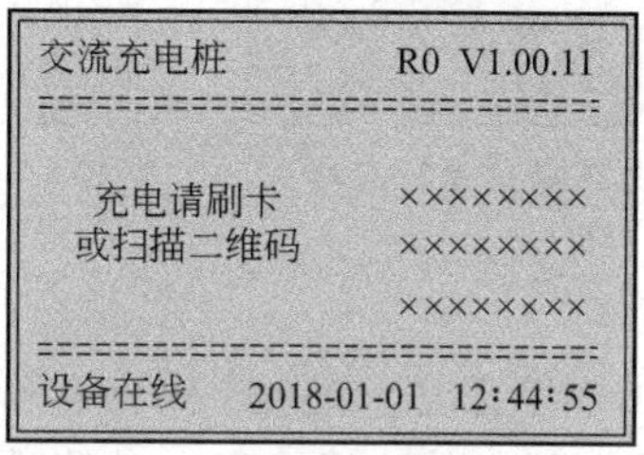

```
交流充电桩        R0 V1.00.11
=============================
      充电请刷卡    ××××××××
      或扫描二维码  ××××××××
                    ××××××××
=============================
设备在线   2018-01-01  12:44:55
```
图 5-11　设备在线界面

支付卡或者二维码启动成功后，跳转至充电信息界面，如图 5-12 所示。按"下翻"按键，可以显示详细的已充电量、当前电压和当前电流信息，如图 5-13 所示。再按"下翻"按键，如果系统无故障，则显示"系统无故障"界面，如图 5-14 所示。如果系统有故障，则显示详细的故障信息，如图 5-15 所示。

```
交流充电桩        R0 V1.00.11
=============================
充电卡号: 1234567890123456
已充时间: 01:30
已充金额: 2.50 元
           中止充电请刷卡
=============================
设备在线   2018-01-01  12:44:55
```
图 5-12　充电信息界面

```
交流充电桩        R0 V1.00.11
=============================
已充电量:    2.50    度
当前电压:    220.38  伏
当前电流:    16.84   安

=============================
设备在线   2018-01-01  12:44:55
```
图 5-13　已充电量、当前电压和当前电流信息界面

```
交流充电桩        R0 V1.00.11
=============================

       系统无故障


=============================
设备在线   2018-01-01  12:44:55
```
图 5-14　"系统无故障"界面

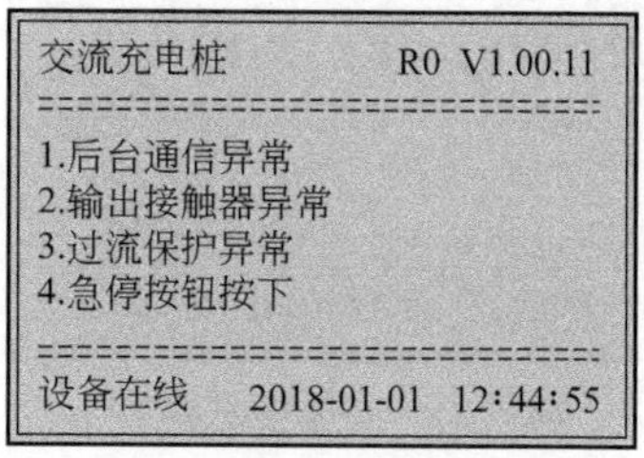

```
交流充电桩        R0 V1.00.11
=============================
1.后台通信异常
2.输出接触器异常
3.过流保护异常
4.急停按钮按下
=============================
设备在线   2018-01-01  12:44:55
```
图 5-15　显示详细的故障信息界面

如果用户在充电信息界面选择刷卡启动充电，则可以通过刷卡结束充电；如果用户选择二维码启动充电，则可以通过手机 APP 结束充电或者通过在界面输入验证码结束充电。用户通过刷卡或者手机 APP 结束充电后，会提示用户"结算信息计算中"，如图 5-16 所示，计算用户此次消费的电量和金额信息。

结算信息计算完成后，如果用户选择刷卡结束，则提示用户"请刷卡结算"，如图 5-17 所示。如果用户利用手机 APP 结束充电，则直接跳转至"结算信息"界面，显示本次已充电量和已充金额信息，如图 5-18 所示。将三孔充电插头从充电桩的三孔充电插座上拔出，并盖好充电口盖，完成充电操作。

图 5-16　"结算信息计算中"界面　　图 5-17　提示用户"请刷卡结算"界面　　图 5-18　"结算信息"界面

(4) 国标口充电　连接国标充电插头，将国标充电插头插入充电桩的国标充电插座。充电桩通过检测国标口的连接状态，自动跳转至启动充电界面。设备离线时，如图 5-19 所示，仅能通过支付卡启动充电。设备在线时，可通过支付卡或者二维码启动充电，如图 5-20 所示。

 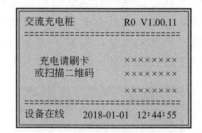

图 5-19　设备离线界面　　　　图 5-20　通过支付卡或者二维码启动充电界面

采用支付卡或者二维码启动成功后，跳转至充电信息界面，如图 5-21 所示。按"下翻"按键，可以显示详细的已充电量、当前电压和当前电流信息，如图 5-22 所示。

图 5-21　充电信息界面　　　　图 5-22　显示已充电量、当前电压和当前电流信息

再按"下翻"按键,如果系统无故障,则显示"系统无故障"界面,如图 5-23 所示。如果系统有故障,则显示详细的故障信息,如图 5-24 所示。

图 5-23 "系统无故障"界面

图 5-24 显示详细的故障信息界面

如果用户在充电信息界面选择刷卡启动充电,则可以通过刷卡结束充电;如果用户选择二维码启动充电,则可以通过手机 APP 结束充电或者通过在界面输入验证码结束充电。

用户通过刷卡或者手机 APP 结束充电后,会提示用户"结算信息计算中",如图 5-25 所示,计算用户此次消费的电量和金额信息。结算信息计算完成后,如果用户选择刷卡结束,则提示用户"请刷卡结算"界面,如图 5-26 所示。

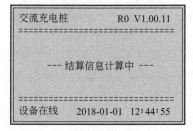

图 5-25 "结算信息计算中"界面

图 5-26 提示用户"请刷卡结算"界面

如果用户利用手机 APP 结束充电,则直接跳转至"结算信息"界面,显示本次已充电量和已充金额信息,如图 5-27 所示。将国标充电插头从充电桩的国标充电插座上拔出,并盖好充电口盖,完成充电操作。

(5) 其他操作说明

① 暂停服务。充电桩待机时,如果发生系统异常,则显示"暂停服务"界面,如图 5-28 所示。在暂停服务界面,按"下翻"按键,则显示详细故障信息界面,如图 5-29 所示。

图 5-27 "结算信息"界面

图 5-28 显示"暂停服务"界面

② 密码输入。有密码的支付卡,在支付卡查询、支付卡解锁、支付卡启动充电操作时,均需用户输入密码操作。用户刷卡时,如果支付卡有密码,则显示"密码输入"界面,如图 5-30 所示。

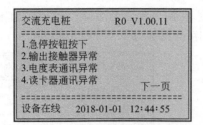 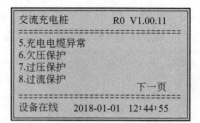

图 5-29　显示"详细故障信息"界面

如果用户密码输入错误，则显示"密码错误"界面，如图 5-31 所示。提示用户重新输入，如果连续 3 次密码输入错误，则会退出密码输入界面。

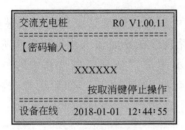 

图 5-30　显示的"密码输入"界面　　　图 5-31　显示的"密码错误"界面

③ 验证码。用户通过手机 APP 扫描二维码或者预约成功后启动充电，在结束充电时，如果设备处于在线状态，用户可以操作手机 APP 或者验证码停止充电；如果设备处于离线状态，则只能通过输入手机验证码结束充电。

如果用户通过手机 APP 二维码或者预约启动充电，结束充电时，通过按"确认"按键，进入"验证码输入"界面，如图 5-32 所示。

如果用户验证码输入错误，则显示"验证码错误"界面，如图 5-33 所示。提示用户重新输入，如果连续 3 次验证码输入错误，则会退出验证码输入界面。

图 5-32　"验证码输入"界面　　　图 5-33　显示的"验证码错误"界面

④ 预约及预约充电。用户可以通过手机 APP 预约空闲状态的充电桩，预约成功后，用户需在规定的时间内到预约的桩进行充电，如果超过规定时间，则系统会取消用户预约，并释放充电桩。预约成功后，充电桩显示设备已被预约界面，如图 5-34 所示。此时其他用户暂时无法预约或者使用该充电桩，预约用户需在规定的时间内赴约充电。

预约成功的用户在规定时间内到达充电桩，且连接充电枪后（仅支持国标口），则进入到启动充电界面，如图 5-35 所示。用户可以通过按确认键输入验证码启动充电，也可以扫描二维码启动充电。验证码或者二维码启动成功后，跳转至充电信息界面，如图 5-36 所示。

图 5-34 设备已被预约界面

图 5-35 启动充电界面

图 5-36 充电信息界面

按"下翻"按键,可以显示详细的已充电量、当前电压和当前电流信息,如图 5-37 所示。再按"下翻"按键,如果系统无故障,则显示"系统无故障"界面,如图 5-38 所示。如果系统有故障,则显示详细的故障信息界面,如图 5-39 所示。

图 5-37 显示已充电量、
当前电压和当前电流信息

图 5-38 "系统无故障"
界面

图 5-39 显示详细的故障
信息界面

用户可以通过手机 APP 结束充电或者按确认键后在界面输入验证码结束充电。结束充电后,会提示用户"结算信息计算中"界面,如图 5-40 所示。计算用户此次消费的电量和金额信息。

结算信息计算完成后,则直接跳转至"结算信息"界面,显示本次已充电量和已充金额信息,如图 5-41 所示。将国标充电插头从充电桩国标插座上拔出,并盖好充电口盖,完成充电操作。

图 5-40 提示用户"结算信息计算中"界面

图 5-41 "结算信息"界面

(6) 充电状态指示灯 充电状态灯指示说明如图 5-42 所示,充电状态描述见表 5-1。

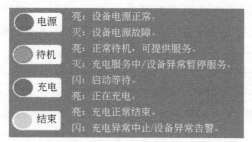
图 5-42 充电状态灯指示说明

表 5-1 充电状态描述

状态描述	电源	待机	充电	结束
设备电源故障,停止服务	灭	灭	灭	灭
设备电源正常、无告警;设备与车辆完全断开,正常待机,提供服务	亮	亮	灭	灭
设备电源正常、有告警;设备与车辆完全断开,设备异常,暂停服务	亮	灭	灭	闪烁
设备电源正常、无告警;设备与车辆完全连接,准备就绪	亮	灭	灭	灭
设备电源正常、无告警;设备与车辆完全连接,启动等待	亮	灭	闪烁	灭
设备电源正常、无告警;设备与车辆完全连接,开始充电	亮	灭	亮	灭
设备电源正常、无告警;设备与车辆完全连接,充电正常结束	亮	灭	灭	亮
设备电源正常、无告警;设备与车辆完全连接,充电异常终止	亮	灭	灭	闪烁

5.1.2 电动汽车充电桩日常维护

充电桩在实际应用中,因受周围的温度、湿度、震动、粉尘、腐蚀性气体等环境条件的影响,其性能会有一些变化。如使用合理、维护得当,则能延长使用寿命,并减少因突然故障造成的损失。如果使用不当,维护保养工作跟不上去,就会出现运行故障,导致充电桩不能正常工作,甚至造成充电桩过早损坏。因此充电桩的日常维护与定期检查是必不可少的,也是保障充电桩可靠运行重要措施。

5.1.2.1 日常检查

在检查设备情况时,一般采用直接感觉诊断法来进行故障诊断,概括起来可分为看、听、闻、摸、试。

看:观察。如看充电桩指示灯颜色,充电桩指示灯状态等。

听:听响声。根据充电桩正常运行时的声音来判断充电桩是否正常。

闻:闻气味。凭借充电桩内部发出的气味来诊断。

摸:用手摸试。如充电桩表面有无温度过高现象,内部有无水汽凝结现象。

试:试验验证。如按下充电桩内部断路器漏电测试按钮,断路器是否能够自动断开等。

(1) 充电车位环境检查

① 检查充电车位清洁情况,有无杂物,照明情况是否良好,有无应急照明。

② 检查充电车位的消防设施是否齐全,有无应急消防操作指导。

③ 检查充电桩的各种安防措施是否齐全、正常。

(2) 充电桩桩体检测

① 检查充电桩基座是否有损坏、裂痕、倾斜、晃动现象,检查充电桩固定螺母是否缺失或松动,检查充电桩各种安全标识是否正常。

② 检查充电桩连接电缆是否正常,检查充电桩供电及通信线管道或桥架连接是否良好,有无断裂情况。充电桩外部配电管道或桥架卡扣螺钉是否有松动,脱落。

③ 充电桩外壳是否破损、变形,有无器件掉落,是否生锈、漏水。

④ 检查充电桩接插件有无裂痕,检查充电枪是否完好,检查充电枪接口防护罩是否脱落,检查充电桩充电接口防水保护罩是否掉落、破损,枪头是否插在枪位内,充电桩内部及枪头内部有无残留水。

⑤ 检查充电桩操作界面、充电桩上有无异物。

⑥ 检查充电桩显示屏是否完好，显示信息是否完整，是否会花屏。
⑦ 检查充电桩指示灯是否能正常指示。
⑧ 检查急停开关是否有损坏。
⑨ 检查充电桩地网是否可靠，各充电桩接地是否可靠，接地电阻是否符合标准规定值。

(3) 内部组件检查

① 检查内部线缆是否有损坏，是否有松动、脱落。内部接地线是否脱落、松动，断路器、防雷器外观是否有损伤。
② 检查螺钉孔位是否有松动的现象，接线端子是否变色。
③ 检查断路器的漏电保护按钮是否正常。
④ 检查交流输入断路器开关是否正常。
⑤ 充电桩内部是否有异味、烧煳、黑色灰尘。
⑥ 充电桩进线接线端子和通信线接线端子有无松动，充电桩内部元器件安装是否牢固。
⑦ 风扇运转是否正常（不转或转速下降）。
⑧ 充电桩内接地端子有明显的标志，并接地良好。

(4) 功能检测

① 检查充电桩各种充电功能是否正常，电压、电流输出是否正常，是否存在充电不正常的现象。
② 检查充电桩各种通信功能是否正常，充电桩与后台服务器通信是否正常，检查整理后台数据与充电桩运行数据进行对比，是否有差别。电量记录，一个月下载一次数据，作为后续运营数据分析，故障记录针对发现的故障进行记录跟进。
③ 检查刷卡功能是否正常。
④ 检查充电桩各种报警、保护功能是否正常。
⑤ 使用用户卡对充电桩进行功能性检查。
a. 检查是否可以通过充电桩正常刷卡。
b. 检查充电桩是否能进入充电程序，运行指示灯是否亮起。
c. 检查充电桩显示屏显示是否正常。
d. 检查充电接口是否能够正常使用。
e. 分别依次选择四种充电模式，检查充电桩的四种充电模式是否能都够正常使用。

(5) 电气及控制系统检查

① 检查充电桩的进线电缆、充电枪的选用是否适合充电桩输入额定电压以及额定电流。
② 检查充电桩电气回路对地及回路间的绝缘电阻是否满足标准规定值。
③ 检查充电桩供电端电压是否在正常值范围内。
④ 检查充电桩漏电电压、漏电电流是否在正常值范围内。
⑤ 检查充电桩内控制电路板、元器件有无老化现象。

(6) 记录检查

① 检查充电桩各存储数据是否正常。
② 检查充电桩各种历史报警数据、故障数据是否存在异常。
③ 检查计量计费功能是否正常、精准。
④ 检查后台管理软件的各种管理功能是否正常。
⑤ 检查各种结算数据是否正确。
⑥ 核对充电桩运行保养记录，了解充电桩运行保养状况。

(7) 运行中检查

① 对于运行的充电桩，可以从外部目视检查运行状态。定期对充电桩进行巡视检查，检查充电桩运行时是否有异常现象。

② 充电桩显示面板显示的输出电流、电压等各种数据是否正常，控制按键和调节旋钮是否失灵。

③ 显示部分是否正常，显示面板显示的字符是否清楚，是否缺少字符。

④ 用测温仪器检测充电桩是否过热，是否有异味。

⑤ 检查充电桩风扇运转是否正常，有无异响、过热、变色、异味和异常震动，散热风道是否通畅。

⑥ 每天要记录充电桩的运行数据，包括充电桩输出电流、输出电压、散热器温度等参数，与正常数据对照比较，以利于早日发现故障隐患。充电桩如发生故障跳闸，务必记录故障代码和跳闸时充电桩的运行工况，以便具体分析故障原因。

5.1.2.2 定期检查

（1）定期除尘　设专人定期（每月吹尘一次，运行环境较差的充电桩要求每周吹尘一次）对充电桩内部进行清扫、吹灰，以保持充电桩内部的清洁及风道畅通。可采用压力＜3kg的干燥空气通过塑料管清扫空气过滤器冷却风道及内部灰尘，并要定期更换充电桩下进风口、上出风口的过滤网。

（2）定期检查电路绝缘性能　充电桩的电缆在长期使用后可能会出现磨损，为保障充电桩安全正常运行，应定期检查充电桩电缆绝缘是否符合标准规定值。测量充电桩电缆绝缘时，应将电缆从充电桩的接线端子上拆下，使用500V兆欧表测量电缆相间和对地绝缘。在测量充电桩绝缘时，应拆去所有与充电桩端子连接的外部接线（包括通信线）。将充电桩主回路端子全部用导线短接起来，再进行充电桩绝缘电阻测试。

5.1.2.3 充电桩维护注意事项

① 注意维护安全，紧固充电桩内部端子接线或更换充电桩内部配件时，应断电操作，并做好安全措施，确保安全，以防触电。

② 在进行充电桩维护时，要一人维护操作，一人监护，严禁单人操作。

③ 严格执行日常维护保养记录表，发现问题及时处理，避免造成更大损失。

④ 在断电维护时需要在对应断路器下方悬挂"有人工作，禁止合闸"的类似表示，确保人身安全。

⑤ 做好安全防护措施，维护时需要穿绝缘鞋，注意安全，以防砸伤、电击。

⑥ 维护人员应配备充电桩维护工具：万用表、钳形表、电笔、绝缘胶布、大小螺丝刀、老虎钳、尖嘴钳、套筒、扳手等常用工具。

⑦ 每次维护充电桩后，都要认真检查有无遗漏的螺钉及导线等，防止小金属物品造成充电桩短路事故。

5.1.2.4 充电桩（充电站内）使用管理规定

（1）操作人员管理要求

① 充电桩操作人员必须经国家有关部门培训考核合格并持有颁发的资质证后上岗，同时需接受安全教育和岗位技能培训，操作人员应佩戴或在场站内的醒目位置悬挂标明个人姓名、工号、岗位的标志。

② 充电作业时须穿戴专业绝缘防护鞋及绝缘防护手套，保持自身、车体、充电桩及周边区域干燥。

③ 操作人员应主动引导车辆进入充电位置，当车辆停稳后，切断电动汽车动力电源和辅助电源，拉紧手刹，人员离车后，方可进行充电作业。

④ 在充电前，操作人员应检查充电接口是否正常完好，并对车辆进行充电前的检查，对充电设备与电动汽车连接和充电参数的设置进行确认。

⑤ 充电桩启动，确认充电正常运行后，要定期巡视充电桩的充电状态，若发生安全事故，应快速按下红色急停按钮，切断充电桩的电源。

⑥ 利用充电桩给车辆充电的过程中，车辆严禁启动或移动，严禁带电插拔充电插头。充电结束后、行车前，应确认充电终止以及充电设备已与车辆分离。

⑦ 严禁使用金属物体触碰充电枪接口、电动汽车充电接口。

⑧ 操作人员应基本了解电动汽车的构造和充电设备的工作原理，了解动力蓄电池应用的基础知识，掌握充电操作规程、充电设备检测、故障判断和处理方法、安全知识和应急处理方法。

⑨ 操作人员应按照充电桩生产厂家的技术手册进行定期保养与例行检查，保持充电桩安全、清洁、完好，并做好相关检查保养记录。

⑩ 充电桩操作人员每日应做好充电桩日查，并做好记录，当班管理人员应对作业现场进行监督，发现违章行为和不安全因素，有权制止并向上级反映情况。

(2) 充电桩使用和管理

① 充电人员必须定期检查充电桩及其他相关设施设备、消防器材，保持清洁干燥，并做相关检查记录，按要求上报。定时对充电场地、充电设施、消防器材进行保洁，确保设备情况良好。

② 在充电过程中，操作人员应按照操作流程操作。按要求对充电桩仪表、数据、充电模块、线路、开关等设施进行检查，并按要求填写巡检记录。

③ 充电过程中如发生故障，充电人员应立即按下充电桩上的急停按键，以防故障进一步扩大，并通知专业人员进行设备维修。

④ 如遇充电设施起火，首先动用紧急停机装置切断电源，然后使用通用型灭火器或者二氧化碳灭火器灭火，严禁使用泡沫灭火器和水灭火。

⑤ 充电结束后，应按规定拔除充电枪，将线缆理好放在线架上。

⑥ 充电设施的各类台账记录完善，分类明细准确。

⑦ 严禁私自拆卸、改装充电桩及附加设施，对因此造成的损坏由当事人承担相应的经济责任，并对管理责任人进行问责。

5.2 电动汽车充电桩故障分类与维修流程

5.2.1 电动汽车充电桩故障率及故障分类

5.2.1.1 电动汽车充电桩故障率

电动汽车充电桩故障是不期望但又不可避免的异常工作状况，分析、寻找和排除故障是电动汽车充电桩维修人员必备的实际技能。在电动汽车充电桩的检修过程中，要在大量的元器件和线路中迅速、准确地找出故障是不容易的。一般故障的诊断过程是从故障现象出发，通过反复测试，在综合分析的基础上做出判断，逐步找出故障。故障产生的原因很多，情况也很复杂，有的是一种原因引起的简单故障，有的是多种原因相互作用引起的复杂故障。因此，引起故障的原因很难简单分类。

充电桩是由众多的半导体电子元件、集成电路、电力电子元件和电器元件组成的复杂装置，结构多采用单元化或模块化形式。它由主回路、逻辑控制回路、电源回路、驱动及保护回路、冷却风扇等几部分组成。由于充电桩电路板多采用SMT表面贴装技术，在充电桩故障诊断中，因检测仪器、技术资料及技术水平等因素，在工程上一般只限于根据故障情况找出故障的单元或模块，即只做单元级或板级检查维修。

尽管充电桩已采用多种新型部件和优化结构，但从目前的元器件技术水平和经济性考虑，仍不可避免采用寿命相对较短的零部件。与此同时，还不排除零部件受到安装环境的影响，其寿命可能比预期的寿命要短。充电桩的可靠性遵循着"浴盆曲线"特性，充电桩的故障率与使用时间的关系曲线如图5-43所示。

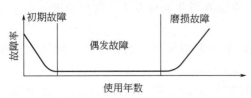

图 5-43 充电桩的故障率与使用时间的关系

在图5-43中所示的初期故障是指充电桩在安装调试和初期运行阶段，由于元器件的某种缺陷或某种外部原因而发生的故障。因充电桩所用的元器件经过器件制造厂家出厂检测，充电桩生产厂家进厂入库前的抽样检测，以及充电桩出厂前经过严格的整机检测，能使充电桩故障率降低到最低程度。由于个别器件存在隐患和现场安装及初期运行时的误操作，致使这一期间充电桩故障率较高。

当充电桩投入正常使用后，在较长的一段时间内出现故障的情况明显减少，这时的故障可能是由充电桩内部某个器件发生突发性故障，也可能是由于使用环境差，使充电桩内部进水或金属屑以及灰尘潮湿引起的故障。由于偶然性强、较难预料，故称为偶发故障。一般来说，在开发设计阶段有针对性地增加零部件的额定余量，在使用阶段加强维护保养是解决偶发故障的主要手段。

磨损故障是临近使用寿命后期发生的故障，主要特征是随着时间的推移故障率明显增加。为了延长充电桩的使用寿命，需要对充电桩进行定期的检查和保养，在预计元器件即将到达使用寿命时进行更换，做到有备无患。

构成电动汽车充电桩电路的电气电子元件有继电器、接触器、晶体管、电阻、线圈、电容器、集成电路、功率器件等，在检查时只有掌握其检查方法和诊断技术，才能及早发现有故障的电气电子元件。对于电感、电容、电阻而言，应掌握每个元器件在交流（AC）电路和直流（DC）电路中的工作状态及其作用。

在检修过程中，即使确定了故障电路的范围，还必须进一步将电路细分到某个电气电子元件的前后，再使用万用表检查各个测试点，以区分和确认具体的有故障的电气电子元件。为了迅速、准确地判断故障产生的部位和原因，必须注意区分电路的测试点和测量方法。

对于使用一段时间后出现故障的电动汽车充电桩，故障原因可能是元器件损坏，连线发生短路或断路（如焊点虚焊，接插件接触不良、可变电阻器、电位器、半可变电阻等接触不良，接触面表面镀层氧化等），或使用条件发生变化（如电网电压波动，过冷或过热的工作环境等）影响电动汽车充电桩的正常运行。

对于新安装在调试时就出现故障的电动汽车充电桩，故障原因可能是，由于电动汽车充电桩在运输过程中，因震动等因素引起电动汽车充电桩内的电路插件松动或脱落，连线发生短路或断路等。在电动汽车充电桩仓储过程中，由于其内元器件或印制电路板受潮等因素引起的元器件失效，或由于调试人员未能按电动汽车充电桩的使用操作步骤操作而导致的故障；也有因电动汽车充电桩在出厂前装配和调试时，部分存在质量问题的元器件未能检出，而影响电动汽车充电桩的正常运行。电动汽车充电桩故障无论是发生在线路上，还是发生在电气电子元件上，一般都是由短路或断路原因引起，其现象与产生的原因如下。

（1）短路故障　当电路局部短路时，负载因短路而失效，这条负载线路的电阻小，而产生极大的短路电流，导致电源过载，导线绝缘损坏，严重时还会引起火灾。如电源"＋""－"极的两根导线直接接通；电源未经过负载直接接通；绝缘导线破损，并相互接触造成短路；接线螺钉松脱造成与线头相碰；接线时不慎，使两线头相碰；导线头碰触金属外壳部分等。

（2）断路故障　对于断路的电路，在电路断点之后没有电源，所以在电源到负载的电路中某一点中断时，电流不通。故障原因有线路折断、导线连接端松脱、接触不良等。

5.2.1.2　电动汽车充电桩故障分类

（1）按故障的性质分类　电动汽车充电桩故障按故障的性质可分为以下几类。

① 系统性故障。系统性故障是指只要满足一定的条件则一定会产生的确定性故障。确定性故障是指电动汽车充电桩中的硬件损坏，或只要满足一定的条件，电动汽车充电桩必然会发生的故障。这一类故障现象在电动汽车充电桩运行中较为常见，由于它具有一定的规律，因此也给维修带来方便。确定性故障具有不可恢复性，故障一旦发生，如不对其进行维修处理，电动汽车充电桩不会自动恢复正常，但只要找出发生故障的根本原因，维修完成后电动汽车充电桩立即可以恢复正常运行。正确使用与精心维护是杜绝或避免系统性故障发生的重要措施。

② 随机性故障。随机性故障是指电动汽车充电桩在工作过程中偶然发生的故障，此类故障的发生原因较隐蔽，很难找出其规律性，故常称为"软故障"。分析与诊断引发随机性故障的原因是比较困难的，一般而言，故障的发生往往与元器件的安装质量、参数的设定、元器件的品质、软件设计不完善、工作环境的影响等诸多因素有关。随机性故障有可恢复性，故障发生后，通过重新开机等措施，通常可恢复正常，但在运行过程中，又可能发生同样的故障。加强电动汽车充电桩的维护检查，确保电动汽车充电桩的正确安装、可靠连接、正确接地和屏蔽是减少或避免此类故障发生的重要措施。

（2）按故障出现时有无指示分类　电动汽车充电桩故障按故障出现时有无指示分为有诊断指示故障和无诊断指示故障，当今电动汽车充电桩都设计有完善的自诊断程序，实时监控充电桩的软、硬件性能，一旦发现故障则会立即报警或有简要文字说明在液晶屏上显示出来，结合系统配备的诊断手册不仅可以找到故障发生的原因、部位，而且还有排除方法提示。电动汽车充电桩制造者会针对具体电动汽车充电桩设计，有相关的故障指示及诊断说明书，结合显示的故障信息加上电动汽车充电桩上的各类指示灯使得绝大多数故障的排除较为容易。

无诊断指示故障是电动汽车充电桩的故障诊断程序存在不完整性所致，这类故障则要依靠对产生故障前的工作过程和故障现象及后果，并依靠维修人员对电动汽车充电桩的熟悉程度和技术水平加以分析、排除。

电动汽车充电桩的故障显示可分为指示灯显示与显示器显示两种情况。

① 指示灯显示报警。指示灯显示报警是指通过电动汽车充电桩的状态指示灯（一般由LED发光管或小型指示灯组成）显示报警信息。根据电动汽车充电桩的故障状态指示灯，可大致分析判断出故障发生的部位与性质。因此，在维修、排除故障过程中应认真检查这些状态指示灯的状态。

② 显示器显示报警。显示器显示报警是指可以通过显示器显示故障报警信息，由于电动汽车充电桩一般都具有较强的自诊断功能，如果电动汽车充电桩的诊断软件以及显示电路工作正常，一旦充电桩出现故障，便可以在显示器上以报警符号及文本的形式显示故障信息。电动汽车充电桩能进行显示的报警信息少则几十种，多则上千种，它是故障诊断的重要信息。

(3) 按故障产生的原因分类　电动汽车充电桩故障按产生的原因分为自身故障和外部故障，这也是按照相对于故障所发生的位置来分类的方法。

① 电动汽车充电桩自身故障。电动汽车充电桩自身故障是由于电动汽车充电桩自身的原因所引起的，与外部使用环境条件无关，电动汽车充电桩所发生的绝大多数故障均属此类故障。

② 电动汽车充电桩外部故障。电动汽车充电桩外部故障是指与其相关的外部器件性能改变及环境条件变化而引发的故障，如电源开关、电源线缆、通信线缆等发生故障，或由于三相电源的电压不稳定，三相电流不平衡，外界的电磁干扰，环境温度过高，有害气体、潮气、粉尘侵入，外来振动等引起的电动汽车充电桩故障。

(4) 按故障发生的部位分类　电动汽车充电桩故障按发生的部位分为硬件故障和软件故障。

硬件故障是指电动汽车充电桩硬件的物理损坏：一是人为和环境原因，如环境恶劣、供电不良、静电破坏或违反操作规程等原因造成的；二是电动汽车充电桩内电力电子元件的原因，如电子元件、接触插件、印制电路、电线电缆等损坏造成的，这是需要维修甚至更换才可排除的故障。

软件故障是指由于软件系统错误而引发的故障，常见的软件故障有程序错误、设置错误等。软件故障需要输入或修改某些数据甚至修改程序方可排除。

(5) 按故障出现时有无破坏性分类　电动汽车充电桩故障按出现时有无破坏性分为破坏性故障和非破坏性故障。

破坏性故障是指电动汽车充电桩以及外部电气线路由于自身缺陷或环境影响而使电气电子元件功能丧失而无法正常工作。此类故障大多无法通过简单的方法修复或根本无法修复，对于此类故障需要进行更换，对于破坏性故障，维修时不允许重演，这时只能根据产生故障时的现象进行相应的检查、分析来排除，技术难度较高且有一定风险。并且一定要将产生故障的原因查出且排除后，才能更换损坏的电气电子元件，进行必要的测试后，电动汽车充电桩才能上电运行。

对于电动汽车充电桩温升过高、运行时发出异常响声等非破坏性故障，一般还可以运行，但是长期运行会发展为破坏性故障。发生此类事故后也应立即停止电动汽车充电桩运行，进行必要检修，排除故障后方可运行。

(6) 按故障产生原因分类　电动汽车充电桩故障按产生原因分为使用性故障和元器件故障。

使用性故障是指因为使用人员操作不当或错误操作引起的故障，这种故障一般要求使用人员在操作前应正确阅读电动汽车充电桩的操作说明书，学会正确使用电动汽车充电桩的方法，以免导致不必要的安全事故和经济损失。

元器件故障一般是由电气电子元件本身有质量缺陷所导致，在电动汽车充电桩需要更换电气电子元件时，应该确定所用电气电子元件的电气规格参数准确无误，保证产品完好无损。

(7) 按显性和隐性故障分类　显性故障是指故障部位有明显的异常现象，即明显的外部表征，很容易被人发现。此类故障可以通过看、闻、听等人为主观察觉来判断，比如元器件被烧毁时会冒烟，闻到有烧焦的味道，有放电声和放电痕迹等。而隐性故障是指故障部位没有明显的异常，即无明显的外部特征，无法通过主观判断出故障部位，一定要借助一定的辅助手段，如仪表、仪器等，而有一些则需要依赖于一定的检修工作经验来判别。隐性故障查找起来往往需要花费很长的时间和精力，并要根据电路原理系统进行分析和判断。

(8) 按发生故障或损坏的特征分类　根据电动汽车充电桩发生故障或损坏的特征，一般可分为两类。一类是在运行中频繁出现的自动停机现象，并伴随着一定的故障信息显示，其处理方法可根据电动汽车充电桩随机说明书上提供的方法，进行处理和解决。这类故障一般是由于电动汽车充电桩运行参数设定不合适，或外部工况、条件不满足电动汽车充电桩使用要求所产生的一种保护动作现象。另一类是由于使用环境恶劣、高温、导电粉尘引起的短路，或潮湿引起的绝缘能力降低或击穿等突发故障（严重时，会出现打火、爆炸等异常现象）。这类故障发生后，需要对电动汽车充电桩进行解体检查，重点查找损坏元器件，根据故障发生区域，进行清理、测量、更换，然后全面测试，经上电对电动汽车充电桩进行综合性能测试后，再投入运行，以达到排除故障的目的。

(9) 按故障影响范围和程度分类
① 全局性故障，是指影响到整个充电桩正常运行的故障。
② 相关性故障，是指某一故障与其他故障之间有着因果或关联关系。
③ 局部性故障，是指故障只影响了充电桩的某些项或几项功能。
④ 独立性故障，特指某一元器件发生的故障。

如电源熔断器的熔体熔断使电动汽车充电桩不能启动，则属于全局性故障，而造成的原因可能是相关的某一元器件短路，即故障的相关性。

(10) 按故障发生的时间、周期分类　电动汽车充电桩故障按发生的时间、周期分为固定性故障和暂时性故障。
① 固定性故障是指故障现象稳定，可重复出现，其原因主要是由于开路、短路、元器件损坏或某一元器件失效引起的。
② 暂时性故障是指故障的持续时间短、工作状态不稳定、时好时坏，造成的原因可能是元器件性能下降或接触不良等引起的。

5.2.2　电动汽车充电桩维修流程

引发电动汽车充电桩故障可能只是某一个电气电子元件，而对于维修人员最重要的是要找到故障的电气电子元件，需要进行检查、测量后进行综合分析做出判断，才能有针对性地处理故障，尽量减少无用的拆卸，尤其是要尽量减少使用电烙铁的次数。除了经验，掌握正确的检查方法是非常必要的。正确的方法可以帮助维修人员由表及里，由繁到简，快速地缩小检测范围，最终查出故障原因并进行适当处理，从而排除故障。

5.2.2.1　电动汽车充电桩维修过程

从维修电动汽车充电桩的经验来看，与强电相关的器件、大功率器件、电源部分以及相应的驱动电路损坏频率较高，当然在维修过程中也会出现各种各样的故障现象，表现与其相应的电子电路有关。电动汽车充电桩的维修过程就是寻找相应故障点的过程，在维修过程中应该坚持以人为主、设备为辅的原则，充分发挥人的主观能动性，降低维修成本，从故障现象入手，分析电路原理、时序关系、工作过程，找出各种可能存在的故障点，然后借助一些维修检测设备，确定故障点和故障元器件（包括定性与定量指标），然后寻找相应的元器件进行替换，使电动汽车充电桩固有的性能指标得以恢复。通常电动汽车充电桩维修过程包括以下几个方面。

① 询问电动汽车充电桩的故障现象，包括故障发生前后外部环境的变化。例如，电源的异常波动、负载的变化等。

② 根据用户对故障充电桩的描述，分析可能造成故障的原因。

③ 确认被维修电动汽车充电桩的程序，分析维修恢复的可行性。

④ 根据故障现象，通过分析电路工作原理，确定故障电路，从故障电路中找出元器件损坏的原因。

⑤ 寻找相关的器件进行替换。

⑥ 在确定所有可能造成故障的所有原因都排除的情况下，通电进行测试，在做这一步时，一般要求所有的外部条件都必须具备，并且不会引起故障的进一步扩大化。

⑦ 在电动汽车充电桩正常工作的情况下，对电动汽车充电桩进行系统测试。

5.2.2.2 维修人员的素质条件

电动汽车充电桩是一种综合应用了计算机技术、自动控制技术、精密计量技术的高技术含量产品，其系统结构复杂、价格昂贵，因此对电动汽车充电桩维修人员素质、维修资料的准备、维修仪器的使用等方面都提出了比普通电器维修更高的要求。维修人员的素质直接决定了维修效率和效果，为了迅速、准确判断故障原因，并进行及时、有效的处理，排除电动汽车充电桩故障，作为电动汽车充电桩的维修人员应具备以下方面的基本条件。

（1）具有较广的知识面　电动汽车充电桩维修的第一步是要根据故障现象，尽快判别故障的真正原因与故障部位，这一点既是维修人员必须具备的素质，同时又对维修人员提出了很高的要求。它要求电动汽车充电桩维修人员不仅要掌握电子、电气两个专业的基础知识和基础理论，而且还应该熟悉电动汽车充电桩的结构与设计思想，熟悉电动汽车充电桩的性能，只有这样，才能迅速找出故障原因，判断故障所在。此外，维修时为了对某些电路、元器件进行测试，作为维修人员还应当具备一定的测量技能。要求电动汽车充电桩维修人员学习并基本掌握有关电动汽车充电桩的基础知识，如计算机技术、模拟与数字电路技术、自动控制技术等，学习并掌握在电动汽车充电桩维修中常用的仪器、仪表和工具的使用方法。

（2）善于思考　电动汽车充电桩的结构复杂，各部分之间的联系紧密，故障涉及面广，而且在有些场合故障所反映出的现象不一定是产生故障的根本原因。作为维修人员必须根据电动汽车充电桩的故障现象，通过分析故障产生的过程，针对各种可能产生的原因，由表及里，透过现象看本质，迅速找出发生故障的根本原因并予以排除。通俗地讲，电动汽车充电桩的维修人员从某种意义上说应"多动脑，慎动手"，切忌草率下结论，避免盲目更换元器件，特别是电动汽车充电桩的模块及印制电路板。

（3）重视总结积累　电动汽车充电桩的维修速度在很大程度上要依靠维修人员的素质和平时的经验积累，维修人员遇到过的故障、处理过的故障越多，其维修经验也就越丰富。电动汽车充电桩虽然品牌繁多，性能有一定的差异，但其基本的工作过程与原理却是相同的。因此，维修人员在排除了某一故障以后，应对维修过程及处理方法进行及时总结、归纳，形成书面记录，以供今后同类故障维修时参考。特别是对于自己一时难以解决，最终由同行技术人员或专家协同处理的故障，尤其应该细心观察，认真记录，以便于提高。如此日积月累，以达到提高自身水平与素质的目的，在不断的实际维修实践中提高分析能力和故障诊断技能。

(4) 善于学习　电动汽车充电桩维修人员应经过良好的技术培训，不断学习电气、电子技术基础理论知识，尤其是针对具体电动汽车充电桩的技术培训，首先是参加相关的培训班和电动汽车充电桩安装现场的实际培训，然后向有经验的维修人员学习，更重要的是坚持长时间的自学。作为电动汽车充电桩维修人员不仅要注重分析与积累，还应当勤于学习，善于思考。电动汽车充电桩说明书内容通常都较多，如操作、参数设置、连接、安装调试、维修手册、功能说明等。这些手册资料要在实际维修时进行全面、系统的学习。因此，作为维修人员要了解电动汽车充电桩系统的结构，并根据实际需要，结合维修资料，去指导维修工作。

(5) 具备专业外语基础　虽然目前国内生产电动汽车充电桩的厂家已经日益增多，但电动汽车充电桩的部分元器件还是主要依靠进口，其配套的说明书、资料往往使用原文资料，电动汽车充电桩的报警文本显示亦以外文居多。为了能迅速根据系统的提示与电动汽车充电桩说明书中所提供的信息确认故障原因，加快维修进程，作为一个维修人员，最好能具备一定的专业外语的阅读能力，以便分析、处理问题。

(6) 能熟练操作电动汽车充电桩　电动汽车充电桩的维修离不开实际操作，特别是在维修过程中，维修人员通常要进行一般电动汽车充电桩操作者无法进行的特殊操作，如进行电动汽车充电桩参数的设定与调整，通过计算机以及软件联机调试，利用电动汽车充电桩自诊断技术等。因此，从某种意义上说，一个高水平的维修人员，其操作电动汽车充电桩的水平应比一般操作人员更高、更强。

(7) 具有较强的动手能力　动手能力是电动汽车充电桩维修人员必须具备的素质，但是，对于维修电动汽车充电桩这类高技术设备，动手前必须有明确的目的、完整的思路、细致的操作。动手前应仔细思考、观察，找准入手点，在动手过程中更要做好记录，尤其是对于电气元件的安装位置、导线号、电动汽车充电桩参数、调整值等都必须做好明显的标记，以便恢复。维修完成后，应做好"收尾"工作，如将电动汽车充电桩紧固件安装到位，将电线、电缆整理整齐等。

在电动汽车充电桩维修时应特别注意其中的某些印制电路板是需要电池保持参数的，对于这些印制电路板切忌随便插拔；更不可以在不了解元器件作用的情况下，随意调换电动汽车充电桩中的器件、设定端子，任意调整电位器位置，任意改变设置的参数，以避免产生更严重的后果。要做好维修工作，必须掌握科学的方法，而科学的方法需在长期的学习和实践中总结提高，从中提炼出分析问题、解决问题的方法。

5.2.2.3　技术资料的要求

技术资料是维修工作的指南，其在维修工作中起着至关重要的作用，借助于技术资料可以大大提高维修工作的效率与维修的准确性。一般来说，对于电动汽车充电桩故障的维修，在理想状态下，应具备以下技术资料。

(1) 电动汽车充电桩使用说明书　它是由电动汽车充电桩生产厂家编制并随电动汽车充电桩提供的随机资料，电动汽车充电桩使用说明书通常包括以下与维修有关的内容。

① 电动汽车充电桩的操作方法与步骤。
② 电动汽车充电桩及主要元器件的结构原理示意图。
③ 电动汽车充电桩安装和调整的方法与步骤。
④ 电动汽车充电桩电气控制原理图。
⑤ 电动汽车充电桩的特殊功能及其说明。

(2) 电动汽车充电桩的操作使用手册　它是由电动汽车充电桩生产厂家编制的使用手

册，通常包括以下内容。

① 电动汽车充电桩面板操作说明。

② 电动汽车充电桩的具体操作步骤（包括手动、自动、试运行等方式的操作步骤，以及程序、参数等的输入、编辑、设置和显示方法）。

③ 系统调试、维修用的大量信息，如"电动汽车充电桩参数"的说明、故障信息说明及故障信息处理方法、系统连接图等是维修电动汽车充电桩过程中必须参考的技术资料之一。

(3) 电动汽车充电桩参数清单　它是由电动汽车充电桩生产厂根据电动汽车充电桩的实际应用情况，对其进行设置与调整的重要参数。它不仅直接决定了电动汽车充电桩的配置和功能，而且也关系到电动汽车充电桩的动、静态性能和精度，因此也是维修电动汽车充电桩的重要依据与参考。在维修时，应随时参考"电动汽车充电桩参数"的设置情况来调整、维修电动汽车充电桩；特别是在更换电动汽车充电桩模块时，一定要记录电动汽车充电桩的原始设置参数，以便恢复电动汽车充电桩的功能。

(4) 电动汽车充电桩的功能说明书　该资料由电动汽车充电桩生产厂家编制，功能说明书不仅包含了比电气原理图更为详细的电动汽车充电桩各部分之间连接要求与说明，而且还包括了原理图中未反映的信号功能描述，是维修电动汽车充电桩，尤其是检查电气接线的重要参考资料。

(5) 维修记录　这是维修人员对电动汽车充电桩维修过程的记录与维修工作总结，最理想的情况是，维修人员应对自己所进行的每一步维修都进行详细记录，不管当时的判断是否正确，这样不仅有助于今后进一步维修，而且也有助于维修人员的经验总结与水平提高。

5.2.2.4　物质条件

① 通用电动汽车充电桩的电气电子元件备件。

② 通用电动汽车充电桩常备电气电子元件应做到采购渠道快速畅通。

③ 必要的维修工具、仪器仪表等，并配有笔记本电脑且装有必要的维修软件。

④ 完整的电动汽车充电桩技术图样和资料。

⑤ 电动汽车充电桩使用、维修技术档案材料。

5.3　电动汽车充电桩故障诊断技术与检查方法

5.3.1　电动汽车充电桩故障诊断技术与维修原则

5.3.1.1　电动汽车充电桩故障诊断技术

所谓电动汽车充电桩的"故障诊断"，简单地说就是查找电动汽车充电桩的故障元器件，如果要从一批类型各异，但相互孤立的元器件中挑出失效或不合格的元器件，简单而又直接的办法是逐一进行测试检查。如果这批元器件都已经采用锡焊的方式，被固定在印制电路板上，相互之间形成了电气关联关系，由于电路中的元器件总数很多，显然不可能也没有必要将每个元器件都拆下来测试检查。一般是把整个电路看成一个整体，通过一系列的检查、分析、测试、判断，查找出故障的元器件。

电动汽车充电桩故障诊断的基本环节包括检查、分析、检测、判断。实际上检查的目的是为分析奠定基础，而分析的目的就是要做出判断，因此也可以认为故障诊断包括检查、分析和检测3个基本环节。故障诊断的过程是一个检查、分析与检测交错进行、循环往复、逐次逼近故障点的过程。故障诊断流程图如图 5-44 所示。

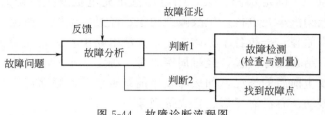

图 5-44 故障诊断流程图

电动汽车充电桩故障诊断需要涉及系统分析方法和使用专业的检测手段，为此学习电动汽车充电桩故障诊断技术，可以从检查、分析、检测这 3 个基本环节入手，重点掌握具有共性的基本技术手段和方法。

在电动汽车充电桩故障诊断过程中，有些电气电子元件的故障情况仅凭借外观检查就可以发现，如断路或短路、熔断器熔断、电解电容器爆裂等。在实际故障诊断工作中，经常也有通过"直观法"解决故障诊断问题。但是，这种情况带有偶然性，不具备故障分析的普遍意义。

电动汽车充电桩设计和制造技术的发展，使得电动汽车充电桩的种类越来越多，功能越趋完善，结构越趋复杂。相对而言，对电动汽车充电桩的故障诊断、故障分析的方法和设备却落后了许多。目前的情况是，在电动汽车充电桩的制造环节中，解决生产线上成批量的成品电动汽车充电桩或半成品元器件的故障诊断问题，有了多种比较成熟的方法，已有一些商品化的诊断设备；而对于电动汽车充电桩维修所面临的问题是，品牌繁杂、不成批量，且故障情况多变，因此较难解决。大多数情况下仍沿用传统的方法，在检查、分析方法和检测技术方面一直都没有本质的进步。

尤其对于充电桩中模拟电路的故障诊断，由于电路本身具有非线性，以及电路组态多样性等特点，大大增加了故障诊断的难度。虽然各种数字电路在电动汽车充电桩电路中所占比例在逐步增加，但是电动汽车充电桩中的人机界面、模拟量输入/输出的接口、功率器件的驱动与控制电路、电源电路等都不可能完全被数字化。恰恰就是这些不能被数字化的电路具有较高的故障发生概率。因此模拟电路的故障诊断问题，始终是电动汽车充电桩故障诊断中的难点和重点。

电动汽车充电桩故障诊断是一门综合性科学，涉及多方面的知识和技术，除了要掌握电动汽车充电桩组成的基本原理、电工电子学知识、元器件特性外，还涉及电子测量技术。更重要的是，在对电动汽车充电桩故障进行诊断的过程中，实际上是一个对电动汽车充电桩故障的分析过程，具有一系列独特的思维方法，该方法以系统科学和逻辑学为基础，具有自身的规律性和系统性。

电动汽车充电桩故障诊断是一个从已知探询未知的过程，因此也是一个科学研究的过程。它始于已知的故障现象，止于找到未知的故障部位（故障点），整个过程一般需要经过收集信息、分析研究、推理判断、参数测试、实测验证等环节。因此，掌握电动汽车充电桩故障诊断方法，并进行各种电动汽车充电桩故障的诊断实践工作，其价值不仅是修复了几台电动汽车充电桩，更重要的是能够提高自身的思维能力，学会观察、分析、判断的科学方法，培养良好的思维习惯和百折不挠的探索精神。

5.3.1.2 电动汽车充电桩的维修原则

电动汽车充电桩故障的检查、分析与诊断的过程也就是故障的排除过程，一旦查明了原因，故障也就几乎等于排除了。因此故障分析诊断的方法也就变得十分重要。故障的检查与分析是排除故障的第一阶段,是非常关键的阶段,主要应做好下列工作。

(1) 熟悉电路原理,确定检修方案　当电动汽车充电桩发生故障时,不要急于动手拆卸,首先要了解该电动汽车充电桩产生故障的现象、经过、范围、原因。熟悉该电动汽车充电桩构成的基本工作原理,分析各个具体电路,弄清电路中各级之间的相互联系以及信号在电路中的来龙去脉,结合实际经验,经过周密思考,确定一个科学的检修方案。并要向现场操作人员了解故障发生前后的情况,如故障发生前是否过载、频繁启动和停止,故障发生时是否有异常声音和振动、有没有冒烟、冒火等现象。

(2) 先分析思考,后着手检修　对故障电动汽车充电桩的检修,首先要询问产生故障的前后经过以及故障现象,根据用户提供的情况和线索,再认真地对电路进行分析研究(这一点对初学者尤其重要),弄通弄懂电动汽车充电桩电路原理和元器件的作用,做到心中有数,有的放矢。

在到现场处理电动汽车充电桩故障时,首先应要求操作者尽量保持现场故障状态,不做任何处理,这样有利于迅速精确地分析出故障原因。同时仔细询问故障指示情况、故障现象及故障产生的背景情况,依此做出初步判断,以便确定现场排除故障的方案。

在现场处理电动汽车充电桩故障时,首先要验证操作者提供的各种情况的准确性、完整性,从而核实初步判断的准确度。有时用户可能对故障状况描述不清甚至完全不准确,因此不要急于动手处理,应仔细调查各种情况,以免破坏了现场,使排除故障的难度增加。

根据已知的故障状况分析故障类型,从而确定排除故障的步骤。由于大多数故障是有指示的,所以一般情况下,对照电动汽车充电桩配套的诊断手册和使用说明书,可以列出可能产生该故障的多种原因。

对多种可能的原因进行排查,从中找出本次故障的真正原因,是对维修人员进行该电动汽车充电桩熟悉程度、知识水平、实践经验和分析判断能力的综合考验。有的故障的排除方法可能很简单,有些故障则较复杂,需要做一系列的准备工作,例如工具仪表的准备、局部的拆卸、元器件的替换、元器件的采购甚至排除故障步骤的制定等。

维修前应了解故障发生时的情况,比如电源电压是否稳定、有无碰撞、是否受潮湿、有无异味、异响等,根据获得的信息进行故障的初步判断,以做到心中有数。在着手检修电动汽车充电桩前,应先检查一下充电桩的电源端电压是否正常,接着可检查一下电动汽车充电桩插座面板上的按键是否正常、显示屏幕是否正常。最后应记录电动汽车充电桩的型号、使用年限、环境条件等。

引发电动汽车充电桩故障的原因可能是多方面的,而故障的现象以及发生的时间是不确定的。针对一个故障应首先分析产生故障的可能原因,并列出有关范围,寻找相关范围的技术资料作为理论引导。对于比较生疏的故障电动汽车充电桩,不应急于动手,应先熟悉电路原理和结构特点,遵守相应规则。检修前要充分熟悉每个电气元器件的功能、位置、连接方式以及与周围其他器件的关系,在没有组装图的情况下,应一边拆卸,一边画草图,并记上标记。

(3) 先外部,后内部　对发生故障的电动汽车充电桩进行检修时,应首先检查其外观,并了解其维修史、使用年限,还要对电动汽车充电桩的外围开关、线路、接插件、操作面板等进行检查。当确认电动汽车充电桩外部电气元件正常时,再对电动汽车充电桩内部进行检查。在检修电动汽车充电桩内部前应排除外部故障因素,并列出产生内部故障的可能因素,再对电动汽车充电桩内部故障进行检测,否则,可能将故障进一步扩大。在对电动汽车充电桩内部进行检修时,应仔细检查电动汽车充电桩内部元器件有无损伤、击穿、烧焦、变色等明显的故障，其次可重点检查一下元器件有无脱离、虚焊，连线是否松动。

在进行印制电路板检测时，如果条件允许，最好采用一块与待修板一样的好印制电路板作为参照，然后使用测量仪表检测相关参数对两块板进行对比，开始的对比测试点可以从印制电路板的端口开始，然后由表及里进行检测对比，以判断故障部位。

（4）先机械，后电气　在充电桩出现故障时，只有在确定机械部分无故障后，才能进行电气方面的检查。应当先检查机械部分的完好性，再检查电子电路及机电一体的结合部分。往往机械部分出现故障后而影响了电气系统，致使许多电气元件的功能不能发挥。因此不要被表面现象迷惑，充电桩出现故障并不全部都是电气部分的问题，有可能是机械元器件发生故障造成的。因此先检修机械部分所产生的故障，再排除电气部分的故障，往往会收到事半功倍的效果。

（5）先简单，后复杂　检修故障要先用简单易行、自己熟练的方法去排除故障，若故障不能排除，再用复杂、精确的方法。在排除故障时应先排除直观、显而易见、简单常见的故障，后排除难度较高、没有处理过的疑难故障。电动汽车充电桩经常容易产生相同类型的故障，即"通病"。由于"通病"比较常见，若积累的经验较丰富，则可快速排除，这样就可以集中精力和时间排除比较少见、难度高、疑难故障，简化步骤，缩小范围，提高检修速度。

（6）先静态，后动态　所谓静态检查是在电动汽车充电桩未通电之前进行的检查，当确认静态检查无误时，方可通电进行动态检查。若发现冒烟、闪烁等异常情况，应迅速关机，重新进行静态检查。这样可避免在情况不明时就给电动汽车充电桩上电，造成不应有的损坏。

就目前维修中所采用的测量仪器仪表而言，只能对印制电路板上的器件进行功能在线测试和静态特征分析，发生故障的印制电路板是否最终完全修复好，必须要装回原单元电路上检验才行。为使这种检验过程取得正确结果。以判断更换了电气电子元件的印制电路板是否维修好，这时最好先检查一下电动汽车充电桩的辅助电源是否按要求正确供电到相关印制电路板上，以及印制电路板上的各接口插件是否可靠插好，并要排除印制电路板外围电路的不正确带来的影响，才能正确地指导维修工作。

（7）先清洁，后维修　对污染较重的电动汽车充电桩，先要对其面板按键、接线端、接触点进行清洁，检查外部操作面板是否失灵。在检查电动汽车充电桩内部时，应着重看电动汽车充电桩内部是否清洁，如果发现电动汽车充电桩内各元器件、引线、走线之间有尘土、污物、蜘蛛网或多余焊锡、焊油等，应先加以清除，再进行检修，这样既可减少自然故障，又可取得事半功倍的效果。实践表明，许多故障都是由于脏污引起的，一经清洁，故障往往会自动消失。

（8）先电源电路，后功能电路　电源是电动汽车充电桩的心脏，如果电源不正常，就不可能保证其他部分的正常工作，也就无从检查别的故障。根据经验，电源部分的故障率在整机中占的比例最高，许多故障往往就是由电源引起的，所以先检修电源电路常能收到事半功倍的效果。在检修有故障的电动汽车充电桩时，应按照先检查主电路电源部分、控制电源部分，再检查控制电路部分，最后显示部分的顺序。因为电源是电动汽车充电桩各部分能正常工作的能量之源，而控制电路又是电动汽车充电桩能正常工作的基础。

（9）先普遍，后特殊　在没有了解清楚电动汽车充电桩故障部位的情况下，不要对电动汽车充电桩内的一些可调元器件进行盲目的调整，以免人为地将故障复杂化。遇到熔断器熔体或限流电阻等保护电路元器件被击穿或烧毁时，要先认真检查一下其周围电路是否有问题，在确认没问题后，再将其更换恢复供电。因电源电路元器件的质量或外部因素而引起的故障，一般占常见故障的 50% 左右。电动汽车充电桩的特殊故障多为软故障，要靠经验和仪器仪表来测量和确定故障性质及部位。根据电动汽车充电桩的共同特点，先排除带有普遍性和规律性的常见故障，然后再去检查和排除疑难及特殊故障，以便逐步缩小故障范围，由面到点，以达到缩短维修时间的效果。

（10）先外围后更换　在确定损坏的元器件后，先不要急于更换损坏的电气电子元件，在确认外围电路正常时，再考虑更换损坏的电气电子元件。在检测集成电路各引脚电压有异常时，不要先急于更换集成电路，而应先检查其外围电路，在确认外围电路正常时，再考虑更换集成电路。若不检查外围电路，一味更换集成电路，只能造成不必要的损失，且现在的集成电路引脚较多，稍不注意便会损坏，从维修实践可知，外围电路的故障率远高于集成电路。

（11）先故障，后调试　在检修中应当先排除电路故障，然后再进行调试。因为调试必须在电路正常的前提下才能进行。当然有些故障是由于调试不当造成的，这时只需直接调试即可恢复正常。在更换元器件时一定要注意焊接质量，不要造成虚焊。另外焊接时间也不宜过长，以免损坏元器件，造成不必要的经济损失。多次焊接电气电子元件后容易造成铜箔从线路板上脱落，更换元器件后，电动汽车充电桩内的异物要及时清理干净，连线和插接件要重新检查一遍，并安装到位，以免造成另外的人为故障。

（12）先直流，后交流　在检修故障电动汽车充电桩时，对于电子电路的检查，必须先检测直流回路静态工作点，再检测交流回路动态工作点。这里的直流和交流是指电子电路各级的直流回路及交流回路。这两个回路是相辅相成的，只有在直流回路正常的前提下，交流回路才能正常工作。

（13）先公用电路，后专用电路　电动汽车充电桩的公用电路出故障，其能量、信息就无法传送，各专用电路的功能、性能就不起作用。如一台电动汽车充电桩的电源出故障，整个系统就无法正常工作，向各种专用电路传递的能量、信息就不可能实现。因此遵循先公用电路、后专用电路的顺序，就能快速、准确地排除电动汽车充电桩故障。

电动汽车充电桩出现故障表现为多样性，任何一台有故障的电动汽车充电桩检修完，都应该把故障现象、原因、检修经过、技巧、心得记录在专用笔记本上，以积累维修经验，并要将自己的经验上升为理论。在理论指导下，具体故障具体分析，才能准确、迅速地排除故障，只有这样才能把自己培养成为检修电动汽车充电桩故障的行家里手。

5.3.1.3　电动汽车充电桩检修的一般程序

在检修电动汽车充电桩的过程中，最费时间的是故障判断和找出失效的元器件，故障部位和失效元器件找到后，维修和更换元器件实际上并没有太大的困难。因此，掌握维修技术就要首先学会故障检查、分析、判断方法，并掌握一些技巧。电动汽车充电桩检修的一般程序如下。

（1）观察和调查故障现象　电动汽车充电桩故障现象是多种多样的，例如，同一类故障可能有不同的故障现象，不同类故障可能有同种故障现象，这种故障现象的同一性和多样性，给查找故障带来复杂性。但是，故障现象是检修电动汽车充电桩故障的基本依据，是电动汽车充电桩故障检修的起点，因而要对故障现象进行仔细观察、分析，找出故障现象中最主要的、最典型的方面，弄清故障发生的时间、部位、环境等。

（2）了解故障　在着手检修发生故障的电动汽车充电桩前在询问、了解该电动汽车充电桩损坏前后的情况过程中，尤其要了解故障发生瞬间的现象。例如，是否发生过冒烟、异常响声、振动等情况，还要查询有无他人检修过，是否造成"人为故障"。

（3）试用待修电动汽车充电桩　对于发生故障的电动汽车充电桩要通过试听、试看、试用等方式，加深对电动汽车充电桩故障的了解。检修顺序为，外观检查、电源引线的检查和测量，无异常后，接通电源，按正常操作步骤操作充电桩，在操作的同时仔细听声音和观察电动汽车充电桩有无异常现象，再根据掌握的信息进行分析、判断可能引起故障的部位。

（4）分析故障原因　根据实地了解的各种表面现象，设法找到故障电动汽车充电桩的电路原理图及印制板布线图。若实在找不到该机型的相关资料，也可以借鉴类似机型的电路图，灵活运用以往的维修经验，并根据故障机型的特点加以综合分析，查明故障原因。

（5）初步确定故障范围、缩小故障部位　根据故障现象分析故障原因是电动汽车充电桩故障检修的关键，分析的基础是电工电子基本理论，是对电动汽车充电桩的构造、原理、性能的充分理解，是电工电子基本理论与故障实际的结合。某一电动汽车充电桩故障产生的原因可能很多，重要的是在众多原因中找出最主要的原因。

（6）归纳故障的大致部位或范围　根据故障的表现形式，推断造成故障的各种可能原因，并将故障可能发生部位逐渐缩小到一定的范围。要善于运用"优选法"原理，分析整个电路包含几个单元电路，进而分析故障可能出在哪一个或哪几个单元电路。总之，对各单元电路在电动汽车充电桩中所担负的特有功能了解得越透彻，就越能减少检修中的盲目性，从而极大提高检修的工作效率。

（7）确定故障的部位　确定故障部位是电动汽车充电桩故障检修的最终目的和结果，确定故障部位可理解成确定电动汽车充电桩故障点，如短路点、损坏的元器件等，也可理解成确定某些运行参数的变异，如电压波动、三相不平衡等。确定故障部位是在对故障现象进行周密的考察和细致分析的基础上进行的。在这一过程中，往往要采用多种手段和方法。

（8）故障的查找　对照电动汽车充电桩电路原理图和印制板布线图，在分析电路原理及布线的基础上确定可疑的故障点，并在印制电路板上找到其相应的位置，运用检测仪表进行在路或不在路测试，将所测数据与正常数据进行比较，进而分析并逐渐缩小故障范围，最后找出故障点。

（9）故障的排除　找到故障点后，应根据失效元器件或其他异常情况的特点采取合理的维修措施。例如，对于脱焊或虚焊，可重新焊好；对失效的元器件，则应更换合格的同型号规格元器件；对于短路性故障，则应找出短路原因后对症排除。

（10）还原调试　更换元器件后要对电动汽车充电桩进行全面或局部调试，因为即使替换的元器件型号相同，也会因工作条件或某些参数不完全相同导致性能的差异，有些元器件本身则必须进行调整。如果大致符合原参数，即可通电进行调试，若电动汽车充电桩工作全面恢复正常，则说明故障已排除；否则应重新调试，直至电动汽车充电桩完全恢复正常运行为止。

5.3.2　电动汽车充电桩故障检查方法

5.3.2.1　直观法

直观法是指不用任何仪器，根据电动汽车充电桩故障的外部表现，寻找和分析故障的方法，直接观察包括不通电检查和通电观察。在检修中应首先进行不通电检查，利用人的感觉器官（眼、耳、手、鼻）检查有关插件是否松动、接触不良、虚焊脱焊、断路、短路、元器件锈蚀、变焦、变色和熔断器熔体熔断等现象。直观法是一种最基本、最简单的方法，维修人员通过对故障发生时产生的各种光、声、味等异常现象的观察、检查，可将故障缩小到某个模块，甚至一块印制电路板。但是，它要求维修人员具有丰富的实践经验。

在进行直观检查前，应向现场操作人员询问情况，包括故障外部表现、大致部位、发生故障时环境情况。如有无异常气体、明火、热源靠近电动汽车充电桩，有无腐蚀性气体侵入，有无漏水，是否有人维修过，维修的内容等。

直观法的实施过程应坚持先简单后复杂、先外后内的原则，在实际操作时，首先要能准确地识别电动汽车充电桩内的各式各样的电子元器件、代表字母、电路符号，并掌握其在电路中的功能。采用直观法检修时，主要分为以下三个步骤。

(1) 外观检查　观察电动汽车充电桩的外表，看有无碰伤痕迹，电动汽车充电桩上的按键、插口以及外部的连线有无损坏等。

(2) 内部检查　观察线路板及电动汽车充电桩内的各种元器件，检查熔断器的熔体是否熔断；元器件有无相碰、断线；电阻有无烧焦、变色；电解电容器有无漏液、胀裂及变形；印制电路板上的铜箔和焊点是否良好，有无维修过，在观察电动汽车充电桩内部时，可用手拨动一些元器件，以便充分检查。

(3) 通电后观察　这时眼要看电动汽车充电桩内部有无打火、冒烟现象；耳要听电动汽车充电桩内部有无异常声音；鼻要闻电动汽车充电桩内部有无烧焦味；手要摸一些晶体管、集成电路等是否烫手（应在保证安全的前提下），如有异常发热现象，应立即关机。

直观法的特点是十分简便，不需要其他仪器，对检修电动汽车充电桩的一般性故障及元器件损坏故障很有效果。直观法检测的综合性较强，它与检修人员的经验、理论知识和专业技能等紧密相关，直观检查法需要在大量的检修实践中不断积累经验，才能熟练地运用。直观法检测往往贯穿在整个电动汽车充电桩维修的全过程，与其他检测方法配合使用时效果更好。

5.3.2.2　对比法

对比法是用正确的特性与错误的特征相比较来寻找故障原因的方法，怀疑某一电路存在问题时，可将此电路的参数与工作状态相同的正常电路的参数（或理论分析的电流、电压、波形等）进行一一对比，此法对没有电路原理图时最适用。在检修时把检测数据与图纸资料及平时记录的正常参数相比较来判断故障。对无资料又无平时记录的电动汽车充电桩，可与同型号的完好电动汽车充电桩相比较，从中找出电路中的不正常情况，进而分析故障原因，判断故障点。对比法可以是自身相同回路的类比，也可以是故障线路板与已知好的线路板的比较，对比法可帮助维修人员快速缩小故障检查范围。

5.3.2.3　替换法

替换法是用规格相同、性能良好的电气电子元件或印制电路板，替换故障电动汽车充电桩上某个被怀疑而又不便测量的电气电子元件或印制电路板，从而来判断故障的一种检测方法。有时故障比较隐蔽，某些电路的故障原因不易确定或检查时间过长时，可用相同规格型号良好的元器件进行替换，以便于缩小故障范围，进一步查找故障，并证实故障是否由此元器件引起的。运用替换法检查时应注意，当把电动汽车充电桩上怀疑有故障的电气电子元件或印制电路板拆下后，要认真检查该电气电子元件或印制电路板的外围电路，只有肯定是由于该电气电子元件或印制电路板本身因素造成故障时，才能换上新的电气电子元件或印制电路板，以免替换后再次损坏。

另外，由于某些元器件的故障状态（例如电容器的容量减小或漏电等）用万用表不能确定时，应该用相同规格的元器件加以替换或是并联上相同规格的元器件，看故障现象有否变化。若怀疑电容器绝缘不好或短路，检测时需将一端脱开。在替换元器件时，替换上的元器件应尽可能和怀疑损坏的元器件规格型号相同。

当故障分析结果集中于某一印制电路板上时,由于电路集成度的不断扩大而要把故障落实于其上某一区域乃至某一电气电子元件上是十分困难的,为了缩短故障检查时间,在有相同备件的条件下可以先将备件换上,然后再去检查修复故障板。在更换备件板时应注意以下事项。

① 更换任何备件都必须在断电情况下进行。

② 许多印制电路板上都有一些开关或短路棒的设定以匹配实际需要,因此在更换备件板时一定要记录下原有的开关位置和设定状态,并将新板做好同样的设定,否则会产生报警而不能正常工作。

③ 某些印制电路板的更换,还需在更换后进行某些特定操作以完成其中软件与参数的建立,这一点需要仔细阅读相应印制电路板的使用说明。

④ 有些印制电路板是不能轻易拔出的,例如含有工作存储器的印制电路板,或者有备用电池的印制电路板,它会丢失有用的参数或者程序,必须更换时应遵照有关说明操作。

利用备用的同型号的印制电路板确认故障,缩小检查范围是非常行之有效的方法。若是电动汽车充电桩的控制板出问题,常常只能更换,别无他法,因为大多数用户几乎不会得到原理图及布置图,从而很难做到芯片级维修。

鉴于以上条件,在拔出旧印制电路板更换新印制电路板之前,一定要先仔细阅读相关资料,弄懂要求和操作步骤之后再动手,以免造成更大的故障。采用替换法,在确定故障原因时准确性较高,但操作时比较麻烦,有时很困难,对印制电路板有一定的损伤。所以使用替换法时要根据电动汽车充电桩故障具体情况,以及检修者现有的备件和代换的难易程度而定。在替换电气电子元件或印制电路板的过程中,连接要正确可靠,不要损坏周围其他元器件,这样才能正确地判断故障,提高检修速度,而又避免人为地造成故障。

在替换元器件的操作中,如怀疑两个引脚的元器件开路时,可不必拆下它们,而是在印制电路板这个元器件引脚上再焊接上一个同规格的元器件,焊好后故障消失,证明被怀疑的元器件是开路时,在将故障元器件剪除。当怀疑某个电容器的容量减小时,也可以采用直接并联的方式进行判断。使用替换法应注意的事项如下。

① 严禁大面积地使用替换法,这不仅不能达到修好故障电动汽车充电桩的目的,甚至会进一步扩大故障的范围。

② 替换法一般是在其他检测方法运用后,对某个元器件有重大怀疑时才采用。

③ 当所要代替的电气电子元件在底部时,也要慎重使用替换法,若必须采用时,应充分拆卸,使元器件暴露在外,有足够大的操作空间,以便于代换处理。

5.3.2.4 插拔法

通过将功能印制电路板插件"插入"或"拔出"来寻找故障的方法比较简单,是一种常用的有效方法,能迅速找到故障的原因,具体步骤如下。

① 先将故障电动汽车充电桩和所有连接辅助电路的插件板拔出,再合上故障电动汽车充电桩电源开关,若故障现象仍出现,则应仔细检查主电路部分是否有故障。

② 若故障消失,则仔细检查每块插件板,观察是否有相碰和短路(如碰线、短接、插针相碰等),若有,则排除,若无,则插上检查后的插件板,再检查余下的插件板,直至找出故障插件板,然后根据故障现象和性质判断是哪一个集成电路或电气电子元件损坏,这样很快就能发现哪块插件板上有故障。

5.3.2.5 系统自诊断法

充分利用电动汽车充电桩的自诊断功能,根据电动汽车充电桩操作控制面板显示的故障信息及发光二极管的指示,可判断出故障的大致起因。进一步利用系统的自诊断功能,还能了解电动汽车充电桩与各部分之间的接口信号状态,找出故障的大致部位,它是故障诊断过程中最常用、最有效的方法之一。

所有的电动汽车充电桩都以不同的方式给出故障指示,对于维修人员来说是非常重要的信息。通常情况下,电动汽车充电桩会针对电压、电流、温度、通信等故障给出相应的故障信息,而且大部分采用微处理器或 DSP 处理器的电动汽车充电桩都能保存 3 次以上的故障报警记录。

5.3.2.6 参数检查法

电动汽车充电桩参数是保证其正常运行的前提条件,它直接影响着电动汽车充电桩的性能。参数通常存放在系统存储器中,一旦电池电量不足或受到外界的干扰,可能导致部分参数的丢失或变化,使电动汽车充电桩无法正常工作。通过核对、调整参数,有时可以迅速排除故障;特别是对长期不用的电动汽车充电桩,参数丢失的现象经常发生,因此,检查和恢复电动汽车充电桩参数是维修中行之有效的方法之一。另外,电动汽车充电桩经过长期运行之后,由于环境温度、电气元件性能变化等原因,也需对有关参数进行重新调整。

电动汽车充电桩设置许多可修改的参数以适应不同的应用和不同工作状态的要求,这些参数不仅能使电动汽车充电桩与具体负载相匹配,而且更是使电动汽车充电桩各项功能达到最佳化所必需的。因此,任何参数的变化(尤其是模拟量参数)甚至丢失都是不允许的。而随着电动汽车充电桩长期运行所引起的机械或电气性能的变化,会打破最初的匹配状态和最佳化状态,这需要重新调整相关的一个或多个参数。这种方法对维修人员的要求是很高的,不仅要对具体充电桩主要参数十分了解,而且要有较丰富的电气系统调试经验。

5.3.2.7 断路法

断路法就是人为地把电路中的某一支路或某个元器件的某条引脚焊开来查找故障的方法,有时又称开路法。它是一种快速缩小故障范围的有效方法。如某一台电动汽车充电桩辅助电源电路电流过大,可逐渐断开可疑部分电路,断开哪一部分电流恢复正常,故障就出在那部分,此法来检修电流过大、熔断器熔体熔断故障非常有效。

若遇到难以检查的短路或接地故障,换上新熔断器熔体后,逐步或重点地将各支路一条一条地接入电源,重新试验。当接到某一电路时熔断器熔体又熔断,故障就在刚刚接入的这条电路及其所包含的电器元器件上。

对于多支路交联电路,应有重点地在电路中将某点断开,然后通电试验,若熔断器熔体不再熔断,故障就在刚刚断开的这条电路上。然后再将这条支路分成几段,逐段地接入电路。当接入某段电路时熔断器熔体又熔断,故障就在这段电路及某元器件上。这种方法简单,但容易把损坏不严重的电器元器件彻底烧毁。

5.3.2.8 短路法

电动汽车充电桩的故障大致归纳为短路、过载、断路、接地、接线错误及外围电路故障等。诸类故障中出现较多的为断路故障,它包括导线断路、虚连、松动、触点接触不良、虚焊、熔断器熔体熔断等。对这类故障除用电阻法、电压法检查外,更为简单可靠的方法是短路法。短路方法是用一根良好绝缘的导线,将所怀疑的断路部位短路接起来,如短接到某处,电路工作恢复正常,说明该处断路。

在应用短路法检测电路的过程中,对于低电位可用短接线直接对地短路;对于高电位应采用交流短路法，即用 $20\mu F$ 以上的电解电容对地短接，保证直流高电位不变；对电源电路，不能随便使用短路法，短路法实质上是一种特殊的分割法。

5.3.2.9 仪器测量比较法

使用常规的电工仪器仪表，对各电路交、直流电源电压及脉冲信号等进行测量，从中寻找引起故障的元器件。例如用万用表检查电源情况，及对某些印制电路板上设置的相关信号状态测量点的测量，用示波器观察相关的脉动信号的幅值、相位。这种方法比较简单直接，结合故障现象一般能判断出故障所在，借助一些测量工具，能进一步确定故障的原因，帮助分析和排除故障。

电动汽车充电桩的印制电路板在制造时，为了调整维修的便利，通常都设置有检测用的检测端。维修人员利用这些检测端，可以测量、比较正常的印制电路板和有故障的印制电路板之间的电压或波形的差异，进而分析、判断故障原因及故障所在位置。通过测量比较法有时还可以纠正被维修过的印制电路板上的调整、设定不当而造成的"故障"。

测量比较法使用的前提是，维修人员应了解或实际测量正确的印制电路板关键部位、易出故障部位的正常电压值和正确的波形，才能进行比较分析，而且这些数据应随时做好记录并作为资料积累。常见的测量检查方法如下。

（1）电压测量法　电压测量法是通过测量电子电路或元器件的工作电压并与正常值进行比较来判断故障的一种检测方法。电压测量法是所有检测手段中最基本、最常用的方法。经常测试的电压是各级电源电压、晶体管的各极电压以及集成电路各引脚电压等。一般而言，测得电压的结果是反映电动汽车充电桩工作状态是否正常的重要依据。电压偏离正常值较大的地方，往往是故障所在的部位。电压测量法可分为交流电压检测和直流电压检测两种。

① 交流电压检测。在电动汽车充电桩电路中，因交流回路较少，相对而言电路不复杂，测量时较简单。一般可用万用表的交流电压挡从电动汽车充电桩电源输入端开始测量，若正常，再检测充电模块的交流端电压是否正常，以判断前端电源故障部位。对于电动汽车充电桩输出端的交流电压进行测量，可先拆除电动汽车充电桩输出端的电缆后进行测量，以判断故障部位。

② 直流电压检测。对直流电压的检测，首先检测主电路的整流电路输出、DC/DC 电路的输入，再检测辅助电源电路及稳压电路的输入、输出，根据测得的输入端及输出端电压高低来进一步判断哪一部分电路或某个元器件有故障。测量单元电路电压时，首先应测量该单元电路的电源电路，通常电压过高或过低均说明电路有故障。用直流电压法检测集成电路的各脚工作电压时，要根据维修资料提供的数据与实测值比较来确定集成电路的好坏。

通常检测交流电压和直流电压可直接用万用表测量，但要注意万用表的量程和挡位的选择。电压测量是并联测量，测量过程中必须精力集中，以免万用表表笔将两个焊点短路。

（2）电流测量法　电流测量法是通过检测晶体管、集成电路的工作电流，以及各局部电路的电流和电源的负载电流，来判断电动汽车充电桩故障的一种检修方法。用电流法检测电子线路时，可以迅速找出晶体管发热、电气元件发热的原因，也是检测集成电路工作状态的常用手段。采用电流检测法时，常需要断开电路。把万用表串入电路，因这一步实现起来较困难，为此，电流法检测有直接测量法和间接测量法两种。

间接测量法是用所测得的电压来换算电流或用特殊的方法来估算电流的大小，如要测晶体管某极电流时，可以通过测量其集电极或发射极上串联电阻上的压降换算出电流值。这种方法的好处是无需在印制电路板上制造测量口。遇到电动汽车充电桩熔断器熔体熔断或局部电路有短路时，采用电流法检测效果明显。电流是串联测量，而电压是并联测量，实际操作时往往先采用电压法测量，在必要时才进行电流检测。

（3）电阻测量法　电阻测量法是测量元器件对地或自身电阻值来判断故障的一种方法，它对检修开路、短路故障和确定故障元器件有实效，通过测量电阻、电容、电感、线圈、晶体管和集成电路的电阻值可判断出故障的具体部位。

电阻测量法是检测电动汽车充电桩故障的最基本的方法之一，一般而言，电阻测量法有"在线"电阻测量和"离线"测量两种方法。"在线"电阻测量时，由于被测元器件接在整个电路中，所测得的阻值受到其他并联支路的影响，在分析测试结果时应给予考虑，以免误判。正常所测的阻值与元器件实际标注的阻值相等或偏小，极少存在大于实际标注阻值的情况，若是，则表明所测的元器件存在故障。

"离线"测量电阻是将被测元器件一端或将整个元器件从印制电路板上脱焊下来，再用万用表测量电阻的一种方法，这种方法操作起来较烦琐，但测量的结果准确、可靠。

采用电阻测量法测量元器件的电阻值时，一般是先测量元器件的在线电阻的阻值，在测得元器件的阻值后，需互换万用表的红、黑表笔，再测试一次阻值。这样做可排除外电路网络对测量结果的干扰。要对两次测得阻值的结果进行分析，对重点怀疑的元器件可脱焊一端进一步检测。在线测试一定要在断电情况下进行，否则测得结果不但不准确，还会损伤、损坏万用表。在检测一些低电压（如5V、3V）供电的集成电路时，不要用万用表的 $R\times 10k$ 挡，以免损坏集成电路。

测量法在实际应用中应注意以下事项。

① 注意检测中的公共"接地"。为使检测正常进行，检测仪器与被检测的电动汽车充电桩须有共同的"接地"点。

② 注意高压"串点串线"现象。出现故障的电动汽车充电桩往往存在绝缘击穿现象，造成高压串点、串线，将危及人身安全和损坏测量仪表，并影响测量数据，对此应加以注意。

③ 遵守"测前先断电，断后再连线"的检测程序。尤其测量高电压时，更应先切断电源，还要防止大容量电容储存的电荷电击人身，在连接测试线之前，应进行充分的放电，测试线与高电压点连好线后，再接通电源，以确保人身安全。

④ 测试线要具有良好的绝缘。

⑤ 测试前对检测仪器和被检测电路原理要有充分了解。

⑥ 要养成单手测量的习惯，防止双手同时触及带电体构成通路，危及人身安全及损坏测量仪表。

5.3.2.10　波形法

波形法是利用示波器跟踪观察信号电路各测试点信号的变化，根据波形的有无、大小和是否失真来判断故障的一种检修方法。波形法的特点在于直观、迅速、有效，示波器可直接显示信号波形，也可以测量信号的瞬时值。有些高级示波器还具有测量电气电子元件的功能，为检测提供了十分方便的手段。不能用示波器测量有高压或大幅度脉冲电路，当示波器接入电路时，应注意它的输入阻抗的旁路作用。通常采用高阻抗、小输入电容的探头，测量时示波器的外壳和接地端子要良好接地。

通常电动汽车充电桩的电路原理图都在测试位置上注有明显的波形图，这些便是波形法检测的重要基础。采用波形法可观察电路中的波形、波幅、频率、位置特性，还可以观察到各类寄生振荡、寄生调制等现象。波形法是寻找和发现乃至排除故障很有效的方法，尤其是排除疑难故障，使用这种方法非常方便。波形法也叫动态观察法，该方法是电路处于工作状态时的一种检测方法，因此在操作时务必注意安全。

波形法使用的测试仪器有两种：一是示波器，它可以观察脉冲的波形宽度、幅度、周期以及辅助电源的纹波电压和音频放大器的输出波形；二是频率特性测试仪，即通称为扫频仪，它可以用来检测各种电路的频率特性、频带宽度、电路增益以及滤波网络的吸收特性。

5.3.2.11　状态分析法

在检测发生故障的电动汽车充电桩时，依据电动汽车充电桩所处的状态进行分析的方法称为状态分析法。电动汽车充电桩的运行过程总可以分解成若干个连续的阶段，这些阶段也可称为状态。如电动汽车充电桩的工作过程可以分解成启动、待机、充电、停止等工作状态。其故障总是发生于某一状态，而在这一状态中，各种单元电路及电气电子元件又处于什么状态，这正是分析故障的重要依据。状态划分得越细，对分析和判断故障越有利，查找时必须将各种运行状态区分清楚，再对各单元电路及电气电子元件的工作状态进行分析，找出引发故障的原因。

5.3.2.12　回路分割法

回路分割法是把与故障有牵连的电路从总电路中分割出来，通过检测，肯定一部分，否定一部分，一步步地缩小故障范围，最后把故障部位孤立出来的一种检测方法。

电动汽车充电桩电路由若干个单元电路构成，每个单元电路都具有特定的功能，发生故障就意味着该单元电路中的某种功能的丧失，因此故障也总是发生在某个或某几个单元电路中。将回路分割，实际上简化了电路，缩小故障查找范围，查找故障就比较方便了。

分割法对由多个模块或多个印制电路板及转插件组合起来的电路，应用起来较方便，如电动汽车充电桩辅助电源电路的直流熔断器的熔体熔断，说明负载电流过大，同时导致电源输出电压下降。要确定故障原因，可将电流表串在直流熔断器熔体处，然后应用分割法将怀疑的那一部分电路与总电路分割开。这时看总电流的变化，若分割开某部分电路后电流降到正常值，说明故障就在分割出来的电路中。回路分割法依其分割方法的不同有对分法、特征点分割法、经验分割法及逐点分割法等。

回路分割法是根据人们的经验，估计故障发生在哪一单元电路，并将该单元电路的输入、输出端作为分割点。逐点分割是指按信号的传输顺序，由前到后或由后到前逐级加以分割。应用回路分割法检测电路时要小心谨慎，有些电路不能随便断开的要给予重视，否则故障没排除，还会引发新的故障。分割法严格说不是一种独立的检测方法，而是要与其他的检测方法配合使用，才能提高维修效率。

5.3.2.13　升温法

升温法是人为地将环境温度或元器件局部的温度升高（用电吹风可使局部元器件的环境温度升高，注意不可将温度升得太高，以致将正常工作的元器件烧坏），对可疑元器件进行升温，可加速一些高温参数比较差的元器件产生故障，来帮助寻找故障。如电动汽车充电桩因工作较长时间或环境温度升高后会出现故障，而关机检查时却是正常的，再工作一段时间又出现故障，这时可用"升温法"来检查。

有些电动汽车充电桩常开始运行时正常，但过不了多久，少则几分钟，多则一两个小时出现故障。这往往是由于电动汽车充电桩内个别元器件的热稳定性较差所引起的。因为这种故障本身的不固定性，在维修过程中，通常要根据自己的经验和故障现象的特征对故障部位做大致的判断。然后利用电烙铁或电吹风等烘烤可疑部位的元器件，如利用 20W 烧热的电烙铁，将烙铁头距可疑元器件 1cm 左右进行烘烤，其目的是进行局部加热。如烘烤到某一元器件时，故障现象立即再现，就可以判断是该元器件热稳定性不良引起的故障。升温的顺序是先晶体管、集成电路，后电容、电阻。

通常升温有两种含义：一是加速元器件的损坏，使故障尽快出现；二是由于印制电路板受潮，利用加热的办法直接排除故障。与升温法相反的方法是降温法，这种方法通常和升温法联合使用。其最简单的方法是在电动汽车充电桩出现故障时用棉花蘸上酒精贴在怀疑的元器件上，让其冷却，如果冷却到某个元器件时故障消失，则这个元器件就是有故障的元器件。降温法特别适用于刚开机时正常，用一段时间后出现故障的电动汽车充电桩。

5.3.2.14 敲击法

敲击法是用小起子柄、木槌轻轻敲击印制电路板上某一处，观察故障电动汽车充电桩的状态变化来判定故障部位（高压部位一般不易敲击）。此法尤其适合检查虚焊和接触不良故障。电动汽车充电桩由各种印制电路板和模块用接插件组成，各个印制电路板都有很多焊点，任何虚焊和接触不良都会出现故障。用绝缘的橡胶棒敲击电路板有可疑的不良部位，如果电动汽车充电桩的故障消失或再现，则很可能问题就出在那里。

5.3.2.15 逻辑推理分析法

逻辑推理分析法是根据电动汽车充电桩出现的故障现象，由表及里，寻根溯源，层层分析和推理的方法。电动汽车充电桩中的各组成部分和功能都有其内在的联系，例如连接顺序、动作顺序、电流流向、电压分配等都有其特定的规律，因而某一元器件的故障必然影响其他部分，表现出特有的故障现象。在分析故障时，常需要从这一故障联系到对其他部分的影响或由某一故障现象找出故障的根源，这一过程就是逻辑推理过程。逻辑推理分析法又分为顺推理法和逆推理法。顺推理法一般是根据故障现象，从外围电路、电源、控制电路、功率电路来分析和查找故障。逆推理法则采用与顺推理法相反的程序来分析和查找故障。

采用逻辑推理分析法对故障现象做具体分析，划出可疑范围，可提高维修的针对性，并可收到判断故障准而快的效果。分析电路时先从主电路入手，了解各单元电路之间的关系，结合故障现象和电路工作原理，进行认真的分析排查，即可迅速判定故障发生的可能范围。当故障的可疑范围较大时，不必按部就班地逐级进行检查，这时可在故障范围的中间环节进行检查，来判断故障究竟是发生在哪一部分，从而缩小故障范围，提高检修速度。

5.3.2.16 原理分析法

原理分析法是故障排除的最根本方法，其他检查方法难以奏效时，可以从电路的基本原理出发，一步一步地进行检查，最终查出故障原因。运用这种方法必须对电路的原理有清楚的了解，掌握各个时刻各点的逻辑电平和特征参数（如电压值、波形），然后用万用表、示波器测量，并与正常情况相比较，分析判断故障原因，缩小故障范围，直至找到故障。运用这种方法要求维修人员有较高的水平，对整个系统或各部分电路有清楚、深入的了解才能进行。

总体来说，对有故障的电动汽车充电桩检查要从外到内，由表及里，由静态到动态，由主回路到控制回路。虽然检查电动汽车充电桩故障的方法很多，实际检修中到底采用哪一种检查方法更有效，要看故障现象的具体情况而定。

在检修电动汽车充电桩故障时通常先采用直观法，一些典型的故障往往采用直观法就能一举奏效，对于较隐蔽的故障可以采用波形法。对不便于测试的故障，常采用替换法、短路法和分割法。这些方法的应用，往往能把故障压缩到较小范围之内，使维修工作的效率提高。要强调的是每一种检测方法都可以用来检测和判断多种故障；而同一种故障又可用多种检测方法来进行检修。检修时应灵活地运用各种检测方法，才能保证检测工作事半功倍。

当找出电动汽车充电桩的故障点后，就要着手进行修复、试运行、记录等，然后交付使用，但必须注意以下事项。

① 在找出故障点和修复故障时，应注意不能把找出的故障点作为寻找故障的终点，还必须进一步分析查明产生故障的根本原因。

② 找出故障点后，一定要针对不同故障情况和部位相应地采取正确的修复方法。

③ 在故障点的维修工作中，一般情况下应尽量做到复原。

④ 故障修复完毕，需要通电试运行时，应按操作步骤进行操作，避免出现新的故障。

⑤ 每次排除故障后，应及时总结经验，并做好维修记录。记录的内容包括电动汽车充电桩型号、编号、故障发生的日期、故障现象、部位、损坏的电气电子元器件、故障原因、修复措施及修复后的运行情况等。记录的目的是对维修经验进行总结，作为档案，以备日后维修时参考，并通过对历次故障的维修过程经验的积累，提高维修水平和维修的实际操作技能。

总之，电动汽车充电桩的检修过程是一种综合性分析的过程，它建立在对电路结构的深刻理解、正确无误地逻辑思维判断和熟练的操作技能之上。因判定故障要有良好的技术知识作为基础，只有认真掌握检修的一般规律，并不断地总结积累经验，才能准确、及时发现问题和解决问题。另外，查找故障时，尽量拓宽自己的思路，把各方面能造成故障的因素都想到，仔细地分析和进行排除。在实际检修工作中，寻找故障原因的方法多种多样，具体选择使用哪种检测方法可根据设备条件、故障情况灵活掌握，对于简单的故障用一种方法即可查找出故障点，但对于较复杂的故障则需采取多种方法互相补充、互相配合，才能迅速准确找出故障点。

5.4 电动汽车充电桩故障分析及处理

5.4.1 电动汽车充电桩主电路故障分析

根据对充电桩实际故障发生次数和停机时间统计，主电路的故障率占60%以上；运行参数设定不当，导致的故障占20%左右；控制电路板出现的故障占15%；操作失误和外部异常引起的故障占5%。从故障程度和处理困难性统计，主回路发生故障必然造成元器件的损坏，是充电桩维修费用的主要组成部分。

5.4.1.1 充电模块

充电模块的功能是把交流电源转换成直流电源，充电桩的充电模块与一般的充电模块差不多，包含一个PFC加一个DC/DC，它主要是一个三相整流加一个直流测电感，这种模式的PF值会比较高，大概会超过95%，但是THD会更差一些，因为这是一种无源模式。采用VIENNA整流模块的直流充电桩具有高功率因数、低谐波的特性可以，有效解决电网污染问题，同时也可以提升系统效率。VIENNA整流模块主电路如图5-45所示。

充电桩充电模块的损坏也是充电桩的常见故障之一，中、大功率普通充电桩的充电模块承担着充电桩所有输出电能的整流，易过热，也易击穿，其损坏后一般会出现充电桩不能送电、熔断器熔体熔断等现象，三相输入端呈低阻值或短路。充电模块只要有一相损坏，就应更换。充电模块损坏的原因如下。

① 器件本身质量不好。

② 负载电路故障导致充电模块流过短路电流而损坏。

③ 电网电压太高，电网遇雷击和过电压浪涌。电网内阻小，过压保护的压敏电阻已经

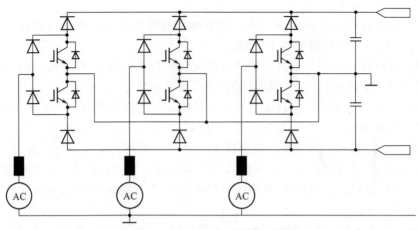

图 5-45 VIENNA 整流模块主电路

烧毁，不起作用，导致全部过压加到充电模块上。

④ 充电桩与电网的电源变压器太近，中间的线路阻抗很小，充电桩没有安装直流电抗器和输入侧交流电抗器，使充电模块处于电容滤波的高幅度尖脉冲电流的冲击状态下，使充电模块损坏。

⑤ 充电模块中功率开关管的过压吸收电路损坏，造成不能有效吸收过压而使充电模块损坏。

⑥ 滤波电容日久老化，容量减少或内部电感变大，对母线的过压吸收能力下降，造成母线上过压太高而损坏充电模块。

⑦ 充电桩内部某组电源，特别是充电模块驱动级的电源损坏，改变了输出值，或两组电源间绝缘被击穿。充电模块的前级光电隔离器件因击穿导致功率器件也击穿，或印制电路板在隔离器件部位因尘埃、潮湿造成打火击穿，导致充电模块损坏。

⑧ 三相输入缺相，使充电模块负担加重而损坏。

找到引起充电模块损坏的根本原因并消除后，才能更换新的充电模块，以防止换上新充电模块又发生损坏。更换新充电模块时要确保焊接可靠。确保与周边元件的电气安全间距，安装螺栓要拧紧，防止接触电阻大而发热。充电模块与散热器之间要涂硅脂降低热阻。对并联的充电模块要用同一型号、同一厂家的产品，以避免电流不均匀而损坏。

5.4.1.2 电解电容器

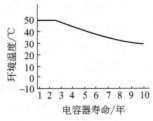

图 5-46 电解电容器相对湿度的劣化特性

电解电容器相对湿度的劣化特性直接影响到充电桩的寿命。电解电容器相对湿度的劣化特性如图 5-46 所示，充电桩的工作温度每上升 10℃，充电桩的寿命就会减半，这是因为电解电容器内部的化学反应随着温度的升高导致劣化速度加快。电解电容器的劣化速度与材料温度的关系遵循阿伦尼乌斯理论（电解液理论）。电解电容器的内部温度实际上是电容器周围环境温度与脉动电流造成的温度之和。因此，一方面应该在安装时考虑适合的环境温度；另一方面可以采取一些措施减小脉动电流，如增设直流电抗器来减小脉动电流，从而延长电解电容器的寿命。

在电解电容器劣化过程中，会出现电容量减小，漏电流增大，等价电阻值增大，$\tan\delta$ 值增大等现象。维护保养时通常测量电容量来判断电解电容器的劣化情况，当电容量低于初期值的 80%，绝缘阻抗在 5MΩ 以下时，应考虑更换电解电容器。电解电容器故障检查方法如下。

① 外观检查。外铝壳鼓包，塑料外套管裂开，流出电解液，保险阀开启或被压出，小型电解电容器顶部分瓣开裂，接线柱严重锈蚀，盖板变形、脱落。

② 用万用表测量开路或短路，容量明显减小，漏电严重（用万用表测最终稳定后的阻值较小）。

引起电解电容器损坏的原因如下。

① 器件本身质量不好（耐压不足，含有氯离子等杂质，结构不好，寿命短），电解电容器质量不好表现为漏液、漏电流大、损耗大、发热、鼓包、炸裂、由炸裂引起燃烧、容量下降，内阻及电感增加。

② 滤波前的充电模块损坏，有交流电直接进入了电容。

③ 分压电阻损坏，分压不均造成某个电容首先击穿，随后发生相关其他电容也击穿。

④ 电容安装不良，如外包绝缘损坏，外壳连到不应有的电位上，电气连接处接触不良，发热而损坏。

⑤ 散热环境不好，使电容温升太高，日久而损坏。

更换滤波电解电容器最好选择与原来相同的型号，在一时不能获得相同的型号替代时，必须注意电容的耐压、漏电流、容量、外形尺寸、极性、安装方式，并选用能承受较大纹波电流、长寿命的品种。在更换拆装过程中，电气连接（螺接和焊接）应牢固可靠，正负极不得接错，固定用卡箍要能牢固固定，并不得损坏电容外绝缘包皮，分压电阻照原样接好，并测一下电阻值，应使分压均匀。

已放置一年以上的电解电容器，应测漏电流值，不得太大，装上前先加直流电老化，直流电先加低一些，当漏电流减小时，再升高电压，最后在额定电压时，漏电流值不得超过标准值。

因电容的尺寸不合适，而修理替换的电容只能装在其他位置时，必须注意从充电模块到电容的母线不能比原来的母线长，两根正负母线包围的面积必须尽量小，最好用双绞线方式，这是因为电容连接母线延长或正负母线包围面积大会造成母线电感增加，引起功率模块上的脉冲过电压上升，造成充电模块损坏或过电压吸收器件损坏。

5.4.2 充电桩辅助控制电路故障分析

充电桩驱动电路、开关电源电路、保护信号检测电路、控制电路、脉冲发生及信号处理电路等电路称为辅助电路。辅助电路发生故障后，其故障原因较为复杂，除固化程序丢失或集成电路损坏（这类故障处理方法一般只能采用控制板整块更换或集成电路更换）外，其他故障较易判断和处理。

5.4.2.1 驱动电路故障

充电桩驱动电路的核心元器件是驱动 IC，驱动 IC 实质上是光耦器件的一种，采用光耦器件的目的是实现对输入、输出侧不同供电回路的隔离；输出侧有一定的功率驱动能力，即兼有电气隔离和功率放大两种作用。

驱动电路发生故障一般有明显的损坏痕迹，诸如器件（电容、电阻、三极管及印刷板等）爆裂、变色、断线等异常现象，但不会出现驱动电路全部损坏的情况。处理方法一般是按照原理图，对每组驱动电路逐级逆向检查、测量、替代、比较；或与另一块正品（新的）驱动板对照检查、逐级寻找故障点。处理故障时首先对整块电路板清灰除污，如发现印制电路断线，则做补焊处理；对怀疑的元器件，采用测量、对比、替代等方法进行判断，有的器件需要离线测定。驱动电路修复后，还要应用示波器观察各组驱动电路信号的输出波形，如果三相脉冲大小、相位不相等，则驱动电路仍然有异常处（更换的元器件参数不匹配，也会引起这类现象），应重复检查、处理。

在充电桩的快速熔断器熔体熔断或充电模块损坏的情况下，驱动电路基本都不可能完好无损，切不可换上好的快熔熔体或充电模块，这样很容易造成刚换上的好的器件再次损坏。这个时候应该着重检查驱动电路上是否有打火的痕迹，并把充电模块的驱动脚连线拔掉，用万用表电阻挡测量各路驱动电路是否阻值都相同，如果各路阻值都基本相同，还不能完全证明驱动电路是完好的，还需要使用示波器测量各路驱动电路上的电压，当给定一个启动信号时各路驱动电路的波形是否一致。也可以使用数字式万用表测量驱动电路各路的直流电压，一般来说，未启动时每路驱动电路上的直流电压约为10V，启动后的直流电压为2～3V，如果测量结果一切正常的话，基本可以判断此充电桩的驱动电路是好的。可将充电模块连接到驱动电路上，上电试运行。

5.4.2.2 开关电源电路故障

开关电源损坏是充电桩最常见的故障，通常是由于开关电源的负载发生短路造成的，开关电源损坏的一个比较明显的特征就是充电桩通电后无显示，开关电源电路易损坏的器件有开关管、脉冲变压器、脉冲变压器次级输出整流二极管，滤波电容使用时间过长，导致电容特性变化（容量降低或漏电流较大），稳压能力下降，也容易引起开关电源的损坏。开关电源损坏的原因如下。

① 环境恶劣，由灰尘、水汽等造成绝缘损坏。开关电源因局部高温致使印制电路板深度发黄、炭化或印制线损坏，在检查出开关电源电路损坏的元件后，更换的新元件型号应与原型号一致。不能一致时，要确认元件的功率、开关频率、耐压以及尺寸上能否安装，并要与周边元件保持绝缘间距。

② 元器件本身寿命问题，特别是开关管或开关集成电路因电流电压负担大，更易损坏。

③ 开关变压器漆包线长期在高温下使用出现发黄、焦臭，变压器绕组间有击穿，特别是变压器的高压线圈有断线，骨架有变形和跳弧痕迹。变压器导线因氧化、助焊剂腐蚀而日久断裂。

④ 开关电源变压器本身漏感大，运行时初级绕组的漏感造成过电压，若吸收元件（阻容元件、稳压管、瞬时电压抑制二极管）在吸收过电压能量时发生严重过载，时间一长吸收元件就会损坏。

5.4.2.3 反馈、检测电路故障

在使用充电桩的过程中，经常会遇到充电桩无输出现象，驱动电路损坏、充电模块损坏都有可能引起充电桩无输出，此外输出反馈电路出现故障也能引起此类故障现象。在实际检修中遇到充电桩没有输出电压（实际输出电压非常小，可认为无输出），这时则应考虑一下是否是反馈电路出现故障所致。在反馈电路中用于降压的反馈电阻是较容易出现故障的元件之一；检测电路的损坏也是导致充电桩显示过流故障信息，并跳停。检测电流的霍尔传感器由于受温度、湿度等环境因素的影响，工作点容易发生飘移，导致显示过流故障信息，并跳停。

欠压故障发生的主要原因是快速熔断器熔体熔断或充电模块损坏，以及电压检测电路损坏。电压检测采样信号是从主直流回路直接取样，经高阻值电阻降压，并通过光耦隔离后送到CPU处理，由高低电平判断是欠压还是过压。对于欠压故障，在检查快速熔断器或充

模块正常时，可判断故障出现在电压检测电路，应对电压检测电路的取样电阻和光耦进行检查。

5.4.2.4 电路板

一般充电桩上的印制电路板主要有驱动板、主控板、显示板，电路板影响充电桩寿命的因素有电源部分的平波电容器和缓冲电容器的寿命特性，但这里的电容器中通过的脉动电流是一定的，基本不受主回路负载的影响，故其寿命主要由温度和通电时间决定。与主回路不同的是，由于电容器都焊接在电路板上，通过测量静电容量来判断其性能劣化情况是比较困难的，一般根据环境温度以及通电使用时间来推算是否接近年限，从而更换新板。

逻辑控制电路板是充电桩的核心，它集中了中央微处理器、高速数据处理器、ROM、RAM、EEPROM 等大规模集成电路，由于采用 SMT 贴片技术，因此具有很高的可靠性，本身出现故障的概率极小，只有在应用中的误操作，从而使充电桩出现 EEPROM 故障信息，此时只要对 EEPROM 重新置位就可以消除。需要注意的是，由于集成芯片的各引脚之间的距离极小，尤其要注意防止金属屑掉入，在粉尘大、湿度大的场合要注意除尘。

电源电路板提供充电桩逻辑控制电源、驱动电路电源和表面操作显示板电源以及风扇用电源，这些电源都是从主电路的直流电压取出后通过开关电源再由变压器输出经整流得到的。因此，某一路电源短路除了使本路的整流电路受损外，还可能影响其他部分的电源，如风扇电源短路，致使电源电路板上的变压器或开关电源部分损坏，一般通过观察电源电路板的外观就比较容易发现。

排除了主回路器件的故障后，如还不能使充电桩正常工作，最为简单有效的判断是拆下印制电路板看一下正反面有否明显的印制线变色、局部烧毁。根据充电桩故障表现特征，使用替换法判断哪块电路板有故障。

在有电路图时，可按电路图检查电路板各电源电压，用示波器检查各点波形，先从后级逐渐往前级检查，在没有电路图时，采用比较法，对有几路相同的部分进行比较。电路板损坏的原因如下。

① 元器件本身质量和寿命造成损坏，特别是功率较大的器件损坏的概率更大。

② 元器件因过热或过电压损坏、变压器断线、电解电容干枯、漏电、电阻长期高温而变值。

③ 因环境温度、湿度、水露、灰尘引起印制电路板腐蚀击穿、绝缘漏电等损坏。

④ 因充电模块损坏导致驱动板上的元件和印制线损坏。

⑤ 因接插件接触不良，微处理器、存储器受干扰，晶振失效。

操作显示面板包含参数设定和显示接口电路，以及发光二极管或液晶显示屏。接口电路内的 IC 芯片和辅助回路一般不易出现故障，只有当发光二极管变暗或显示出现缺损，液晶显示屏的显示明显变淡时便应更换新的操作显示面板，这些故障一般不会对充电桩整机的运行造成致命的影响。

印制电路板表面都有防护漆等涂层，检测时要仔细用针状测笔接触到被测金属，防止误判。由于元件过热和过电压容易造成元件损坏，应首先检查开关电源的开关管、开关变压器、过压吸收元件、功率器件、脉冲变压器、高压隔离用的光耦、过压吸收或缓冲吸收板及所属元器件（充电电阻、场效应管或 IGBT、稳压管或稳压集成电路）。

印制电路板的更换会有版本不同的问题，在确定要换电路板时，要检查电路板号标识是否一致，如不一致则需要制造商的技术指导。微处理器编号不一样内部的程序就不一样，在使用中某些项目可能会表现出不一样，因此，使用中如确认程序有问题，就应向制造商询问。

电路板维修后要通电检查，此时不要直接给充电桩主回路上电，而要使用辅助电源对电路板加电，并用万用表检查各电压，用示波器观察波形，确认完全无误后才能给主回路上电进行系统调试。

5.4.2.5 充电桩的冷却系统

充电桩的冷却系统主要包括散热片和冷却风扇，冷却风扇是工作寿命比较短的器件，临近工作寿命时，风扇产生振动，噪声开始增大，最后停转，导致充电桩的充电功率模块无法散热，致使充电桩过热保护跳闸。其原因是风扇的轴承寿命较短，因此在风扇出现上述异常或风扇到达一定的运行时间后就应考虑更换新的风扇。

为了尽可能地延长风扇的寿命，一些充电桩厂家设计的冷却系统只在充电桩运行时工作而不是电源开启时运转。风扇损坏的判断方法是，测量风扇电源电压是否正常，如风扇电源不正常，首先要处理风扇电源回路的故障。确认风扇电源正常后，风扇若不转或慢速转，则风扇已有故障，需更换。风扇损坏的原因如下。

① 风扇本身质量不好，线圈烧毁、局部短路，直流风扇的电子线路损坏，风扇引线断路，机械卡死，含油轴承干涸，塑料老化变形卡死。

② 环境不良，有水汽、结露、腐蚀性气体、脏物堵塞、温度太高使塑料变形。

更换新风扇最好选择原型号或比原型号性能优良的风扇，同样尺寸的风扇包含很多种风量和风压品种，就同一厂家而言就有几种转速、几种功率，最终有几种风量和风压。

在拆卸风扇时要做好记录和标识，防止装回时发生错误，有的设计充分考虑到更换方便性。在安装风扇螺钉时，力矩要合适，不要因过紧而使塑料件变形和断裂，也不能太松而因振动松脱。风扇的风叶不得碰风罩，更不得装反。选用风扇时应选择滚珠轴承的风扇为好，含油轴承风扇的机械寿命短，就单纯轴承寿命而言，使用滚珠轴承的风扇寿命会高 5~10 倍。电源连接要正确良好，转子风叶不得与导线相摩擦，装好后要通电试一下。清理风道和散热片内的堵塞物，不少充电桩因风道堵塞而发生过热保护或损坏。

5.4.3 20kW 快速直流充电桩（EQ20C1SDCJN-RW/EQ20C3SDCJN-RW）故障代码

20kW 快速直流充电桩（EQ20C1SDCJN-RW/EQ20C3SDCJN-RW）的故障代码见表 5-2。

表 5-2　20kW 快速直流充电桩（EQ20C1SDCJN-RW/EQ20C3SDCJN-RW）故障代码

故障代码	原因	故障排除方法
	屏幕没显示	输入电源不正确或连接不良，充电桩辅助电源、显示屏幕失效
	刷卡后没回应	充电桩内断路器被关闭，无效 RFID 卡或卡内余额不足，充电桩刷卡机失效
E-64	BMS 绝缘故障	
E-65	BMS 输出连接器过热故障	
E-66	BMS 组件过热故障	
E-67	BMS 充电连接器故障	
E-68	BMS 电池组温度过高故障	电动汽车电池管理系统发出异常警报，将充电枪复归回充电桩，开关电动汽车电门后，重新执行充电程序。试另一台充电桩，如仍无法顺利充电，则视为充电功能异常；若在另一台充电桩可顺利充电，则应为充电桩通信报读异常
E-69	BMS 其他故障	
E-70	BMS 电流过大	
E-71	BMS 电压异常	
E-72	BMS 高压继电器故障	
E-73	BMSCC2 电压异常	
E-74	BMS 功率异常	

续表

故障代码	原因	故障排除方法
E-80	充电机过热	环境温度过高,设法降低充电桩表面温度。充电桩散热进出风口阻塞,清理进出风口,清理或更换进出风口滤网,充电桩风扇故障
E-81	充电机连接器故障	充电枪与电动汽车充电座接触不良,重新拔插充电枪至正确接触位置。充电桩内部连接器、充电枪头或充电枪缆线故障
E-82	充电机内部过热	充电桩散热进出风口阻塞,清理进出风口,清理或更换进出风口滤网,充电桩风扇或电源模块故障
E-83	充电机所需电量不能传送	输入电源容量不足,充电桩电源模块或其他故障
E-84	充电机急停故障	紧急停止按钮被按下,再按一次停止按钮,解除紧急停止状态;开启后门板,重置 NFB(关/开主开关),再次重刷卡执行充电程
E-85	充电机其他故障	输入电压错误或电源接地不良,充电桩电源模块通信错误、温度异常、散热风扇闭锁
E-86	充电机电流不匹配	充电桩电源模块电流超出限定值或电流不均衡
E-87	充电机电压异常	输入电源交流频率异常,充电桩电源模块电压超出或低于 BMS 限定值
E-88	充电机异常停机	在充电状态时,瞬间停电或电源模块忽然停机,重新刷卡再次执行充电程序
E-96	BRM 超时错误	电动汽车通信系统发出异常警报,将充电枪复归回充电桩,开关电动汽车电门后,重新执行充电程序。试另一台充电桩,如仍无法顺利充电,则视为电动汽车充电通信异常;若在另一台充电桩可顺利充电,则应为充电桩通信接口兼容性问题
E-97	BCP 超时错误	
E-98	BRO 超时错误	
E-99	BCS 超时错误	
E-100	BCL 超时错误	
E-101	BST 超时错误	
E-102	BSD 超时错误	
E-112	CRM 数据 00 超时错误	充电桩通信系统发出异常警报,将充电枪复归回充电桩,开关电动汽车电门后,重新执行充电程序。试以另一台充电桩充电,如仍无法顺利充电,则视为电动汽车充电通信异常;若在另一充电桩可顺利充电,则应为充电桩通信接口兼容性问题
E-113	CRM 数据 AA 超时错误	
E-114	CTS、CML 超时错误	
E-115	CRO 超时错误	
E-116	CCS 超时错误	
E-117	CST 超时错误	
E-118	CSD 超时错误	
E-119	BMS-低压辅助电源异常	电动汽车电池管理系统发出异常警报。将充电枪复归回充电桩,开电动汽车门后,重新执行充电程序。若仍无法充电,则应为充电机辅助电源异常
E-128	PF91_1 超时错误	
E-129	PF99_1 超时错误	
E-130	PF9F_1 超时错误	
E-131	PF91_2 超时错误	充电桩内部通信(CAN)异常,检查电源接地,低接地阻抗可降低干扰,避免数据处理超时,检查充电桩内电源模块线组是否松脱
E-132	PF99_2 超时错误	
E-133	PF9F_2 超时错误	
E-134	PF91_3 超时错误	
E-135	PF99_3 超时错误	

续表

故障代码	原因	故障排除方法
E-136	PF9F_3 超时错误	充电桩内部通信（CAN）异常，检查电源接地，低接地阻抗可降低干扰，避免数据处理超时，检查充电桩内电源模块线组是否松脱
E-137	PF91_4 超时错误	
E-138	PF99_4 超时错误	
E-139	PF9F_4 超时错误	
E-144	IPC 超时错误	充电桩 RS485 通信异常，检查电源接地，低接地阻抗可降低干扰，避免数据处理超时。检查充电桩内 IPC 线组是否松脱
E-160	舱门开启急停错误	充电桩后舱门被开启，强制关机，关上舱门，重启充电程序
E-161	电池电压不匹配	电动汽车的电池电压与目前充电桩规格不符，改用与电动汽车的电池电压相符的充电桩
E-163	电池反接或检测不到电压	电动汽车动力电池极性反接，或回路不通，强制关机
E-239	其他错误	其他未归类的错误
E-255	CSU 超时错误	充电桩 RS485 通信异常或 CSU 异常，检查电源接地，低接地阻抗可减低干扰，避免数据处理超时。检查充电桩内 CSU 及 RS485 线组是否松脱

5.4.4 电动汽车充电桩故障处理实例

故障实例 1

故障现象：充电桩无法充电。

故障分析与处理：导致充电桩无法充电的原因如下。

① 充电桩离线导致无法充电。首先看这个充电站里有没有其他的显示在线的充电桩，若有，选择在线的充电桩充电，如果充电站里的所有充电桩都是离线的，应先到附近其他充电站充电。

② 充电桩显示二维码格式错误导致无法充电。观察充电桩桩体上标识是否是 APP 支持的充电桩，只有使用对应运营商的充电 APP 才能启动充电。例如充电桩桩体上带有"南方电网"标识，并且是广东电网公司运营，点击"粤易充" APP 中用户所在的充电站进入详情界面，此界面有该充电站对应的所有充电桩，点击正在使用的充电桩，弹出"终端详情"界面，记住此界面中的"终端编码"，回到地图界面，点击"扫一扫"，使用"输入终端编码"功能，输入所用充电桩的"终端编码"，进入"启动充电"界面启动充电。

故障实例 2

故障现象：充电桩启动充电后，在短时间内异常停止。

故障分析与处理：针对故障现象，首先检查是否余额过少。可以进入用户界面，选择"余额充值"，查看用户余额，若余额过少，充电桩会自动停止，适当充值后可再次启动充电。

若上述检查正常，应确认电动汽车是否具有最新国标版 BMS 协议，非国标版 BMS 协议可能导致无法正常充电。比较典型的比亚迪 E6（普天协议版）、比亚迪 E5（750V 版）暂时无法充电；在 7kW 交流充电桩上，江淮 ieV4 部分车辆控制导引电压低于国标要求值，导致充电桩认为故障无法充电；在 10kW 交流充电桩上，北汽 E150、比亚迪 e6、比亚迪秦无法充电；在 42kW 交流充电桩上，北汽 E150 无法充电。

对于早期建设的一体化交流充电机，充电接口、充电机技术以及充电监控后台与现行充电设备的国家标准差距较大，设备运行不稳定。为满足电动汽车充电需求，降低故障率，亟待按照最新国家标准进行技术升级和完善。使用最新国标的规定对充电接口、电度计量、充电计费方式、后台监控等技术升级，对充电设备加装有源滤波器，减少对电网的谐波污染。改造的内容主要包括3个方面。

① 硬件更换和充电桩线路改造。主要包括加装APFC、升级充电接口（加装CC1控制导引板）、加装电度计量表以及项目中相关的充电机配线改造。

② 软件程序升级：充电桩与监控后台及BMS通信程序、计费软件程序的升级。

③ 软硬件改造完成后，对充电系统的联调验收，满足新国标充电桩与BMS和监控后台通信程序的设计。

故障实例3

故障现象：电动汽车符合新国标但始终无法充电。

故障分析与处理：针对故障现象，首先检查充电桩上的故障指示灯是否点亮，如果充电桩上的故障灯是在充电过程中点亮的，在拔下充电枪后故障灯熄灭，应核查一下充电枪是否插好，充电枪没插好的情况会导致充电枪电子锁故障而无法充电。调整充电枪的角度重新插枪，拔枪重试，并确认充电枪插好后，点击开始充电。

若上述检查正常，应核对电动汽车充电前是否需要打开充电开关，对于部分车辆，如果没有打开充电开关是不可以启动充电的。若在充电时车钥匙没有处于启动状态，应核对的账户余额，如果账户余额低于1元，充电桩无法启动充电。

若上述检查正常，则检查是否未正确插入充电枪，拔出并重新插上充电枪。充电枪若脏污或受损，应清洁或更换充电枪。

若上述检查正常，则检查车辆是否存在故障。若检查车辆正常，可更换另一个充电桩进行充电。若可正常充电，则初步可判断为充电桩故障，应对充电桩做进一步检查。

故障实例4

故障现象：手机扫码启动充电界面后一直提示"充电桩启动中，请稍后"，但等了很久一直都没反应。

故障分析与处理：针对故障现象，可通过手机进程管理功能将此APP进程退出后，重新登录即可。在重新登录后如果发现用户账户处于充电状态，而此时实际没有充电，则在退出系统后耐心等待5min，再重新登录尝试。

故障实例5

故障现象：电动汽车在充电过程中，点击APP"结束充电"按钮，无法停止充电。

故障分析与处理：若使用的是"粤易充"APP，在成功启动充电之后会跳转到"充电中"界面，此界面有"已充电量""充电费用""已充时长"等信息，点击充电桩屏幕上的"结束充电"按钮，输入"充电中"界面的4位"验证码"后，点击充电桩屏幕上的"确定"按钮停止充电桩。此验证码也会在启动充电成功后以短信形式发送至用户充电所使用账号的手机号码中。通常充电桩的右边有一个红色的急停按钮，慢慢地打开按钮保护盖，将红色按钮按下，充电桩就会停止充电。

故障实例6

故障现象：充电桩上电后故障报警黄色指示灯闪烁。

故障分析与处理：针对故障现象，若充电桩显示屏显示充电模块通信异常，可用配套的钥匙打开充电桩柜门，查看交流进线开关是否处于闭合状态，保证充电模块处于待机状态。若充电桩显示屏显示交流输入异常，可用万用表测量充电桩交流输入端电压，查看是否出现缺相、交流输入电压过低或过高。

故障实例 7

故障现象：充电桩在充电时，告警黄灯 ALARM 常亮。

故障分析与处理：针对故障现象，首先检查充电桩过流保护是否动作，若过流保护动作，首先检查车辆侧是否存在故障导致过流动作产生，若正常，则初步可判断为充电桩故障，应对充电桩做进一步检查。

故障实例 8

故障现象：充电枪插入电动汽车充电插座后，操作界面没有显示已连接或没有显示"开始充电"按钮？

故障分析与处理：针对故障现象，首先检查充电枪是否连接可靠，充电枪的卡扣是否卡紧。若上述检查正常，再检查车辆仪表是否有电（充电桩会给车辆提供电源），若正常，可判断为充电桩软件通信故障。

故障实例 9

故障现象：充电桩锁卡。

故障分析与处理：导致充电桩锁卡的原因如下。

① 充电桩在充电结束/停止后没有刷卡，除非因出现故障无法刷卡，在充电桩在充电结束/停止后都要进行刷卡结算，否则会锁卡。

② 充电桩在充电中直接断电或停止充电后直接拔枪，都会导致锁卡。

故障实例 10

故障现象：充电桩在使用过程中屏幕不显示或屏幕显示不能切换。

故障分析与处理：充电桩在使用过程中屏幕不显示或屏幕显示不能切换若是因充电桩死机造成的，断开充电桩工作电源，重启即可。

故障实例 11

故障现象：充电桩 A、B 枪未进行充电操作（充电枪没有插到电动汽车上），但充电桩监控显示 A 枪或 B 枪已连接。

故障分析与处理：针对故障现象，初步判断为充电桩连接确认部分受到电磁干扰（交流信号，模块本身的高频信号），在充电桩连接确认部分 PE 线上增加磁环后，充电桩恢复正常。

故障实例 12

故障现象：充电满后，电流为 0，SOC 值由 100% 变回 98%～99%，但 A 枪不切到 B 枪。

故障分析与处理：针对故障现象，通过检测不是每次都无法切换，初步判断为充电桩和车辆的 BMS 之间通信有故障，因部分车辆的单体电压在充电过程中大于 3.65V，BMS 保护自动切断车上充电回路，但 BMS 没有发停止充电命令给充电桩，使得充电桩没有结束充电。故障原因是车辆动力电池的一致性有差异、SOC 值有误差，导致 BMS 系统没有发停止充电命令。

故障实例 13

故障现象：车辆充电到显示 SOC 为 70% 或 80% 时，充电结束。

故障分析与处理：充电桩在充电过程中，充电桩晶显示屏显示 SOC70% 或 80% 时，充电电流由 100A 下降到 75A，再下降到 50A，再下降到 25A，最后停止充电。在充电终止时 SOC 并没有达到 100%，这个现象并不是每辆电动汽车都存在。经对车辆电池检测发现，由于某节电池的单体电压已经达到 3.5V，所以 BMS 给充电桩下发了指令要求电流变小，最后终止充电。这是因电池的实际电压值达到设置的单体最高电压值，达到这个指标时，SOC

不论是多少，都会按上述流程来操作，发出停止充电指令，充电桩按 BMS 要求停止充电是正常流程。

故障实例 14

故障现象：充电桩启动后不能充电。

故障分析与处理：针对故障现象，首先检查充电桩电源是否正常，是否有电压显示，确认电源是否已过载保护。若正常，检查电源插头是否牢固连接，检查充电枪是否可靠插入电动汽车。若车辆或充电连接装置故障，组合仪表上的动力系统故障灯是否点亮，是否有充电系统故障提示语。造成充电桩启动后不能充电的原因如下。

① 时间可能不成立。重新设定充电时间，并按设定时间充电。

② 充电键没按下。按下充电键并检查充电指示是否开启。

③ 动力电池已充满。动力电池已充满时，充电会自动停止。

④ 动力电池温度低于 −20℃ 或高于 65℃，将车辆置于温度适宜的环境内，待温度正常后再充电。

故障实例 15

故障现象：充电桩充电电流太低。

故障分析与处理：被充电的电池可能有足够的电能，断开充电电源，若电池电压值很高，如电压值高于 41V/53V，则不需要充电。如果充电电池电压迅速上升，并伴随着电池温度的迅速增加，表明电池已严重硫化，需要在充电前对电池进行处理。

故障实例 16

故障现象：充电桩在充电过程中，中途停止充电。

故障分析与处理：针对故障现象做如下检查。

① 检查电源是否断电。若电源断电，在电源恢复后，充电会自动重新开始充电。若电源正常，检查充电电缆是否连接完好，确认充电连接装置电缆是否虚接。

② 检查充电连接装置开关是否被按下。若充电连接装置开关被按下，就停止充电，需重新连接充电连接装置，启动充电。

③ 检查动力电池温度是否过高。车辆组合仪表若显示动力电池温度过高，报警指示灯点亮，充电会自动停止，待电池冷却后再充电。

若上述检查正常，则检查充电桩或车辆是否显示故障，组合仪表上的动力系统故障灯是否点亮，是否有充电系统故障提示语，是否显示充电桩有故障。

故障实例 17

故障现象：充电桩在充电计费时出现电度量和充电费用错误。

故障分析与处理：针对故障现象，检查充电桩内置交流电度表累计电量是否已达到最大量程。若是，需要重新归零并校准；若未达到最大量程，则检查充电桩内置交流电度表是否损坏，若损坏则更换交流电度表。

故障实例 18

故障现象：充电无数据不能实时上传。

故障分析与处理：针对故障现象，初步判断故障在充电桩与后台监控系统之间的通信网络，充电桩发生通信故障不危及设备和人身安全，通过人工重启设备相关部位（主要是电源开关），或调试系统后可恢复正常运行。充电桩与后台监控系统之间的通信网络在充电桩充电时，将充电机的充电信息实时传送给后台服务器（工作站），运维人员通过后台服务器的监控界面实时监测电动汽车充电状态及充电数据。

当充电桩与后台监控系统之间的通信网络发生故障时，会导致运行状态无法被监控，致使充电数据不能实时上传，造成充电报表数据缺失，直接影响计量计费的准确性。针对通信网络故障导致充电无数据故障，可将原来通信网络的网关进行更换，配置稳定性能更加好的网关。另外，加强充电机的通信接口维护，防止因通信接口松动导致网关无法连接。

故障实例 19

故障现象：充电桩因无法在线，导致充电程序无法启动。

故障分析与处理：针对故障现象，初步判断故障原因是充电桩安装位置。若距离监控室过远，由于通信线路距离过远，导致充电桩无法在线，不能正常启动充电。

针对因通信距离过远导致充电程序无法启动的故障，通过在充电机与充电桩之间的通信回路进行技术改造，增加通信信号强度，保障通信稳定，达到充电桩相关参数（电量、电费、充电时间、故障信息）准确无误上传的目的，实现充电服务工作在线实时管控，保证充电桩与后台监控系统之间的通信网络正常、确保充电桩正常启动，稳定充电。同时，保障通信网络正常可及时上传和下发数据，既方便电费结算，又提供历史记录，方便故障查找等，减轻了运维人员的工作强度。

故障实例 20

故障现象：充电桩不能连接后台通信。

故障分析与处理：针对故障现象做以下检查。

① 检查充电桩通信协议、地址及波特率与后台选择是否一致，如不一致需更改一致。

② 检查 RJ45/RS232 模式选择是否与后台一致。

③ 检查通信接口接线是否正确，是否接反或短路，如不正确需更改。

④ 在与后台通信时有个别数据不对，应结合后台设备通信规约进行修改。

故障实例 21

故障现象：充电桩不能通过 APP 充电。

故障分析与处理：针对故障现象做以下检查。

① 检查充电桩的 IP 设置，本机地址，子网掩码，网关地址，服务器 IP，服务器端口是否设置正确。

② 检查充电桩后台系统是否已经添加此编号充电桩。

③ 检查充电桩是否被没注册过的卡片充过电，如有，则需清除交易数据。

故障实例 22

故障现象：充电桩发出"嘀嘀嘀"的故障声时，充电桩显示屏显示"故障！终止充电服务"。

故障分析与处理：针对充电桩显示屏显示的故障信息，点击屏幕左上角事件记录，检查报警事件内容显示"交流输入过压故障"。检查电源电压，发现电源电压不稳定，此时应及时观察电源电压，如故障不能在短时间内自动恢复，可打开充电桩，关断交流电源开关后，再重新闭合交流电源开关，重新启动充电桩故障可解除。

故障实例 23

故障现象：充电桩发出"嘀嘀嘀"的故障声时，充电桩显示屏显示红字"故障！终止充电服务"。

故障分析与处理：针对充电桩显示屏显示的故障信息，点击屏幕左上角事件记录，检查报警事件内容显示"急停开关闭合故障"。在报警事件内容中显示"急停开关闭合故障"信息，通常是由于有人违规触碰了充电枪上方的红色急停开关旋转按钮，此时应顺时针旋转红色急停开关旋转按钮，一般会自动恢复。如故障不能在短时间内自动恢复，可打开充电桩，关断交流电源开关后,再重新闭合交流电源开关,重新启动,充电桩故障可排除。

故障实例 24

故障现象:正常操作充电桩无法充电,显示屏正中间的信号竖排数据显示"00♯"。

故障分析与处理:针对故障现象,初步判断为信号源不足,当第三个数据显示的数字过高时,"如 10 或以上",表示通信模块信号源不稳定,掉线次数过高,可稍等并注意观察。若 2min 内信号没有恢复,没有显示出"11♯"数据(上方的两个数字显示"1"时,这是表示信号正常),可以打开充电桩,拔出流量卡进行表面擦拭后再插回(若有备用流量卡可替换),并开关电源开关重启,通常能排除故障,恢复正常充电。

故障实例 25

故障现象:正常操作充电桩,充电桩显示屏幕正中间的竖排数据显示"11♯"(信号正常),却无法充电。

故障分析与处理:针对故障现象应进行以下检查。

① 检查车辆电池是否满电,小电池是否有电,若正常,还无法充电,则进入下一步检查。

② 拔下充电枪,终止充电,再次使用正常充电操作步骤启动充电桩充电程序,可进行 2~3 次插枪充电操作。若正常,还无法充电,则进入下一步检查。

③ 检查 CP 显示,CP 在充电状态下,CP 显示 5~8 之间。未充电状态下在 11.5 左右,不超过 12,不低于 11。若 CP 显示不正常,则打开充电桩门,检查计量地址(屏幕计量地址数据显示,点击右上角,输入密码,即可进入查看。机器计量地址在白色度数机器的数字标签上查看,"左边是 A 枪地址,右边是 B 枪地址")是否一致,若不一致,则手动对屏幕计量地址进行更改。如 CP 显示正常,计量地址正常,还无法充电,则关闭充电桩电源开关,重新启动充电桩。

故障实例 26

故障现象:正常充电状态下,监控系统显示数据均为 0。

故障分析与处理:针对故障现象检查电源供电,正常,充电枪头与车辆电池接口正确连接。初步判断为充电桩与监控系统之间数据通信故障,关闭监控系统 Main 及服务器 Net 软件,再重启 Main 及 Net 软件。若未恢复,则重新启动充电桩显示屏系统及充电程序。

故障实例 27

故障现象:正常充电状态下,充电电流小于 20A。

故障分析与处理:针对故障现象检查电源供电,正常,充电枪头与车辆电池接口正确连接。初步判断为充电桩显示屏系统及充电程序故障,上电重启充电桩显示屏系统及充电程序,若未恢复,则重新安装充电桩显示屏系统及充电程序。

故障实例 28

故障现象:正常操作充电桩,无法进入充电操作界面。

故障分析与处理:针对故障现象检查电源供电,正常,充电枪头与车辆电池接口正确连接。初步判断为充电桩显示屏系统及充电程序故障,首先检查充电桩显示屏上各参数设置是否正确,若正确,重启充电桩显示屏系统及充电程序,若未恢复,则重新安装充电桩显示屏系统及充电程序。

故障实例 29

故障现象:重启充电桩显示屏充电程序后,BMS 无通信信息。

故障分析与处理:针对故障现象检查电源供电,正常,充电枪头与车辆电池接口正确连接。初步判断为充电桩与监控系统之间数据通信故障，上电重启充电桩显示屏系统及充电程序，若未恢复，则重新安装充电桩显示屏系统及充电程序。若还未恢复，则更换 CAN 总线模块 200T。

故障实例 30

故障现象：BMS 状态正常，充电电压正常（无充电电压），充电电流为 0。

故障分析与处理：针对故障现象检查电源供电，正常，充电枪头与车辆电池接口正确连接。初步判断为充电桩急停开关误按下，解除急停状态，通常能排除故障，恢复正常充电。

故障实例 31

故障现象：充电桩上电操作面板无显示。

故障分析与处理：针对故障现象初步判断为开关电源故障，开关电源损坏的故障点主要有功率开关管、开关电源控制电路及脉冲变压器损坏。开关管的损坏较容易更换，若为脉冲变压器损坏，因其骨架不容易拆开，给变压器的修复造成了一定的困难，对于脉冲变压器损坏故障只能更换原厂的产品。

故障实例 32

故障现象：充电时终端显示充电电压，无电流输出，10 多秒后，停止充电，充电机监控无任何告警。

故障分析与处理：针对故障现象分析，因能显示电压，说明已连接好充电枪；低压辅助电源 A＋、A－/通信 S＋、S－正常。初步判断可能是充电主回路存在开路（直流接触器、充电机输出开关、熔断器等元器件坏），首先检查急停按钮的常闭开关有没有接触不良，急停回路是不是开路而导致急停报警发送至监控器保护无法充电。若正常，检查直流接触器线圈 A1、A2 是否得电而不吸合、熔断器是不是开路、输出开关是否合闸正常。

故障实例 33

故障现象：监控器报接收 BCL 故障。

故障分析与处理：针对故障现象初步判断为 S＋、S－线路故障。首先检测 S＋、S－线路情况，检查发现协议盒 CAN2 口出线的 S＋、S－线间的电阻阻值不正常（正常为 75Ω 左右），更换协议盒 CAN2 后，S＋、S－线间的电阻恢复正常，重新给充电桩上电运行正常。

参 考 文 献

[1] 杨帆,孔方方. 国内外新能源汽车动力电池发展及供求现状. 上海汽车,2014(9).
[2] 周志敏,纪爱华. 教你成为一流家装电工. 北京:化学工业出版社,2015.
[3] 程夕明,孙逢春. 电动汽车能量存储技术概况. 电源技术,2001,25(1).
[4] 李保成,李杏元. 电动汽车充电方式的探讨. 电池技术,2009(11).
[5] 殷树刚,龚桃荣. 基于云平台的电动汽车智能充电系统设计与应用. 供用电,2015(7).
[6] 宋永华,阳岳希,胡泽春. 电动汽车电池的现状及发展趋势. 电网技术,2011,35(4).
[7] 胡勇,刘奇峰. 基于WebGIS的分布式电动汽车充电桩运营管理系统设计与实现. 电力建设,2014(1).
[8] 徐凡. 国勤电动汽车充电站布局规划浅析. 华东电力. 2009(10).
[9] 周志敏,纪爱华. 电动汽车充电站(桩)工程设计. 北京:电子工业出版社,2017.
[10] 周志敏,纪爱华. 电动汽车充电桩(站)设计与施工. 北京:中国电力出版社,2016.